全国中医药行业高等职业教育"十三五"规划教材

医药企业管理

（供中医学、针灸推拿、中医骨伤、中药学、药学、康复治疗技术专业用）

主　编 ◎ 都玉华

中国中医药出版社
·北 京·

图书在版编目（CIP）数据

医药企业管理 / 都玉华主编 . —北京：中国中医药出版社，2018.12（2021.8 重印）

全国中医药行业高等职业教育"十三五"规划教材

ISBN 978 - 7 - 5132 - 5109 - 9

Ⅰ.①医… Ⅱ.①都… Ⅲ.①制药工业—工业企业管理—高等职业教育—教材

Ⅳ.① F407.7

中国版本图书馆 CIP 数据核字（2018）第 153991 号

中国中医药出版社出版

北京经济技术开发区科创十三街 31 号院二区 8 号楼

邮政编码　100176

传真　010-64405721

廊坊市晶艺印务有限公司印刷

各地新华书店经销

开本 787×1092　1/16　印张 14.75　字数 299 千字

2018 年 12 月第 1 版　2021 年 8 月第 2 次印刷

书号　ISBN 978 - 7 - 5132 - 5109 - 9

定价　49.00 元

网址　www.cptcm.com

社 长 热 线　010-64405720

购 书 热 线　010-89535836

维 权 打 假　010-64405753

微信服务号　zgzyycbs

微商城网址　https://kdt.im/LIdUGr

官 方 微 博　http://e.weibo.com/cptcm

天猫旗舰店网址　https://zgzyycbs.tmall.com

如有印装质量问题请与本社出版部联系（010-64405510）

中医药职业教育是我国现代职业教育体系的重要组成部分，肩负着培养新时代中医药行业多样化人才、传承中医药技术技能、促进中医药服务健康中国建设的重要职责。为贯彻落实《国务院关于加快发展现代职业教育的决定》（国发〔2014〕19号）、《中医药健康服务发展规划（2015—2020年）》（国办发〔2015〕32号）和《中医药发展战略规划纲要（2016—2030年）》（国发〔2016〕15号）（简称《纲要》）等文件精神，尤其是实现《纲要》中"到2030年，基本形成一支由百名国医大师、万名中医名师、百万中医师、千万职业技能人员组成的中医药人才队伍"的发展目标，提升中医药职业教育对全民健康和地方经济的贡献度，提高职业技术院校学生的实际操作能力，实现职业教育与产业需求、岗位胜任能力严密对接，突出新时代中医药职业教育的特色，国家中医药管理局教材建设工作委员会办公室（以下简称"教材办"）、中国中医药出版社在国家中医药管理局领导下，在全国中医药职业教育教学指导委员会指导下，总结"全国中医药行业高等职业教育'十二五'规划教材"建设的经验，组织完成了"全国中医药行业高等职业教育'十三五'规划教材"建设工作。

中国中医药出版社是全国中医药行业规划教材唯一出版基地，为国家中医中西医结合执业（助理）医师资格考试大纲和细则、实践技能指导用书、全国中医药专业技术资格考试大纲和细则唯一授权出版单位，与国家中医药管理局中医师资格认证中心建立了良好的战略伙伴关系。

本套教材规划过程中，教材办认真听取了全国中医药职业教育教学指导委员会相关专家的意见，结合职业教育教学一线教师的反馈意见，加强顶层设计和组织管理，是全国唯一的中医药行业高等职业教育规划教材，于2016年启动了教材建设工作。通过广泛调研、全国范围遴选主编，又先后经过主编会议、编写会议、定稿会议等环节的质量管理和控制，在千余位编者的共同努力下，历时1年多时间，完成了83种规划教材的编写工作。

本套教材由50余所开展中医药高等职业教育院校的专家及相关医院、医药企业等单位联合编写，中国中医药出版社出版，供高等职业教育院校中医学、针灸推拿、中医骨伤、中药学、康复治疗技术、护理6个专业使用。

本套教材具有以下特点：

1. 以教学指导意见为纲领，贴近新时代实际

注重体现新时代中医药高等职业教育的特点，以教育部新的教学指导意

见为纲领，注重针对性、适用性以及实用性，贴近学生、贴近岗位、贴近社会，符合中医药高等职业教育教学实际。

2. 突出质量意识、精品意识，满足中医药人才培养的需求

注重强化质量意识、精品意识，从教材内容结构设计、知识点、规范化、标准化、编写技巧、语言文字等方面加以改革，具备"精品教材"特质，满足中医药事业发展对于技术技能型、应用型中医药人才的需求。

3. 以学生为中心，以促进就业为导向

坚持以学生为中心，强调以就业为导向、以能力为本位、以岗位需求为标准的原则，按照技术技能型、应用型中医药人才的培养目标进行编写，教材内容涵盖资格考试全部内容及所有考试要求的知识点，满足学生获得"双证书"及相关工作岗位需求，有利于促进学生就业。

4. 注重数字化融合创新，力求呈现形式多样化

努力按照融合教材编写的思路和要求，创新教材呈现形式，版式设计突出结构模块化，新颖、活泼，图文并茂，并注重配套多种数字化素材，以期在全国中医药行业院校教育平台"医开讲–医教在线"数字化平台上获取多种数字化教学资源，符合职业院校学生认知规律及特点，以利于增强学生的学习兴趣。

本套教材的建设，得到国家中医药管理局领导的指导与大力支持，凝聚了全国中医药行业职业教育工作者的集体智慧，体现了全国中医药行业齐心协力、求真务实的工作作风，代表了全国中医药行业为"十三五"期间中医药事业发展和人才培养所做的共同努力，谨此向有关单位和个人致以衷心的感谢！希望本套教材的出版，能够对全国中医药行业职业教育教学的发展和中医药人才的培养产生积极的推动作用。需要说明的是，尽管所有组织者与编写者竭尽心智，精益求精，本套教材仍有一定的提升空间，敬请各教学单位、教学人员及广大学生多提宝贵意见和建议，以便今后修订和提高。

国家中医药管理局教材建设工作委员会办公室

全国中医药职业教育教学指导委员会

2018 年 1 月

本教材是全国中医药行业高等职业教育"十三五"规划教材之一，是根据《关于加快发展中医药现代职业教育的意见》《中医药现代职业教育体系建设规划（2015—2020年）》的精神，为适应新形势下高等职业教育药学类专业教学改革和发展的需要，培养高素质技能型、应用型人才而编写的。本着提高学生的实际操作能力，以高等职业教育与产业需求、岗位胜任能力严密结合为出发点，简化理论基础，突出知识的实用性和可操作性，为高等职业教育中医学、中药学、药学等专业学生的课程教学提供教材。

本教材由全国中医药院校长期从事医药企业管理教学一线的教师和医药企业的管理人员编写。他们将多年积累的教学、工作经验和科研成果有机地融入教材中。其中，模块一由黑龙江中医药大学佳木斯学院都玉华编写，模块二由江西中医药高等专科学校卢萍编写，模块三由黑龙江中医药大学佳木斯学院李丹编写，模块四由保山中医药高等专科学校杨麒编写，模块五、十二由湖南中医药高等专科学校张平编写，模块六由天士力医药集团股份有限公司闫凯境编写，模块七由甘肃中医药大学张维编写，模块八由南阳医学高等专科学校张琳编写，模块九由北京中医药大学赵丽颖编写，模块十由湖北中医药高等专科学校陈昱编写，模块十一由重庆三峡医药高等专科学校连进承编写。

本教材在编写过程中参阅了大量的国内外相关文献，借鉴并吸收了众多专家学者的学术成果，在此一并表示感谢！

由于编写水平和时间有限，教材中难免存在疏漏之处，恳请同行专家及广大读者提出宝贵意见，以便再版时修订提高。

《医药企业管理》编委会

2018年10月

模 块 一

绪 论

【学习目标】

1. 掌握医药企业管理理论的相关概念。
2. 熟悉医药企业管理的任务、医药企业组织设计的原则。
3. 了解现代企业组织制度特征。

项目一　医药企业管理概述

案例导入

　　中国医药集团是由国务院国有资产监督管理委员会直接管理的中国规模大、产业链全、综合实力强的医药健康产业集团。在新的法律和政策环境下，集团坚持以药品分销为核心，建立自主品牌生产基地，以网络带动科研成果的产业化、市场化、规模化，构建具有核心竞争优势的战略体系。不断创新经营管理模式，加强业务整合力度，提高集团的经营管控能力和风险控制能力，集团的服务职能逐渐转变为管控职能，建立了长效管理机制，有效地提高了经营规模和业务水平。2006～2016年，集团营业收入年复合增长率26.17%，总资产额年复合增长率31.81%，成为首家也是目前唯一一家进入世界500强的中国医药企业。

一、医药企业概述

（一）企业的概念与特征

企业是以盈利为目的，运用生产要素从事生产、流通和其他服务性经济活动，依法自

1

主经营、自负盈亏、承担风险、独立核算的法人或其他社会经济组织。

从企业的概念出发，企业具有以下特征：

1. 经营上的独立性　企业在遵守国家法律法规的前提下，对其经营管理的财产享有使用和处分权利，实行独立核算，能够对其经营后果独立享有相应权益，对盈亏负全部责任。

2. 运营上的"社会性"　企业的运行立足于社会需要的基础上，是追求经济利益和承担社会利益的统一体。企业拥有生存和经营权利，也需要承担相应的社会责任，如节约能源资源、保护环境、提供就业岗位、参与慈善公益事业活动等。

3. 具有营利性　企业是以获取利润为其经营活动目标的经济组织，企业生产的产品作为商品进入市场，通过销售从成本和价格的差额中获取利润。这是企业与政府机关、事业单位、公益性部门及其他非营利性经济组织的本质区别。

4. 具有"法人"资格地位　企业是具有一定的组织机构和法定财产，依法独立享有民事权利和承担民事义务的组织。这说明企业应在国家主管机关核准登记取得资质；具备专属的企业名称、组织机构、组织章程和经营条件等法律特征；能对其经济行为承担经济和法律责任。

（二）医药企业的概念与特点

1. 概念　医药企业是指专门从事医药生产、经营活动及提供相关服务的企业。

2. 特点　医药企业是按国际标准划分的15类国际产业之一，是典型的国际性产业。医药市场的发展与人类健康密切相关，其发展速度高于其他行业，与一般企业比起来具有以下特点：

（1）高投入、高风险、高回报　医药企业所从事的医药产业是一个高技术产业，它具有高投入、周期长、高风险、高收益的特征，并且这种特征表现得比其他产业更加明显。新产品开发和研制频率高、密度大、周期长、需要大量资金、前期投入巨大。药品作为特殊商品其注册审批周期长，上市周期长，生产工艺复杂，任何的纰漏都可能导致与生命安全有关的事件并造成巨大的损失；新药品投入临床或市场后发现药效差，副作用大，很快就会被其他产品淘汰；上市新药的平均有效专利期是5~7年，若不能在专利期满以前收回所有投资，保护时效周期一到，新药就会因其他企业的合法仿制而出现竞争优势下降，从而迅速失去市场。当然，创新药品研发成功，形成垄断市场，占领市场份额，取得商机也会给企业带来巨额利润。

（2）技术含量高　医药行业涉及多领域、多学科，使医药企业生产技术呈现多样化、复杂化和综合化的特点。特别是生物工程技术在医药领域的应用，能够为医药企业创新发展提供强大的技术支撑。

（3）产品安全要求高的特殊性　医药企业生产的药品是维护人类身体健康的特殊产品，产品质量的优劣直接关系到使用者的生命安全。对医药商品的生产、运输、储存、管理、销售多个环节都有严格的法律规范和诸多条件限制。企业要严格遵守药品生产质量管理规范（GMP）、药物非临床研究质量管理规范（GLP）、药品经营质量管理规范（GSP）、中药材生产质量管理规范（GAP）、药物临床试验质量管理规范（GCP）等一系列规范医药企业生产经营活动的法律法规。

二、我国医药企业的现状及发展趋势

（一）我国医药企业的现状

1. 产业布局结构不合理　我国医药产业矛盾突出，企业专业化程度不高，缺乏自身的品牌和特色品种。大多数企业不仅规模小、生产条件差、工艺落后、装备陈旧、管理水平低，而且布局分散，企业的生产集中度远远低于先进国家的水平。虽然企业数量较多，但其产品科技含量和附加值太低，产品交叉重复现象严重，竞争力不足，销售规模小，盈利能力低，没有形成规模经济效益，企业的销售贡献率与发达国家相比差距很大。

2. 新药创新基础薄弱　我国大多数医药企业科技投入不足，技术含量低，研发投入低，缺少具有我国自主知识产权的新产品，产品更新慢，多数老产品技术经济指标不高，工艺落后，成本高，缺乏国际竞争能力。我国的医药技术创新和科技成果迅速产业化的机制尚未完全形成，应用高新技术改造传统产业的步伐较慢，整体的医药科技水平远远落后于发达国家。国际医药巨头企业大多是通过创新药物占领市场，形成技术优势，垄断价格，减小竞争，创造利润空间。

3. 医药企业并购重组成为新趋势　经济全球化的高速发展，加剧了医药企业之间的竞争，国内医药企业的生存环境受到了前所未有的冲击。在整体运行环境不变的情况下，国内一些知名企业通过重组、并购等手段来扩大企业规模，提高市场占有率，增强企业核心竞争力，共同应对竞争压力，降低企业经营风险，强强联手已经成为我国医药企业实现竞争的一大战略。

4. 医药企业的发展受多种因素的限制　近年来，国家加大了对医药企业的综合管理，医药企业市场逐步规范化。新医改方案的实施、药品价格持续调控、企业环保维护和运营成本的逐步上升等诸多因素都会对企业产生影响。同时，我国仍未摆脱医药产品出口附加值低、高新技术产品出口比重较低、国际市场开发力度不够的现状。

（二）我国医药企业的发展趋势

我国医药行业规模效益逐渐显现，具有快速发展、潜力巨大的特性。医疗市场细分领域用药需求广，市场潜力巨大。传统化学制药增长速度将逐步放慢，天然（中药）和生物药品将成为行业主要增长点。

1. 企业整合力度加大　我国正处于从制药大国向制药强国转变的重要时期，随着医药行业调整不断深入，流通领域整合加剧，医药企业结构的调整势在必行。有实力和竞争力的知名品牌企业将通过联合、并购、重组实现资源整合、资产增值，通过融资和上市，利用资本市场的力量将企业做大做强。医药企业将呈现规模化，增强与跨国医药公司竞争的实力，为占据国内外高端市场奠定基础。

2. 医药企业经营多元化　医药行业发展正处于转型期，受政策对医药企业的影响，现在的企业很难仅通过经营药品就获得高额利润。随着国家对大健康产业的整体引导，许多企业将采取多元化发展模式，扩张经营范围，寻求更多的发展机会，更多的利润增长点，从而避免单一经营药品的风险，为企业提供更多的研发资金、生存概率和市场机会。

3. 应用高新技术实现产业升级　随着科学技术的不断创新，一些高新技术在药物创新过程中得到越来越多的应用。企业也将大量的资金投入到创新和研发中来，生物技术作为全球发展最快的高技术之一，将被广泛地应用于生物医药行业。我国的生物制药企业迅速成长，将在未来生物制药产业中，开发生物药品，参与激烈竞争，与发达国家一样迎来生物基因药物飞越发展的时期。

4. 中医药产业发展前景广阔　2016 年 12 月 25 日，第十二届全国人民代表大会常务委员会通过了《中华人民共和国中医药法》，为中医药事业健康发展提供了保障。在中医药大健康产业的规划下，中医药发展已经进入国家战略，打造中医药大健康产业国际创新合作圈，推动中医药国际化将成为未来趋势。医药企业在精细化、要效率的发展时期，应更多地专注于中国传统医药产业的发展，专注于技术创新产品，形成民族医药自主知识产权，寻求新的经济增长点，打开国际市场的大门。

项目二　医药企业管理理论基础

一、管理的概念与职能

（一）概念

美国的管理学家孔茨认为，管理就是设计和保持一种良好环境，使人在群体里高效率地完成既定目标的过程。法国的管理学家法约尔认为，管理就是实行计划、组织、指挥、协调和控制。管理学家西蒙认为，管理就是决策。本书对管理概念的界定为：在特定的环境条件下，利用有效的计划、组织、指挥、协调和控制，完成既定组织目标的过程。管理具有动态性、科学性、艺术性、创造性的特点。

（二）职能

管理职能是管理过程中各项行为内容的概括，是人们对管理工作应有的一般过程和基本内容所做出的理论概括。管理者可以运用职能观点去建立或改革组织机构，根据管理职能规定出组织内部的职责、义务和权利及它们的内部结构，从而确定管理人员的人数、素质、学历、专业、技能、知识结构等。

　　管理学家法约尔将管理职能总结为五个方面（图1-1）：①计划是确定组织未来发展目标及实现目标的方式。②组织是为企业的经营提供所必要的原料、设备、资本和人员。③指挥是运用影响力激励员工以便促进组织目标的实现。④协调是指企业的一切工作者要和谐地配合，以便于企业经营顺利进行，并且有利于企业取得成功。⑤控制是对组织员工的活动进行监督，判定组织是否正朝着既定的目标健康地向前发展，并在必要的时候及时采取矫正措施。

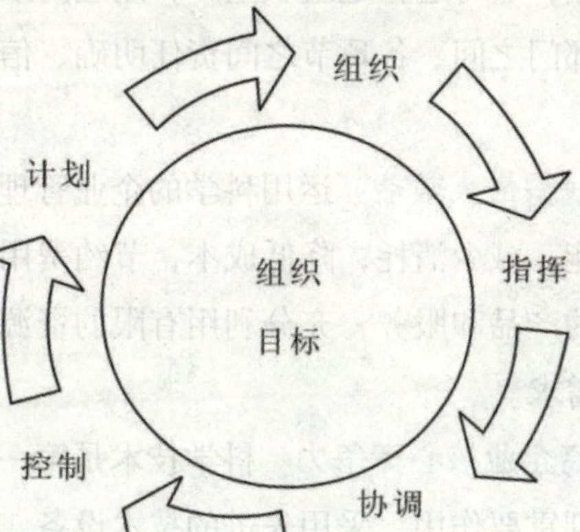

图 1-1　管理的职能

二、医药企业管理的概念

　　医药企业管理是医药企业管理者按照经营理论的要求，运用科学的方法和手段，对医药企业的经营活动和人力、物力、财力、信息、技术等各种资源进行有效的计划、组织、指挥、协调、控制，达到实现企业生产经营目标的全过程。

三、医药企业管理的任务

　　医药企业管理最基本的任务是实现企业目标。科学的管理会增强企业的运作效率，明确企业的发展方向，充分发挥每个员工潜能，使企业财务清晰，资本结构合理，树立企业形象，为服务对象提供满意的产品和服务。企业在不同的时期、不同的环境条件下都有具体的经营目标，如生产任务目标、社会服务目标、经营利润目标、产品质量目标、企业发展目标等。企业的目标是多方面的，作为一个经济组织，首要目标是实现利润最大化，即实现经济效益目标。作为一个社会组织，又必须履行社会责任，包括以产品或服务满足社会需求、为社会提供就业机会等，即实现社会效益目标。从长期发展角度看，实现两个目标的有机结合，是为企业提供更多发展机会，获得长期利润，是企业合法生存的基础。

为了实现医药企业的目标，工作任务主要有如下几项：

1. 提升人力资源的管理 未来企业之间的竞争，重点是在对知识型人才的争夺。医药企业应加大人才引进和培养力度，通过培训提高员工综合素质，加快员工成长，使企业在激烈的竞争中立于不败之地；用人选人先要进行合理的岗位分析，实现人尽其才，才尽其用；建立科学的人力资源选拔制度，完善人才管理策略；实行持续有效的激励制度，激发员工的工作热情，这对企业资本规模的扩大和知识资产的升值均具有巨大的推动作用。

2. 合理地组织生产经营活动 为保证生产经营活动的顺利进行，医药企业必须提高经营管理水平，遵循价值规律，适时适宜地组织生产，建立高效的组织机构，严格执行管理制度，使上下级之间、各部门之间、各环节之间责任明确、信息畅通、协调配合，提高企业发展质量。

3. 科学管理，使企业获得最大效益 运用科学的企业管理手段，有效地发挥人力、财力、物力等各种资源的效能，减少消耗，降低成本，节约费用，可以为企业创造最大的经济效益，为社会提供优质的产品和服务，充分利用有限的资源创造更多的社会财富，满足人民日益增长的物质文化需求。

4. 加强技术创新，提高企业核心竞争力 科学技术是第一生产力，科学技术水平的进步对提高企业经济效益起到重要作用。采用先进的技术设备、生产工艺，可以提高产品质量和劳动生产率。依靠研发新产品，提高产品的科技含量，开拓新市场，可以把科学技术发展的新成果转换成生产力，提高企业的竞争实力。

5. 适应环境的变化，提高企业生存能力 企业要生存和发展，就必须不断地满足环境对企业提出的各种要求。企业的行业特征、市场特点、经济形势、政府关系及自然环境等，都会直接或间接、单独或交叉地给企业创造机会或构成威胁，对企业的生存和发展产生极大的影响。企业同时还要受政治、经济、文化、科技和法律等方面因素的影响和制约。因此，当外部环境发生变化时，企业需要不断地变革与创新，保持良好的内部环境去适应变化。

项目三 医药企业组织

一、医药企业组织概述

（一）组织的概述

1. 组织的概念 罗纳德·科斯认为，经济组织规模发展到一定程度的时候，当依靠市场交易的外部交易成本逐渐增大，并大于组织行政管理机制所产生的管理成本的时候，企业组织就产生了。切斯特·巴纳德认为，组织是一个有意识地协调两人以上的活动和力量的合作体系。管理学家布朗认为，组织就是为了推进组织内部各组成员的活动，确定最好、最有效果的经营目的，最终规定各个成员所承担的任务及成员间的相互关系。他认为组织是达成有效管理的手段，是管理的一部分，管理是为了实现经营的目的，而组织是为了实现管理的目的。也就是说，组织是为了实现更有效的管理而确定各个成员的职责及职责之间的相互关系。

综合国内外有关学者的观点，可以给组织做出如下的定义：所谓组织是指由两人或两人以上为了实现特定的共同目标，而按照一定的规则、程序所组成的有机体，其目的在于确保以最高的效率实现目标。

2. 组织的特征　可以概括为以下四点：

（1）目标明确　组织成员为了达成共同既定目标共同努力。

（2）相对稳定　人员流动小，存在稳定的秩序。

（3）拥有资源　主要包括人力资源、金融资源、物质资源、关系资源、形象资源、信息资源六大类。

（4）合理的权责分配　主要表现为各项任务有明确的承担者，按照一定规则确定成员间的秩序和关系，并且权力和责任是对等的，权力的大小决定了责任的大小。

3. 组织的类型　按人数可划分为小型、中型和大型组织。按组织自身目的可划分为公共组织、非营利性组织和营利性组织。按组织产生的依据可划分为正式组织与非正式组织。

（二）企业组织的概念

企业组织是指利用各种资源有效地为实现企业的目标服务，执行企业的战略策略，对企业的人力资源进行调配所建立的社会机构。

（三）医药企业组织设计的基本原则

1. 有效管理幅度原则　有效管理幅度原则是指一个管理者能够直接有效管理下属人员的数目。有效的管理幅度受到诸多因素的影响，主要有管理者与被管理者的工作内容、工作能力、工作环境与工作条件。管理幅度会因组织或个人的差异而不同，一般来说，管理幅度越大，人与人之间的关系就越复杂。由于管理幅度的大小影响和决定着组织的管理层次，以及主管人员的数量等一些重要的组织问题，每一个管理者应针对各种情况并结合工作的性质及被管理者的素质等特征把幅度控制在适度的范围，从而既能保证统一指挥，又有利于实现部门和人员之间的有效沟通。

2. 统一指挥原则　统一指挥原则最早是由法约尔提出的，指组织的各级机构及个人必须服从一个上级的命令和指挥，并向这个上级负责。后来人们将这个提法发展为组织中每一个人只能接受同一个命令，如果有两个或两个以上领导人同时指挥，则必须在下达命令之前，进行相互沟通，达成一致意见后再下达命令。统一指挥原则避免了组织中更高级别的主管或其他部门的主管越级指挥或越权发布命令的现象，有利于政令统一、高效率地贯彻执行各项决策。执行统一指挥原则可以使医药企业内部各岗位职责明确，工作层次分明，沟通方式畅通，保证企业正常运转。

3. 责权一致原则　责权一致原则是指组织中的管理者所拥有的权力应与其所承担的责任相适应的原则。强调每个职务承担责任的同时，必须赋予与之匹配能完成任务所需的权力，权力的大小需要和责任相适应。组织赋予每一个职务的权力应适当，不能太小，也不能太大。有责无权，会束缚管理者的主动性和积极性，使责任制度形同虚设，无法完成任务，有权无责将会导致滥用权力和官僚主义。

4. 分工与协作原则　分工是指按照提高管理专业化程度和工作效率的要求，将不同专业和性质的组织任务和目标分成不同层次的部门或个人的单项任务或目标，并规定出完成各自任务或目标的手段和方式。分工可以使每一个部门或个人专心从事某一方面的工作，增加熟练程度和技巧，是提高工作效率的基本手段。协作是指各个部门之间、部门内部之间协调关系和配合的方法，是提高组织运行效率的有效手段。医药企业组织中各个部门不可能相互脱离完成独立运行，必须合理分工、相互协调、互相配合才能高效率地完成任务，最终实现总目标。

5. 弹性结构原则　弹性结构原则是指一个组织的部门结构、人员的职位和职责是可以随着实际需要而变动的，以便使组织能快速适应内外环境的变化。医药企业的生存环境是受各种因素影响不断变化的，这就要求企业的组织结构一定程度上要适应变化和调整的需要。实施职位弹性化，按照任务和目标需要设立岗位，根据不同时期的组织目标和任务特性制定岗位职责，各级管理人员定期更换，做到一专多能、一人多岗，实行多种用工制度使人员管理富有弹性。医药企业还可以根据环境的变化，及时地调整生产经营活动，在经营管理上有自主权和灵活性，及时调整业务中的不合理现象，提高企业效益。

6. 机构精简原则　机构精简原则是指在能够保证组织业务活动正常开展的前提下，尽可能减少管理层次、简化部门机构，优化人员结构，减少运行成本，不断改善资源的配置效率，提高运行效能。坚持机构精简原则可以使组织精干，协调工作量小，反应敏捷，工作效率高。同时，还可以节省人员费用和管理费用。

二、现代医药企业的基本组织制度

（一）现代企业制度内涵

现代企业制度是以市场经济为基础，以规范和完善的企业法人制度为主体，以有限责任制度为核心，以产权清晰、权责明确、政企分开、管理科学为特征的新型企业制度。现代企业制度是适应现代社会化大生产和市场经济体制要求的一种企业制度，也是具有中国特色的一种企业制度。其主要内容包括现代企业产权制度、现代企业组织制度、现代企业管理制度。

现代企业制度的企业组织形式是多样化的。公司制企业是我国现代企业制度的主要企业组织形式，是独立法人企业，以法人财产对公司的经营行为负责，做到自主经营、自负盈亏。这个制度明确了企业的性质、地位、作用和行为方式。

（二）现代企业制度特征

1. 产权清晰　产权清晰是具有明晰的产权关系和确定的产权制度，表明了财产的实际拥有权、使用权、最终归属等一系列权利关系。企业制度保障了企业关系各方面的制度化，保障了企业发展的内在动力，保障了企业具有充分的自主经营权。

2. 权责明确　权责明确是指合理区分和确定企业所有者、经营者和劳动者各自的权利和责任。形成科学有效、相互制衡的领导体制和内部结构，各利益方关系明确、权责分明、收益分配合理，使企业充满生机和活力。

3. 政企分开　政府的职能与企业的职能分开，明确了国家和企业的关系。包括政府与企业社会职责的分开，企业所有权与经营权的分开，政府国有资产所有者职能与行政职能的分开。政企分开，能充分发挥政府宏观调控的职能，实现经济长期、稳定、快速、健康地增长。而企业也会因政企分开摆脱一些不必要的束缚。在市场经济中，依靠价值规律的作用，不断提高劳动生产率，增强企业的经济效益。

4. 管理科学　管理科学是指运用科学的管理方法来规范企业管理，使企业组织合理化。主要表现在企业管理的各个方面，如质量管理、生产管理、供应管理、销售管理、财务管理、人事管理、研究开发管理方面的科学化。

（三）公司制企业的基本组织形式

世界各国的公司制企业形式主要分为五种，分别是无限责任公司、有限责任公司、两合公司、股份两合公司和股份有限公司。各个国家和地区五种公司法的规定基本相同，同时也有一些主要差别：法国等国家承认无限责任公司为一种具有法人资格的公司，而美国法律则不承认其为公司，将其归入合伙企业；在我国只允许设立有限责任公司和股份有限公司。

1. 有限责任公司　有限责任公司简称有限公司，是由 50 人以下股东出资设立，各个股东以其认缴的出资额为限对公司承担责任、公司以其全部资产对其债务承担责任的企业法人。有限责任公司不能向社会公众募集股权，不能发行股票。

2. 股份有限公司　股份有限公司是指全部注册资本分为等额股份，股东以其所认购的股份为限对公司承担责任的企业法人。股东应以其认购的股份为限对公司承担责任。设立股份有限公司，需 2 人以上 200 人以下为发起人。股份有限公司注册资本在 500 万以上，可以向公众募集股款，发行股票，在证券交易所挂牌上市交易。上市公司必须严格执行公司法的各项规定，实行财务公开制度和信息披露制度，公布公司经营情况。

（四）公司治理结构

公司治理是指通过一套包括正式或非正式的、内部或外部的制度，来协调公司与所有利益相关者之间（股东、债权人、职工、潜在的投资者等）的利益关系，以保证公司决策的科学性、有效性，从而最终维护公司各方面的利益。公司治理结构由股东大会、董事会、监事会、经理层四个部分组成。

1. 股东大会　股东大会是公司的最高权力机构，拥有对公司经济活动和与股东利益相关的重大事项等进行最高决策的权力。股东大会选择经营者的决策权表现为选举、罢免董事和监事。股东大会分为普通年会和特别会议。其主要职能包括：

（1）决定公司的经营方针和投资计划。

（2）选举和更换董事、监事。

（3）审议批准董事会、监事会的报告。

（4）决定公司的年度财务预算方案、决算方案、利润分配方案和弥补亏损方案。

（5）对公司增加或者减少注册资本、发行债券做出决议。

（6）对公司合并、分立、解散、清算或者变更公司形式等事项做出决议。

（7）修改公司章程，以及处理公司章程规定需由股东大会决定的事项。

2. 董事会　董事会是股东大会选出的代表全体股东利益的最高决策和领导机构，是公司的法人代表，负责或审定公司的战略性决策，并负责检查其执行情况，董事会的职权是由股东大会授予的。其主要职能包括：

（1）负责召集股东大会、执行股东大会决议。

（2）决定公司的生产经营计划和投资方案。

（3）决定公司内部管理机构的设置。

（4）制订公司的年度财务预算方案、决算方案、公司利润分配方案和弥补亏损方案。

（5）制订公司增加或减少注册资本及发行公司债券方案。

（6）制订公司合并、分立、解散或者变更公司形式的方案。

（7）决定聘任或解聘公司经理及其报酬事项。

（8）制定公司的基本管理制度。

3. 监事会　监事会是由股东代表和适当比例的公司职工代表组成的专门监督机关。监事会具有较强的独立体，主要代表股东行使监督职能。其主要职能包括：

（1）检查公司的财务状况。

（2）对董事、高级管理人员执行公司职务的行为进行监督，对违反法律、行政法规、公司章程或者股东会决议的董事、高级管理人员提出罢免的建议。

（3）纠正董事、高级管理人员损害公司利益的行为。

（4）提议召开股东大会。

（5）公司章程规定的其他职权。

4. 经理层　经理层是公司的执行机构。由高层经理人员组成，受聘于董事会，在董事会授权范围内，拥有对公司事务的管理权和代理权，负责处理公司的日常经营事务。该执行机构的负责人就称为 CEO，也就是首席执行官。担任企业 CEO 的，可以是董事长或副董事长，也可以是总经理。CEO 的主要职责是：

（1）任免经理人员。

（2）执行董事会的决议。

（3）主持公司的日常业务活动。

（4）经董事会授权，对外签订合同或处理业务。

复习思考

1. 简述医药企业的概念及其特点。

2. 简述医药企业管理的概念及其基本任务。

3. 简述医药企业组织设计的基本原则。

扫一扫，知答案

扫一扫，看课件

医药企业经营环境

【学习目标】

1. 掌握医药企业外部与内部环境的分析方法。
2. 熟悉企业环境的定义、类型及特征；医药企业内外部环境的主要构成因素、作用及影响。
3. 了解企业环境的变化对于企业管理的重要性。

项目一　企业经营与环境的关系

案例导入

　　统计数据显示，2001~2016 年，发达国家批准上市的创新新药共计 433 种，在中国上市的只有 100 余种，仅占 30%。针对我国药品、医疗器械研发和质量与国际先进水平仍然存在较大差距的现状，2017 年 10 月 8 日，中共中央办公厅和国务院办公厅联合印发了《关于深化审评审批制度改革鼓励药品医疗器械创新的意见》（简称《意见》），《意见》的出台及相关政策的实施，将极大地激发医药研发的活力，促进药品、医疗器械产业结构调整和技术创新，让更多的新药好药和先进医疗器械上市，满足公众医疗需要，让患者尽快用上救命药、放心药，让 13 亿人民享受到健康中国的深厚福祉。

一、环境的类型及特征

　　企业是一个开放的系统，在企业内部及企业与外界之间都需要不断地发生各种资源和信息的交换，企业的活动必将受到内部与外部环境的影响和制约。因此，对于企业管理者而言，重要的就是认识和分析环境的特点，预测和把握环境变化的趋势，力求达到企业与环境的和谐共生。

（一）环境的概念

企业环境是指存在于企业内部和外部影响企业业绩的各种力量和条件因素的总和。

企业对管理环境非常敏感，环境的任何一项内容的改变都可能给企业带来不同程度的影响，因而在企业管理过程中，特别是在确定企业发展战略时应重视对企业环境的分析与研究。

美国著名管理学家切斯特·巴纳德（Chester I. Barnard，1886—1961）曾指出"管理者必须审视环境，然后调整组织以保证与环境的平衡状态"，"成功取决于员工和组织与其外部环境保持良好的关系"。为此，作为企业管理者，不仅要分析政治、经济、科技、文化及需求等企业外部因素的影响，还要分析员工的价值观、企业自身拥有的资源等企业内部因素的影响，并及时把握环境变化，预测变化趋势，以便正确决策。

（二）环境的类型

根据各种因素对企业经营管理活动的影响，可以将企业环境分为外部环境和内部环境两大类。

1. 企业外部环境 指存在于企业外部、企业无法全部控制、但对企业经营意义重大的诸因素总和。企业外部环境又可分为一般环境和特殊环境两大类。

（1）一般环境 一般环境又称宏观环境，是指对企业经营活动产生作用与影响，但其影响的相关性不强，或间接相关的一些因素，一般包括政治、法律、经济、社会、科技等。这些因素对企业的影响虽然不是直接的，但它们都有可能对组织产生某种重大的影响。

（2）特殊环境 特殊环境又称微观环境、任务环境，是指某一特定的对企业的经营活动产生直接影响的外部环境因素，它存在于某一产业或行业环境中，包括用户、竞争对手、合作者等其他特殊环境因素。与宏观环境相比，这些因素对企业的影响更频繁、更直接。

2. 企业内部环境 指存在于企业内部，企业自身能够控制的因素总和。它是企业制定发展目标和发展战略的出发点和依据。企业内部环境一般包括企业经营条件和企业文化两大部分。

（1）企业经营条件 企业经营条件是指企业的有形资产，即企业所拥有的各种资源的数量和质量情况，包括管理水平、人员素质、资金实力、科研水平、营销能力、信誉状况等。

（2）企业文化 企业文化是指企业的无形资产，即处于一定经济社会文化背景下，企业在发展的过程中逐步生产和发展起来的独特的价值观，以及以此为核心而形成的行为规范、道德准则、群体意识等。

（三）环境的特点

企业管理者之所以关注环境，是由于"环境的不确定性"，即由于管理者不具有环境因素的全部信息，并且无法准确预知未来环境的变化。因此，环境的不确定性增大了企业对环境反应失败的风险，增加了企业经营和决策的难度。企业试图通过分析使某些不确定因素有一定的参考价值，力求将许多环境影响减少到使人们能够理解和可操作的程度。一般来说，企业环境的不确定性体现在两个方面：环境的复杂程度和变化程度。

美国学者邓肯（Duncan）认为，应该从两个维度来确定企业所面临的环境不确定性：一是企业所面临环境的动态性；二是企业所面临环境的复杂性。

环境的动态性是指构成环境的各要素的变动。如果在特定的时期内，环境各要素变化很小且可预见，则环境是稳定的。反之，如果在特定时期内，环境各要素变化很大且难以预见，则环境就是不稳定的。例如，我国的药品生产企业在计划经济时代，药品生产企业按需生产、国家对药品实行统一采购，企业的收益和发展较为稳定。但随着市场经济的发展，医药企业成为市场竞争的主体，市场中细微变化都会给企业的收益和发展带来巨大的影响。

环境的复杂程度与企业环境中的要素数目多少及企业所拥有的对环境因素的了解程度有关。一般来说，企业所面临的顾客、供应商、竞争对手和相关管制机构等的数目越少，环境的复杂程度就越低，相应的不确定性也就越小。反之，企业所面临打交道的组织数目越多，环境的复杂程度就越大，不确定性就越大。

二、企业与环境的相互作用

环境是企业生存、发展的空间和土壤，为企业活动提供条件，同时又对企业的活动起到制约。因此，环境对于企业的发展有着十分重要的作用。离开环境，企业只会成为"无源之水，无本之木"。

1. 环境对企业的影响作用 任何企业都存在于一定的环境中，环境的特点及变化都会影响企业管理活动和方向、内容及管理方式的选择。政治、经济、文化、意识形态等环境因素对企业管理都起到重大影响作用，企业的组织形式、发展目标、发展规模、行为方式等都受到环境的制约。因此，企业管理活动必须适应环境的变化，这样才能趋利避害，寻求长远发展。反之，企业将无法持续开展相应的管理活动，其未来必将终结。

2. 管理对环境的能动作用 虽然环境是企业自身不可控制的，但企业可以通过适应环境来创造更多的发展机会。企业在适应环境变化、被动接受变化的同时，企业战略的变化又会改变环境，催生新环境的形成。

项目二 医药企业内外部环境分析

案例导入

2017 年 1 月 9 日，国家卫生和计划生育委员会（现国家卫生健康委员会）召开了新闻发布会，解读了《在公立医疗机构药品采购中推行"两票制"的实施意见（试行）》有关情况。医改重大政策"两票制"在 2017 年进一步扩大实施范围，2018 年将在全国全面展开。据银河证券分析师分析，两票制 + 营业税改增值税使得小商业公司日益失去生存根基，继而促使其被大公司兼并收购。海王生物乘政策东风，一方面通过并购快速"跑马圈地"，在山东、河南、湖北等省份继续加速扩张；另一方面对旗下医药商业公司进行整合，以省为单位设立了 6 家区域集团公司。未来借助政策与资金优势，公司有望在流通领域继续加快并购步伐。而过往并购史中展现出的整合能力则为公司快而稳的发展提供了保障。海王生物表示，"两票制"的推行将会有利于加速海王生物的业务拓展和兼并收购，对公司的发展或会产生积极有效的影响。

一、医药企业外部环境分析

现代企业的生产经营活动日益受到外部环境的影响，企业在制定战略目标和达成这些目标之前，必须对外部环境进行分析，掌握外部环境的变化特点与变化趋势。

（一）医药企业外部一般环境分析

一般来说，外部一般环境是指那些给企业带来机会或构成威胁的主要社会力量，它直接或间接地影响企业战略目标的实现。主要包括政治法律环境（political-legal）、经济环境（economic）、社会文化环境（social）和技术环境（technological）等。

1. 政治法律环境 政治法律环境是指制约和影响企业的各种政治要素及其运行所形成的环境系统。在任何社会制度下，企业经营活动都受到政治环境的规范、强制和约束。政治环境是决定、制约和影响企业生存和发展的极其重要的因素，政治因素像一只无形之手，调节着企业经营活动的方向。

法律环境是指与企业相关的社会法制系统及其运行状态。法律环境对企业的影响方式由法律的强制性特征决定，对企业的影响方式具有刚性约束的特征，为企业经营规定行为准则。

企业必须要明确在特定时期政治法律环境所要求的经营活动范围，以便企业活动符合社会利益，受到保护和支持。对于医药企业而言，其政治法律环境及其作用范围主要表现为以下几个方面：

（1）产业政策　产业政策是指政府为实现一定的经济和社会目标而对产业的形成和发展进行干预的各种政策的总和。其功能主要是弥补市场缺陷、有效配置资源等。不同的经济发展阶段，政府会确定鼓励或约束发展的产业，并制定相应的鼓励和约束政策，国家重点扶持的产业一般都能得到快速发展。

（2）政府投入　政府投入反映了资源在政府与企业之间的重新分配。政府制定的税收政策、政府订单及政府贴补对企业的生产经营活动产生影响。近年来，政府对医药产业的投入有明显的加速迹象，主要表现为投入覆盖面的增广、投入规模的扩大、投入资金的增长等。政府投入的增加对于切实提高产业的创新能力，提升医药产业的国际竞争力至关重要，将成为撬动医药产业快速发展的重要支点。

（3）法律法规　国家相关的法律法规是对企业活动有限制性的规定，同时也是保证其健康发展的有效措施。医药企业若要在社会中生存和发展，就必须遵守和利用好这些法律法规。鉴于医药产业的特殊性，我国对其制定了有别于一般产业的、更为严格的法律法规体系。其中，1984 年由全国人民代表大会常务委员会颁布的《中华人民共和国药品管理法》是我国药事法规体系的核心，它对产品的研发、生产、流通及使用等各个环节都做出了详细的规定。此外，我国政府还对医药企业强制实施 GMP（good manufacture practice，药品生产质量管理规范）、药品分类管理制度、药品价格管理制度等。

对于医药企业而言，政治法律环境是外部环境中最基础、最直接也是最重要的，从某种意义上说，政治法律因素决定了企业的生存与发展。企业只有认真分析所处的政治法律环境，关注其变化及发展趋势，并随之及时调整发展战略，才能实现可持续发展。

2. 经济环境　经济环境是指组织运行所处的经济状况，是影响企业经营活动的重要环境因素，由社会经济结构、经济发展水平、经济体制、宏观经济政策和购买力水平等要素构成。

（1）社会经济结构　社会经济是指国民经济中不同的经济成分、不同的产业分部及社会再生产各个方面在组成国民经济整体时相互的适应性、量的比例及排列关联的状况。社会经济结构主要包括五个内容：产业结构、分配结构、交换结构、消费结构和技术结构。其中最重要的是产业结构。

（2）经济发展水平　经济发展水平是指一个国家经济发展的规模、速度和所达到的水准，反映一个国家经济发展水平的常用指标有国民生产总值、国民收入、人均国民收入、经济发展速度、经济增长速度等。

我国经济经历了几十年的高速成长，居民收入水平显著提高，居民可支配收入逐年增长。随着人民生活水平的改善，我国居民对健康问题日益重视，医疗卫生服务需求显著提高，国内医药行业保持快速增长。"十二五"期间，国家对医药卫生事业的投入加大，医保体系更趋健全，医药出口稳健增长，资本市场迅猛发展，医药行业优质资源面临整合，一系列扶持医药创新发展的政策措施先后出台，在各项有利因素的促进下，医药工业保持了较好的发展态势，医药工业的整体利润水平平稳增长，国内规模以上医药制造企业经营状况良好（图2-1）。

图 2-1　国内规模以上医药制造企业经营状况

（3）经济体制　经济体制是指国家经济组织的形式。经济体制规定了国家与企业、企业与企业、企业与各经济部门的关系，并通过一定的管理手段和方法，调控或影响社会经济流动的范围、内容和方式等，是一定经济制度下国家组织生产、流通和分配的具体形式或者说是一个国家经济制度的具体形式。经济体制对医药企业生存与发展的形式、内容、信息系统都提出了系统的基本规划与条件。党的十八届三中全会中强调要全面深化经济体制改革，经济体制改革将对经济行业带来积极影响，医药企业要加强和重视对新经济体制实质、形式及运行规律等方面的了解，把握并建立新的体制意识，改变行为方式方法，对促进我国医药行业步入更健康的发展轨道尤为重要。

（4）宏观经济政策　宏观经济政策是指国家、政党制定的一定时期国家经济发展目标、实行的战略与策略。它包括综合性的全国经济发展战略和产业政策、国民收入分配政策、价格政策、物资流通政策、金融货币政策、劳动工资政策、对外贸易政策等。我国政府正在建立更加完善的社会保障体系，出台有利于医药行业的财政政策。据财政部数据，2016 年 1~8 月公共财政支出同比增长 12.7%。同期，在医疗卫生和计划生育方面的公共财政支出达到 8787 亿元人民币，同比增长 19.8%，占公共财政支出的比例达到 7.6%。同时，医疗卫生方面的公共财政支出增速比教育的支出增速高 8.1 个百分点。相对高的医疗卫生公共财政支出增速将会使医药行业得益。

（5）购买力水平　购买力水平是形成市场并影响其规模大小的决定因素，是影响企业经营活动的直接经济环境。消费者收入水平的变化直接影响购买力水平，收入提高，其购买力势必增长。个人收入中包括可支配的个人收入和可任意支配的个人收入。可任意支配的个人收入直接影响购买力的高低。此外，消费者支出结构的变化对购买力影响也较大，恩格尔系数越小，食物支出所占比重越小，表明生活质量越高；反之，生活质量越低。

因此，医药企业要运用各种指标对以上各要素进行分析，准确判断经济环境对企业活动的影响，从而制定出正确的企业经营战略。

3. 社会文化环境　社会文化环境是指企业所处的社会结构、社会风俗和习惯、信仰价值观念、行为规范、生活方式、文化传统、人口规模与地理分布等因素的形成和变动，它是企业环境的重要组成部分。从某种意义上说，一定时间、空间的社会文化状态，总是决定着这一特定时空条件下的企业经营行为。由于医药行业的特殊性，影响其发展的社会文化因素主要有以下几种：

（1）人口数量　我国是人口最多的发展中国家之一，这是促进我国药品市场持续发展的原因之一。庞大的人口形成了巨大的市场容量，这是众多国际制药巨头积极抢占中国市场的重要原因。

（2）人口结构　人口结构不同，用药水平也不同。在同样人口数量下，老年人所占的比例越高，医药市场容量一般越大。城乡人口比例对医药市场也有较大影响，城镇化率越高，医药市场的容量就会越大。

（3）教育水平　教育水平的高低直接关系人们的整体素质，影响人们的消费行为和消费结构。

（4）文化传统　文化传统是一个国家或地区长期形成的道德、习惯、思维方式的总和。它强烈地影响人们的购买决策和企业的经营行为。医药企业要通过文化传统分析目标市场，并且在经营中对具有不同文化传统意识的人采取不同的方法进行管理。

（5）社会心理　社会心理是人们对社会现象的普遍感受和理解，是社会意识的一种形式。表现在人们日常的生活情绪、态度、言论和习惯之中。人们的社会心理状况最终取决于社会生活实际，社会心理促成一定的社会风气，给企业的经营活动带来影响。对此，企业必须深入分析，并针对不同的目标客户、不同的消费心理，深入挖掘客户的潜在需求，更好地赢得和占有市场。

4. 技术环境　企业的技术环境指的是企业所处的社会环境中的技术要素及与该要素直

接相关的各种社会现象的集合。粗略划分企业的技术，大体包括四个基本要素：

（1）社会科技水平 社会科技水平是构成技术环境的首要因素，它包括科技研究的领域、科技研究成果的先进程度及科技成果的推广和应用三个方面。

（2）社会科技力量 社会科技力量是指一个国家或地区的科技研究与实力。

（3）国家科技体制 国家科技体制是指一个国家社会科技系统的结构、运行方式及其与国民经济其他部门的关系状态的总称。

（4）国家的技术政策与技术立法 国家的技术政策与技术立法是指国家凭借行政权力与立法权力，对科技事业履行管理、指导职能的途径。

技术的发展与变化对企业的经营活动有直接的影响，其影响可能是创造性的，也可能是破坏性的。医药企业应注意分析这些新技术可能发生的变化及带来的影响，从而在战略管理上及时做出调整，这样才能在激烈的市场竞争中取得优势。

（二）医药企业外部特殊环境分析

一般环境对大多数的企业来说都是相同的。特殊环境，又称任务环境，则是指那些对企业活动及管理者决策有着更为直接影响的外部环境因素。任务环境对每一个企业而言都是不同的，并随着条件的改变而变化。与一般环境相比，任务环境对企业的影响更为直接和具体，同时也更易为管理者所识别。

美国学者迈克尔·波特（Michael Porter）在经典巨著《竞争战略》一书中提出了任务环境模型——五力模型。波特认为，行业现有的竞争者、潜在的竞争者、替代品、购买者的能力、供应商这五种力量决定了企业的盈利能力。

1. 现有的竞争者 现有的竞争者是那些与本企业提供的产品或服务相似，并且所服务的目标顾客也相似的企业。大多数企业面临的都是一个竞争市场。同样的产品或者服务市场提供者绝不仅此一家，多家企业生产相同的产品，必然成为竞争者。决定现有企业之间竞争性质和强度的因素主要有集中程度、产品差异化、剩余生产能力和退出障碍、成本情况、规模经济及固定成本与可变成本比率。

在我国，拥有知识产权的药品企业非常少，产品同质化现象严重，而国外企业凭借资本实力和创新能力取得竞争优势，扩大了在中国市场的影响力。因此，国内的医药企业应更多思考的是如何进行技术创新，优化产业结构，这样才能在市场中谋得一席之地。

2. 潜在的竞争者 潜在的竞争者是指暂时对企业不构成威胁但具有潜在威胁的竞争者。潜在竞争者的可能威胁，取决于进入行业的障碍程度及行业内部现有企业的反应程度。当边际利润较高而进入壁垒较低时，就会有新的竞争者进入，新进入者是产业的重要竞争力量。影响进入壁垒的因素有规模经济、资本需求、产品差异、转换成本、销售渠道拓展、与规模经济无关的成本优势、政府政策与法律等。而行业内部现有企业的反应是现有生产者会采取报复行动的程度，他们通过限制进入定价、高筑市场壁垒等多种方法阻止入侵者。

3. 替代品　替代品是指那些与本行业的产品具有同样功能的其他产品。如果两种产品之间能够相互替代以满足消费者的某一种欲望，则称这两种产品之间存在着替代关系，这两种产品互为替代品。替代品的威胁包括三个方面：替代品在价格上的竞争力、替代品质量和性能的满足度、客户转向替代品的难易程度。替代品主要有两种类型：一是行业内更新换代的产品，二是来自其他行业的具有相同功能或用途的产品。

药品作为特殊商品，其替代品通常为医药产业内更新换代的产品。例如，葛兰素公司将其治疗胃溃疡的药品呋喃硝铵（Zantac）销售额下降归因于更有效的替代药品的出现——阿斯利康公司推出的奥美拉唑（Losec）。

4. 购买者的能力　作为购买者，他们希望在市场中购买到物美价廉的产品。购买者在两个方面影响着行业企业的经营：第一，购买者对产品的需求决定着行业的市场潜力，从而影响行业内所有企业的发展边界；第二，不同购买者的讨价还价能力会诱发企业之间的价格竞争，从而影响企业的获利能力。因此，要分析购买者对医药企业的影响，就必然要分析购买者的需求及购买者的讨价还价能力。

对于医药企业来说，其购买者主要为药品批发企业、医疗机构及药品零售商。药品批发企业一直都是医药企业产品的主要流向，其在与不同卖方的交易中积累了丰富的经验，掌握了大量的信息，且医药企业之间产品的差异化小，因此药品批发企业具有相当的议价优势。近几年来，我国药品批发企业向着规模化、联盟化的方向发展，一些大型药品商业企业在市场中的份额不断扩大，从而使医药生产企业在这场贸易博弈中的地位进一步下降。医疗机构和药品零售商作为整个销售环节的终端，能够直接接触消费者，因此具有引导用药消费的能力，在医药企业谈判中具有绝对优势，也有着很强的议价能力。

5. 供应商　供应商是指为企业从事生产经营活动提供所需各种资源的个人和组织。供应商在两个方面影响企业的经营行为：第一，能否按照企业的要求按时、按质、按量地提供所需的生产要素，影响企业的持续发展；第二，提高原材料或其他供应品的价格，影响企业的生产成本及利润水平。因此，对供应商的分析一方面要考虑供应商的供货能力，另一方面要考虑企业与供应商的议价能力。

医药企业的供应商主要有原料药、辅料生产厂家和能源的提供商等。我国是全球主要的原料药出口国，拥有大量的原料药生产商。因此在原料药采购议价方面，医药企业占据一定的优势。但在其他方面，医药企业的议价能力较弱。

二、医药企业内部环境分析

企业战略目标的制定与战略的选择不但要知彼，即客观地分析企业的外部环境；而且要知己，即对企业的内部环境和能力予以恰当地评价。对企业内部环境进行分析，目的在于掌握企业目前的状况，认识企业的资源和潜能，明确企业的优势与劣势，构建并获取企业的竞争优势。

（一）企业资源的分析

企业资源是指一个组织所拥有的资产、技术、技能和能力的总和，是企业中物力资本与人力资本的组合作用方式。从广义来讲，凡是能转化为支持、帮助企业形成优势的一切物质和非物质要素都是企业资源。

企业资源按其是否容易辨认和评估，可以分为有形资源和无形资源。有形资源指的是可见、可量化的资源，包括财务资源、物质资源、人力资源、组织资源。无形资源指的是那些植根于企业历史的、长期积累的不容易辨认和量化的资产，主要包括企业的商誉和技术资源，涵盖企业的品牌、信誉、知识产权、创新和研发能力等方面。具体来说，对企业资源的分析应考虑以下内容：

1. **管理者和管理组织资源** 管理部门的构成及由此形成的管理优势，管理人员的知识结构、年龄结构、专业结构、流动情况、管理能力、管理人员的拥有量与需要时的平衡情况及其与产业平均水平的比较，以及企业内信息沟通系统的有效程度等。

2. **企业员工资源** 企业员工的实际拥有量与需求量的平衡情况，现有员工的经验、能力、素质、责任心、奉献精神、平均技术等级、专业资格、出勤率和流动率，以及与产业平均水平的比较等。

3. **市场和营销资源** 企业的营销状况、营销决策和营销管理水平，产品或服务所在的市场及其市场地位，以及企业对消费者的需求和对竞争对手的了解程度等。

4. **财务资源** 企业资本结构的平衡状态、现金流动、债务水平及盈利情况，企业与银行的关系、融资能力、信用等级，并分析企业财务对战略成功与否的影响程度。

5. **生产资源** 企业的生产规模和效率、制造成本、存货水平、瓶颈所在、企业与供应商的关系等。

6. **设备和设施资源** 包括设备和设施的现代化程度、加工制造的灵活性、对战略目标的适应度等。

7. **组织资源** 企业的组织结构类型及各种计划体系、控制体系对战略的适应性保证程度，是否需要进行组织再造等。

8. **企业形象资源** 包括企业商誉、品牌知名度、美誉度、品牌回头率、与供应商及分销商之间的关系等。

对上述资源进行分析时，不仅需要分析已有资源，还要分析经过努力可能获得的资源。

（二）企业基本能力分析

企业能力是指企业运用、转换与整合资源的能力，是资产、人员和组织投入产出过程的复杂结合。能力理论管理学家克里斯蒂森指出"就本身而言，资源几乎没有生产能力""能力是生产活动要求资源进行组合和协调而产生的"。企业的基本能力包括资源能力、生产能力、营销能力、科研与开发能力，每一个能力都可以用具体的要素指标进行衡量。

1. 资源能力分析 供应能力的强弱将影响企业的发展方向、速度，甚至企业的生存。企业资源供应能力包括从外部获取资源的能力和内部积蓄资源的能力。

企业从外部获取资源的能力取决于以下一些要素：企业所处的地理位置、企业与资源供应者（包括金融、科研和情报机构）的契约和信誉关系、资源供应者与企业讨价还价的能力、资源供应者前向一体化趋势、企业供应部门人员素质和效率。

分析企业内部资源的蓄积能力可以从以下几个方面入手：投入产出比率分析（包括各经营领域）、净现金流量分析、规模增长分析、企业后向一体化的能力和必要性、商标、专利、商誉分析、职工的忠诚感分析。

2. 生产能力分析 生产是企业进行资源转换的中心环节，企业必须在数量、质量、成本和时间等方面符合要求的条件下形成有竞争性的生产能力。有学者认为竞争能力的构成要素包括以下几个方面：加工工艺和流程的决策、生产能力的决策、库存决策、劳动力的决策、质量决策。以上五个方面的优劣势可以决定企业的成败，因此企业生产系统的设计和管理必须与企业的战略相适应。另外，企业战略管理者在着手制定新的企业战略时，要对现在的生产部门和生产管理进行认真分析。

3. 营销能力分析 从战略角度进行的营销能力分析，主要包括三方面的内容：一是市场定位的能力，二是营销组合的有效性，三是管理能力。市场定位的能力直接表现为企业生产定位的准确性。它又取决于企业在以下四个方面的能力：市场调查和研究的能力、把握市场细分标准的能力、评价和确定目标市场的能力、占据和保持市场位置的能力。市场营销人员可以根据构成这些能力的因素及自身的经验来评价企业在这些方面的长处和短处。评价市场营销组合的有效性主要把握两个方面：一是营销组合是否与目标市场中的顾客需求一致，二是是否与目标市场产品的寿命周期一致。

4. 科研与开发能力分析 科研与开发能力是企业的一项十分重要的能力，企业科研与开发能力分析主要包括以下几个方面：

（1）企业科研成果与开发成果分析 企业已有的科研与开发成果是其能力的具体体现。如技术改造、新技术、新产品、专利及商品化的程度，以及给企业带来的经济效益等。

（2）科研与开发组合分析 企业的科研与开发在科学技术水平方面有四个层次，即科学发现、新产品开发、老产品的改进、设备工艺的技术改造。

（3）科研队伍的现状和趋势分析　企业科研队伍的现状和变化趋势从根本上决定着企业的科研开发能力和水平。分析科研队伍的现状和趋势就是要了解他们是否有能力根据企业的发展需要开发和研制新产品，是否有能力改进生产设备的生产工艺。

（4）科研经费分析　企业的科研设施、科研人才和科研活动要有足够的科研经费予以支持，因此，科研经费应根据企业的财务实力做出预算。决定科研预算经费的方法一般有三种：按照总销售收入的百分比制定；根据竞争对手的状况制定；根据实际需要确定。

（三）企业核心能力

企业要更好地生存和发展，就必须拥有整合资源、引领市场、赢得竞争的核心能力。核心能力被认为是企业竞争优势的持久源泉，越来越多的企业把核心能力看作是影响企业长期竞争力的关键因素。

1. 企业核心能力的概念　核心能力又称为核心专长、核心竞争力，由美国学者普拉哈拉德（Prahalad）和英国学者哈莫（Hamel）于 1990 年在《哈佛商业评论》中首先提出。综合地说，核心能力是指企业依据自己独特的资源，培育创造不同于其他企业的关键的竞争能量与优势。一般认为企业核心能力分为两部分：企业技术方面和企业管理方面的核心能力。

企业内部环境分析的重要内容就是对企业核心能力的辨识和培养。对企业而言，要想拥有更多的竞争优势，获得更多的市场份额，就必须识别和培养企业核心能力。

2. 企业核心能力的特点　企业的核心能力，从本质上看，具有以下特征：

（1）价值优越性　核心能力的价值优越性是指相对于竞争对手，企业具有更好地为买方创造价值的能力。美国学者普拉哈拉德（Prahalad）认为，核心能力给买方带来的价值应是企业产品的核心价值。从某种意义上讲，买方才是判断企业是否具有核心能力的裁判，企业在确定其核心能力时，必须首先判断该项能力是否是买方所看重的价值。

（2）独特性　核心能力必须是"独一无二"的，而不是在行业范围内普遍存在的。核心能力的独特性决定了企业的异质性和效率差异性。

（3）延展性　核心能力应该具备一定的延展性，应该为企业打开市场提供支持，对提高产品或服务的竞争力应有促进作用。随着产业和技术的演化，核心能力可以扩展出许多新产品，开发新市场，是企业竞争优势的根源。

（4）难以模仿和不可替代性　核心能力是企业在长期的生产经营活动过程中积累形成的，其他企业难以模仿。因此，依靠核心能力生产出来的产品在市场上也不会轻易被其他产品所替代。

3. 企业核心能力的培育　企业核心能力并不是随着企业的成立而自动产生的，竞争优势也不是一成不变的，即使企业本身的资源与能力状况一直保持原有水平，但当竞争对手的发展速度加快时，企业间的相对竞争优势也会随之发生变化。因此，企业要使自身竞争优势保存较长时间，必须从所处的实际环境出发，培育自身的核心能力。目前，企业培育核心能力的方法主要有以下几种：

（1）制定战略规划　培育和发展核心能力是一项长期的系统工程，涉及企业多个职能部门、多种资源和能力长期的协同组合。因此，对企业而言，应当分析企业培育和发展核心能力的长期目标性和计划性，以明确的总体目标和严密的战略规划作为保障。

（2）建立战略联盟　战略联盟是指企业间为了实现一定的战略目标，在一定时期内进行的合作安排。战略联盟的形成为企业间资源的共建共享创建了条件，从而使联盟企业形成能更多地获取潜在利益的能力。但由于企业间的合作目的、信任危机等因素，使得联盟的管理难度较大、协调成本较高。所以，要想通过联盟的方式培育核心能力，一定要有清晰的计划安排，尽量在维持良好关系的前提下，更多地从联盟中获得利益。

（3）获取核心技术　企业要想形成核心竞争力，关键是要有核心技术。有了核心技术，才能够使企业形成专业化的水平，降低成本，获取优势。企业获取核心技术一方面要立足自身，加大创新研发力度，提高资源整合和技术集成的能力；另一方面可以并购拥有关键技术的企业，快速地获得核心技术，提高企业的核心能力。

复习思考

1. 什么是环境？它的特点和性质是什么？

2. 医药企业面临的外部环境主要有哪些？现阶段它们的变化对医药企业的影响是什么？

3. 影响医药企业内部环境的重要指标是什么？为什么？

扫一扫，知答案

模块三

医药企业文化

【学习目标】

1. 掌握医药企业文化的内涵、建设流程。
2. 熟悉医药企业文化的核心、功能。
3. 了解医药企业文化实施的保障及建设误区。

案例导入

西安杨森制药有限公司成立于1985年，是一个中外合资的现代制药企业，是美国强生公司在华最大的子公司，也是中国最大的合资制药企业之一。

西安杨森知名度很高，源于他的骄人业绩，更源于其优秀文化。在西安杨森的队伍中，鼓励出头鸟，并且不仅要做出头鸟，还要做搏击长空的雄鹰。于是，鹰成了西安杨森企业文化的一大代名词。然而鹰是勇敢的，又是孤独的。西安杨森的文化中又掺和了雁的品质，大雁的团队合作精神在西安杨森企业文化中也被展现得淋漓尽致。其实，这两者正是西安杨森文化中效率与公平完美结合的体现。

企业文化作为企业成长发展的一种恒久动力支持系统，影响着企业生存与发展的方方面面。优秀的企业都有优秀的企业文化，优秀的企业文化又能推动企业获得持续成功。一家医药企业要想持续成长，就要学会利用文化来管理。

项目一　医药企业文化概述

一、医药企业文化的内涵

（一）文化的内涵

"文化"一词来源于拉丁语，原意为耕耘、耕作、培养、教育、发展出来的东西，是同自然存在的东西相对而言的。

具体而言，文化有广义与狭义之分。广义的文化是指人类创造的物质财富和精神财富的总和，从这个角度理解，自人类有史以来，凡是与人的思想、行为及人工制品相联系的都是文化。狭义的文化则特指精神产品及行为方式。一般来说，每一个地域或民族都有其独特的文化，如美国文化、日本文化、中国文化等。我们认为，在人类社会中文化是多元的，在这些文化中没有高下、对错之分，只是每一种文化各有其特点。

（二）医药企业文化的概念和层次

企业文化的概念，国内外学者一直有着各自的理解，目前并没有一个明确、公认的定义。

美国日裔学者威廉·大内在《Z理论》一书中认为："一个公司的文化由其传统和风气构成。"此外，文化还包含一个公司的价值观，如进取性、守势、灵活性等。

《企业文化与经营业绩》一书的作者美国哈佛商学院的教授约翰·P·科特和詹姆斯·L·赫斯克特认为，企业文化是"一个企业各个部门，至少是企业高层管理者们所共同拥有的那些企业价值观念和经营实践，是企业中各个职能部门或地处不同地理环境的部门所拥有的那种共通的文化现象"。

美国学者阿伦·肯尼迪及特雷斯·迪尔都指出，"英雄人物、企业环境、习俗仪式、文化网络、价值观"等构成一个企业的文化。其中对企业文化的形成和发展具有关键影响的因素是企业环境；企业文化的核心则是价值观，是企业的基本信念；企业内的英雄人物则为员工们提供了具体的楷模；每个企业日常生活中的惯例和常规是企业习俗及仪式，以此向企业员工们表明对他们所要求的行为日常模式；互联网时代，企业内的网络是企业内部一种重要的联系手段。

医药企业文化就是医药企业在生产经营实践中逐步形成、为全体员工所认同并遵守、带有本组织特点的使命、宗旨、精神、价值观和经营理念，以及这些理念在生产经营实践、管理制度、员工行为方式与企业对外形象体现的总和。医药企业文化是医药企业的灵魂，是推动医药企业发展的不竭动力。

我们可以从以下三个层次来理解医药企业文化（图3-1）。

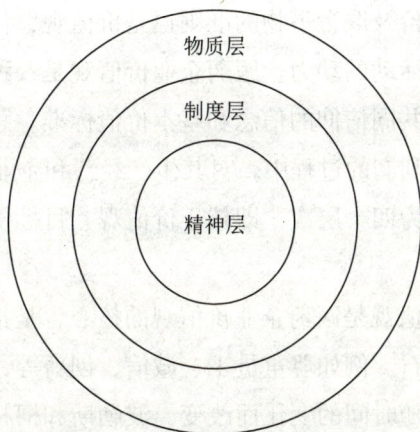

图 3-1　医药企业文化的三个层次

1. **精神层**　医药企业文化的精神层也可以称为理念层，集中表现为医药企业的价值观。如老百姓大药房的"一切为了老百姓"。

2. **制度层**　医药企业文化的制度层是指通过企业组织形式、规章制度等表现出来的文化，是企业文化的物化形式，如医药企业的管理体制、经营方针、工作纪律及操作规程、工作标准、岗位职责等一系列规章制度，是塑造医药企业文化的主要机制和载体。如医药批发企业的药品验收制度等。

3. **物质层**　医药企业文化的物质层是指通过医药企业的内外环境、各种物质设施及建筑、企业标识、产品及商标等表现出来的文化。如天津天士力制药股份有限公司的金字塔形企业标牌。

医药企业文化的精神层是医药企业文化的核心和灵魂，制度层和物质层则是精神层的物化形式，集中反映了医药企业的精神追求。

二、医药企业文化的核心

海尔的张瑞敏说过："海尔过去的成功是观念和思维方式的成功。企业发展的灵魂是企业文化，而企业文化最核心的内容是价值观。"

价值观是企业文化的核心，所谓价值观，是人们对客观事物及对自己的行为结果的作用、意义、效果及重要性的总体评价，是对"什么是好"的总看法，是推动并指引人们采取决定和行动的原则、标准，是个性心理结构的核心因素之一。价值观是人们用于区别好坏，分辨是非及其重要性的心理倾向体系。它反映人对客观事物的是非及重要性的评价，知道应该做什么、选择什么，发现事物对自己的意义，确定并实现奋斗目标。所以价值是客观的，价值观则是主观的，人们的价值观念各不相同。

美国学者特雷斯·迪尔及阿伦·肯尼迪都指出，存在于管理活动始终的是价值观，人们对待客观现实的态度、评价及取舍事物的准则也是价值观，价值观同时也是选择事物的依据及推动人们实践和认识活动的动力。医药企业价值观是一种以医药企业为主体的价值观念，是医药企业全体员工共同信仰的信念和基本价值标准。总的来说，医药企业价值观实际是医药企业在经营获取利润的过程中，对其生产经营和企业自身的基本看法和评价。

现将医药企业价值观分为四个层次，即核心价值观、目标价值观、基本价值观和附属价值观。

1. 核心价值观　核心价值观是医药企业价值观的核心，是指导医药企业所有行动的原则，也是医药企业的文化基石。例如尊重员工、诚信、创新等，它是一个医药企业所拥护和信奉的最重要的信条，不随时间的变化而改变。波勒斯和柯林斯简洁地认为核心价值观是"公司的精神和持久的原则，是一套不需要外部调整的永恒指导原则"。

不能把核心价值观与文化、战术、战略、政策等概念混为一谈。随着时间的推移，文化标准、战术战略都会变化，但是医药企业要想长久生存并发展下去，唯有核心价值观不能轻易改变。所以真正的核心价值观必须可以经受时间的考验。核心价值观的管理和传承决定了一个企业能否持久发展，正如华为公司的任正非所言："一个企业能否长治久安的关键是：企业的核心价值观被接班人确认，而接班人本身具有自我批判的能力。"作为员工与企业为之奋斗的最高纲领，核心价值观能够统揽全员的思想和意志，是实现企业可持续发展的必然要求。

2. 目标价值观　目标价值观是医药企业要获得成功必须拥有但目前暂不具备的价值观。例如一个医药企业需要发展一种新的价值观以支持公司新的战略，或者满足不断变化的市场和行业的需求。目标价值观的确立和发展，应当注意避免与核心价值观产生冲突，应作为核心价值观的有益补充，绝不能影响甚至替代核心价值观的地位。

3. 基本价值观　基本价值观是对医药企业员工基本言行准则的价值判断，是任何员工所必须具备的行为和社交的最低标准。如果一个员工连医药企业的基本价值观都不能认同，那么就很难继续生存；言行准则也是医药企业文化能够落实在员工工作行为上具可操作性的日常规范。

4. 附属价值观　附属价值观是在医药企业中自然形成、并非由领导者有意培养的那些价值观念。附属价值观往往伴随着医药企业从创业到成长的过程中，由于所从事业务的特殊性而自然生成的某些习惯性的价值观，这种习惯价值观随时间的推移在医药企业中逐渐生根。

三、医药企业文化的功能

医药企业文化具有多种功能，具体而言，它主要有导向功能、凝聚功能、约束功能、激励功能、品牌功能。

（一）导向功能

医药企业文化反映了医药企业整体的共同追求、利益和价值观，医药企业的文化一旦形成就建立起自身系统的价值和规范标准，对企业成员个体思想和企业整体的价值和行为取向发挥导向作用。

医药企业文化的导向功能，主要是通过企业文化的塑造来引导成员的行为心理，使成员在潜移默化中接受共同的价值观念，自觉自愿地把企业目标作为自己的追求目标来实现。

知 识 链 接

罗氏：牢固的企业文化基奠

上海罗氏制药有限公司是罗氏与上海三维制药有限公司共同建立的合资企业，公司成立于1994年，总投资为4500万美元。

上海罗氏主要提供各类关键治疗领域如肿瘤、肥胖、移植等的处方药及具有预防功能的非处方药产品。

在研发上投入巨资是罗氏的优良传统。上海罗氏已与国内顶级的科研机构如国家基因组南方、北方研究中心等共同合作，进行如精神分裂症、2型糖尿病、肥胖症等相关的基因研究。

上海罗氏的价值观是"诚实守信，积极变革，不断学习，实现卓越"，他们通过与合作伙伴共同成长和进行知识共享，积极促进中国医药健康事业的发展和创新。

（二）凝聚功能

医药企业文化强调以人为本，尊重人的感情，从而在企业中形成了一种团结互信的和睦气氛，强化了团体意识，使医药企业职工之间形成强大的凝聚力。共同的价值观念形成了共同的目标和理想，职工发挥自己的聪明才智，为医药企业发展贡献自己的力量，对企业产生自豪感。同时，企业对职工进行鼓励和认可，又会大大加强员工的"主人翁"意识，增强对企业的归属感，使医药企业形成强大的向心力。医药企业的发展不可能一帆风顺，总会有高潮与低谷之分，当医药企业的价值观得到职工的认同，就会形成巨大的向心力和凝聚力，使职工在企业遭遇低谷时仍然能够与企业"同呼吸、共命运"。

（三）约束功能

医药企业文化的约束功能主要是通过完善管理制度和道德规范来实现的，即所谓的"硬"约束和"软"约束。

医药企业的硬约束即有效规章制度的约束，是企业文化的内容之一。企业制度是企业的法规，企业的领导者和企业职工必须遵守和执行，从而形成约束力。企业的软约束是通过道德规范来约束，它从伦理关系的角度来约束企业领导者和职工的行为。如同仁堂药店"济世养生、精益求精、童叟无欺、一视同仁"的道德规范约束着全体职工，必须严格按工艺规程操作，严格质量管理，严格执行纪律。

（四）激励功能

医药企业文化的核心是形成共同的价值观念，优秀的企业文化都以人为中心，形成一种人人受重视，受尊重的文化氛围。这样的文化氛围往往能形成一种激励功能，使每个员工在内心深处自觉产生为企业奋斗的献身精神。而企业对每个员工所做贡献的奖励，又能进一步激励员工为自我价值的实现和企业的发展而不断进取。

（五）品牌功能

一个医药企业在人们心目中的品牌形象，具体是以企业产品为主的"硬件条件"和以企业文化为主的"软件条件"共同组成的。在提升企业品牌形象过程中，优秀的医药企业文化将发挥巨大作用，可以产生巨大的品牌效应。不论是世界著名的跨国公司，还是国内知名的企业集团都不例外，成功的企业文化在其品牌形象的建设中都发挥了不可替代的作用。因此医药企业文化是医药企业一项巨大的无形资产，会为企业带来高额利润和高生产力。

项目二　医药企业文化理念

一、优秀企业的价值观

存在于不同行业当中的优秀企业，采用的商业模式及管理模式都不尽相同，但每一个优秀的企业都有一个突出的特点：它们都有自己成功而优秀的企业文化，并会合理运用优秀企业文化建立一种可使企业不断成长壮大的机制及平台。调查发现每个优秀的企业文化当中都含有某些同样的价值观，正是这种价值观使企业能够不断超越自己、走向成功。美国兰德公司的专家们花费20余年的时间跟踪了500多家世界级的大型成功企业，研究发现百年不衰的优秀企业一般遵循三条原则。

1. 人的价值高于物的价值　每个成功的企业总是把人的价值放在第一位，而物的价值则为第二位。日本著名的松下公司的老板这样教育自己的员工，如果有人问你："你们松下公司是生产什么的？"就这样回答他："我们松下公司首先制造人才，兼而生产电器。"

2. 共同价值高于个人价值　共同的合作高于个体工作，集体价值永远高于个人价值。每个优秀的企业都提倡团队文化、团队精神，本质上就是倡导一种企业价值观中共同价值高于个人价值。辉瑞公司坚信，作为一家成功的公司，必须把团结协作放在第一位，不断超越地域上和组织结构上的限制来满足客户不断变化的需求。

3. 社会价值、客户价值高于利润目标 每一个卓越的公司总是将顾客满意、社会价值的实现作为企业价值观不可或缺的内容。每个企业都有自己的价值观，当自身利润目标与客户和社会目标发生矛盾时，优秀企业毫不犹豫地选择实现社会目标，而这种超越利润之上的追求也给企业带来了长久发展的机会。惠普前CEO约翰·杨认为："利润虽然重要，却不是惠普存在的原因。公司是为了更基本的原因而存在。"

二、医药企业的核心理念

医药行业的产品直接与人的生命息息相关，直接体现了对人类身心的关注与呵护。医药产品由于其特殊性，对质量要求甚为严格，决定了医药企业要实现对人类健康的关爱就必须注重责任、信守承诺。因此，许多优秀医药企业的核心理念中都至少包含了健康、关爱、责任与承诺这三组内涵相关的词。

（一）健康

健康是一个较为广义的概念，人类的身心健康要想能够得到保证必须形成一个大的健康系统。因此，医药企业所追求的健康既包含了人类的身心健康，又包含了保证人类身心健康的社会与自然环境的健康；既包含了消费者的健康，也包含了医药企业员工自身的健康。例如知名企业强生公司的使命是"推动世界的健康事业前进，并带给所有消费者最为安全、有效的医药产品，通过先进的科学技术不断创新与突破，成为所有消费者的健康第一选择"；诺华公司的宗旨是"致力于不断研究、开发和推广创新产品，以帮助人类治愈疾病、减轻病痛和提高生活质量"。

📚 案例导入

同仁堂的使命是"弘扬中华医药文化，领导绿色医药潮流，提高人类生命与生活质量"。2003年北京暴发"非典"，同仁堂开始生产销售专家开出的抗"非典"的"八味方"，随后生产"八味方"代煎液。不到1个月时间，同仁堂共销售抗"非典"药约300万副。由于当时原材料价格暴涨，金银花从最初的每千克200多元涨到400多元，抗"非典"药执行的又是政府指导价，因此平均每销售一副（瓶）药，同仁堂就赔2元钱。尽管如此，同仁堂仍然加班加点，尽力满足市场需求。整个"非典"期间，同仁堂为此赔了近600万元。虽然600万元比起同仁堂每年40亿的销售收入来讲有点"微不足道"，但这也足以证明同仁堂在面临短期利益与价值观发生冲突的时候会毫不犹豫地选择履行它坚持了300余年的"仁德"和"济世"的品牌承诺。

知 识 链 接

"健康中国 2030" 简介

2016 年 10 月 25 日发布的《"健康中国 2030"规划纲要》是推进健康中国建设的行动纲领。其核心思想是要坚持以人民为中心的发展思想，牢固树立和贯彻落实创新、协调、绿色、开放、共享的发展理念，坚持正确的卫生与健康工作方针，坚持健康优先、改革创新、科学发展、公平公正的原则，以提高人民健康水平为核心，以体制机制改革创新为动力，从广泛的健康影响因素入手，以普及健康生活、优化健康服务、完善健康保障、建设健康环境、发展健康产业为重点，把健康融入所有政策，全方位、全周期保障人民健康，显著改善健康水平。

（二）关爱

出于对人类身心健康的责任，优秀的医药企业大都体现了"人性和博爱"的追求。关爱意味着对整个社会的关注、爱护和投入，企业要始终保持着对社会公益的关注和高度的社会责任意识，为推动全社会的健康与和谐发展不懈努力。

优秀的企业都体现着关爱的信念，关爱是帮助人们拥有更健康生活的核心所在。广州白云山和记黄埔中药有限公司就是这样一家企业，秉承"爱心白云山、公民白云山"的企业理念，积极参加社会公益活动，承担企业社会责任。2005 年，广药集团白云山和记黄埔中药有限公司全球首创的"家庭过期药品（免费）回收机制"，帮助消费者解决过期药品难题。率先在全国范围内全面回收过期的板蓝根颗粒产品，参与人员达到 10 万余人，共换回过期板蓝根颗粒药品上百万包，价值达 200 多万，随后在全国陆续建立 6600 家"永不过期药店"。

（三）责任与承诺

医药企业不仅要有博爱的胸怀，也要信守对顾客、员工、股东及对社会的承诺。如果一个企业不讲究责任与诚信，必然会给国家、给企业造成重大损失，最终使企业无法经营下去。承诺不仅要保证产品有可靠的质量和疗效，还要保证企业和员工个人坚持较高的商业道德操守。对于医药企业来讲信守承诺并非是医药企业所特有的价值观，却有着非常重要的意义。药品是用来治病救人的，在追求崇高理想与现实利益的过程中总会产生这样那样的矛盾，这对医药企业是一个相当严峻的考验。现代医药企业管理的一个重要环节就是要讲究信用、诚实经营，建立诚信至上的企业文化。惟其如此，医药企业经营才能得到发展，才会树立良好的企业形象。

正如孔子在《大学》中所讲"生财有大道","道善则得之",这个"道"就是市场规律，其核心是道德规范。北京同仁堂300多年来的"炮制虽繁必不敢省人工，品味虽贵必不敢减物力"的古训，成为医药企业的行为方式和员工的自觉行动。阿斯利康的核心价值观包括了"正直和高尚的道德标准""开放、诚实、彼此信任并相互支持"。"忠诚可靠"是惠氏公司的核心价值观之一，"我们为顾客、社会、股东和我们自己做正确的事情；为自己的行为负责，遵守承诺，用开放、诚实、真诚的态度交流，严守机密"。

项目三 医药企业文化建设

一、医药企业文化建设原则

医药企业文化不只是一种管理的新理念，更重要的是一种管理模式和应用方法，具有提高管理水平的实际作用，它重在建设，重在实践。当然，医药企业文化建设是一项复杂的系统工程，在建设过程中应遵循以下原则：

（一）统一性原则

医药企业价值观体系是为了整体的发展而提出的一种员工成才观念，即建立在为消费者服务和促进企业发展之上的行为准则。因此，良好的价值观必须从医药企业整体利益的角度来考虑问题，更好地融合全体员工的行为，而不是仅从个别部门的利益出发。企业文化的建设者可以在全体员工中展开详细讨论，并优选出符合全体员工利益的精炼语言，作为企业整体的价值观体系予以推广。这种价值观就是从员工的整体心态出发来制定，更容易在员工心中扎根。

（二）开放创新原则

医药企业文化必须要与其他企业、社会环境、广大用户发生联系，因此医药企业必须坚持开放性原则。同时，创新是医药企业文化生命力永恒的源泉，医药企业文化建设要不断适应市场需求的变化，注重社会文化中观念、习俗、生活方式等文化因素的变化所带来的影响。

📚 案例导入

云南白药1902年创立，享有"伤科圣药""药冠南滇"的美誉，历经沧桑、厚积薄发，从2000年开始，云南白药集团进入发展的快车道，主要经济指标连续十年增幅超过30%。"勇于开拓创新，不断超越自我"是云南白药的企业精神。集团首先通过资本运作，为名牌战略奠定基础，通过研发机制创新，使"百年老店"实现跳跃式发展，其研发体系采用了目前国际超前的"首席科学家制"的管理运作模式；通过经营体系、业务流程模式创新，让品牌更亮，改变单一经营模式，向流通领域扩张，将云南医药有限公司并入其中，承担云南省70%的药品配送，2012年销售收入逾80亿元。

（三）市场导向原则

坚持市场导向是医药企业文化建设目标确立的前提，离开了市场导向，任何目标都毫无意义。

（四）特殊化原则

医药企业文化一定要结合医药行业自身的性质、规模、技术特点、人员配备、消费群构成等因素，从企业实际出发来进行提炼。千篇一律的企业价值观就没有生命力，失去了应有的价值和意义。而医药企业与其他企业的显著区别是其产品的安全关系消费者的生命安全，因此，在建设企业文化时要注意的是充分体现对人的尊重，尤其是对生命的尊重，体现医德与药德，给消费者全面的安全感。

（五）亲密合作原则

医药企业要在组织与个人之间、管理者与职工之间建立起亲密的朋友式关系，员工之间彼此信任，真诚相待，建立员工的归宿感，满足员工的情感需要，形成一个融洽的整体环境。

（六）全面和谐发展原则

任何医药企业都要有明确、远大的目标，使员工的工作与医药企业文化目标紧密联系在一起。因此，医药企业要具备卓越的精神，永不满足，以创新求发展，以发展求卓越。医药企业文化要把企业发展的总方向和发展目标体现出来，融合到企业文化建设中去，强调企业的长远发展、可持续发展。

二、医药企业文化建设流程

医药企业文化建设的基本流程一般是在健全领导机构、科学规划好企业文化建设的前提下，做好以下三个方面的工作，评估与诊断当前企业文化，确立医药企业文化理念，制订行动方案和推动文化宣传。企业文化随着时间的发展也需要不断完善与提升，因此，企业文化建设实际上是一个不断循环、螺旋式上升的过程。

（一）评估与诊断当前企业文化

对医药企业文化的变革与创新不是对企业历史的全盘否定，而是将医药企业历史与未来发展有机结合。对企业历史与现状进行调查研究，寻找出首先需要改进的弱点，从而认清支持和阻碍变革的文化因素，能够为建设适合本医药企业的文化体系提供有力保障。评估和调研的主要内容包括：①企业现有的文化理念及其适应性。②企业发展面临的主要问题。③企业所处地区的经济与人文环境。④企业的经营领域及其竞争特点。⑤企业管理的成功经验及其优良传统。⑥企业家的个人修养及精神风范。⑦企业员工的素质及需求特点。⑧消费者及社会公众对企业的评价和期望。

现有医药企业文化建设调研常用的方法有：问卷法、访谈法、现场调查法和资料分析法等。

（二）确立医药企业文化理念

在分析、评价和总结医药企业现有文化状况的基础上，充分考虑医药企业内外部环境因素的影响，用合适的文字语言把企业的主导价值观、行为准则及经营理念等表述出来，从而形成固定的文化理念体系。不同的医药企业在理念表述的方法及形式上各有其特点。

新形成的企业文化不能脱离实际，既要与医药企业及员工目前所处的发展阶段和现有的行为习惯相适应，从而利于企业多数员工的认同和接受，又要结合企业未来发展和提升管理水平的需要，反映一定的前瞻性，从而使医药企业文化保持先进性。在价值观的确立上，要注意以下两个问题：

1. 注意目标价值观的比例不宜太大，否则员工会感觉企业提倡的离自己太远、太虚，与当前工作联系不大。

2. 注意对附属价值观应谨慎对待，对医药企业发展起到积极作用的要大力发展，而有损核心价值观的则要坚决剔除。

（三）制订行动方案和推动文化宣传

在较短时间内为了使医药企业文化能够得到企业员工的认同并付诸实践，必须设计一套行之有效的行动方案，通过对企业制度层面的引导及物质层面的配合、宣传、强化并固化文化理念，从而使企业先进的文化理念变成员工可理解、可执行的规范，进而形成新的思考、行为习惯，由精神转化为实际行动。

推动医药企业文化宣传的具体措施包括以下几个方面：

1. 编写医药企业文化手册　医药企业的文化理念需要通过文本形式固定下来，而编制企业文化手册则是一种比较常见的形式。文化手册是全体员工的精神指南，是企业文化传播的载体及培训的教材，有很强的稳定性。

2. 强化精神灌输与文化训导　医药企业管理者应联系实际，通过专题的企业文化报告会形式向全体管理人员和一线员工阐述企业理念的内在含义；企业宣传或培训部门应以企业文化手册为基础编写教案，对企业新员工进行培训；定期举办各种文化讲座，使员工能够在较短时间内理解新的企业文化理念。

3. 举办文化理念导入仪式　在医药企业文化理念确立并编写成册后，企业可以在较大范围内举办一次导入仪式，颁发及赠送企业文化手册，对企业文化内容进行发布，并借机进行宣传和动员。

4.利用重大事件 利用医药企业发展过程中出现的重大事件（无论正面的还是负面的），例如重大生产、管理、经营等方面的成功事例或责任事故，强调某一事件的积极意义或给企业造成的重大损失，借此给企业员工以心灵教育，使员工产生强烈印象，从而有利于接受医药企业所倡导的新的文化理念。

5.建立医药企业文化沟通网络 利用多种渠道，形成上下畅通的文化沟通网络。正式渠道如各种会议、公告栏、员工座谈会、意见箱、公告等，非正式渠道如内部交流的BBS、提倡管理层经常深入基层等。

6.制定管理者及员工的行为准则 医药企业提倡什么样的行为，反对什么样的行为，什么样的行为可以得到比别人更多的赞赏、更快的提拔等，都可以通过行为准则的方式传达给管理者及员工。

7.考核制度、分配制度的调整 医药企业是以营利为目的的，企业中的人大多数是经济人，要使医药企业文化理念能够真正落实到员工实际行动当中，与他们的日常工作建立紧密联系，最有效和直接的办法就是通过考核制度和分配制度的调整，使不遵从医药企业倡导的文化理念的员工，利益将会受到影响。

8.塑造品牌形象 通过与企业形象识别（CI）等方法相结合的方式，把医药企业抽象的文化理念注入有形的品牌和形象当中。

三、医药企业文化实施的保障

（一）企业文化实施的组织保障

组织保障在医药企业文化的实施阶段是必不可少的，通常包括领导小组及推进小组。领导小组作为医药企业文化实施过程中的最高决策和协调机构，通常由该企业的高层管理者担任。一方面能够有助于为该项工作扫清障碍，铺平道路，另一方面也能使企业员工认识到领导对企业文化建设的高度重视。

由于医药企业文化建设是一个长期、动态的过程。管理者的日常工作繁重，因此，还需要组织一套班子专门负责企业文化建设的实际操作工作。不同企业有不同做法，常见做法可以归纳为以下几种：

1.党政部门 党政部门一般承担医药企业员工的思想政治教育工作，建议采取"一套人马、两块牌子"的方法，同时可以协调及实施新文化变革。

2.企业文化部 很多医药企业成立了专门的企业文化中心和企业文化部，开展企业文化的建设工作。

3.人力资源部 将企业文化建设的职能放到人力资源部是很多医药企业的做法，人力资源部本身的首要职责就是选人、留人、育人，因此与医药企业文化建设关系密切。

医药企业文化建设涉及企业的各个方面，没有各个部门的配合与参与，企业文化建设也就无法实施。所以，在领导小组的指挥下，由推进小组牵头，其他各个部门密切配合、分工合作，才能推进企业文化建设的整个过程。

（二）企业家的作用

我们这里要说的"企业家"指的是企业家这个整体，包括初期的创业者和后来的领导者。企业家在建设有效的企业文化中起着非常重要的作用，他们是医药企业文化最主要的缔造者，在创业的同时在很大程度上缔造了这个企业的核心价值观。企业家在企业发展的过程中还是企业文化的倡导者及管理者，他们通过多种管理手段协调各方面力量将企业文化贯彻实施下去，为医药企业持续成长打造良好的平台与机制。一般来说，企业家在医药企业文化建设中的重要作用表现在以下三个方面：

1. 企业家是医药企业文化的缔造者、管理者和倡导者　可以说，企业家创造了企业文化。企业家有什么样的核心价值观，在其创建及运营企业过程中会对医药企业及其成员带来相当深远的影响。企业家的总结和提炼使企业文化形成体系。因此，要建设企业文化，前提是企业家要有自己的思想，明确自己的核心价值观。美国企业文化专家斯坦雷·戴维斯在其著作《企业文化的评估与管理》中指出："无论是企业的缔造者本人最先提出主导信念，还是现任总经理被授权重新解释主导信念或提出新的信念，企业领导者总是文化的活水源头。如果领导者是个有作为的人，他就会把充满生气的新观念注入企业文化之中。如果领导者是个平庸之辈，那么企业的主导信念很可能会逐步退化，变得毫无生气。"美国麻省理工大学斯隆管理学院教授埃德加·H·沙因也曾说过："领导者所要做的唯一重要的事情就是创造和管理文化，领导者最重要的才能就是影响文化的能力。"

企业家作为企业文化的缔造者、管理者和倡导者，一方面要对现有的文化进行总结和提炼，保留积极成分，去除消极因素，并从引导医药企业未来发展的角度融入必要的新元素；另一方面，又要通过一系列的措施，将其内化为员工的价值观，外化为员工的实际行动。同时，为保证医药企业的可持续成长，还要在接班人的选择上重视价值观的培养。

2. 企业家的示范作用关系到企业文化建设的成败　《成功之路》认为，每个企业家都是"以身教而不是言教来向职工们直接灌输价值观的"，他们"坚持不懈地把自己的见解身体力行，化为行动，必须做到众所瞩目，尽人皆知才行"，必须"躬亲实践他想要培植的那些价值观，堂而皇之地、持之以恒地献身于这些价值观"，这样，"价值观在职工中便可以扎根发芽了"。以认知的角度来说，企业文化的形成是人们体验后学习的成果。可见，企业家们的言行会成为职工有意或无意模仿的标准。一段时间后企业家们的行为会成为医药企业职工的共同认知。所以，无论倡导的是什么，职工们都可以通过企业家的具体行动，体会到他们具有哪种价值观，而这种真正的价值观在关键时刻、关键事件中暴露得更充分。因此，如果宣传的企业文化和企业家自身的行为不一致，则设计得再好的医药企业文化也终将难以实现。

3. 医药企业文化建设是"一把手"工程　从上面的叙述中我们知道，医药企业文化建设需由企业领导者自上而下地进行，因为企业文化有权威性，是医药企业的理性选择。只有渗透到医药企业运作的方方面面，包括企业经营方针的确定、分配原则的导向、干部及骨干员工的选拔、战略的选择等，企业文化才能得到真正实施。因此，医药企业文化建设必须由企业的最高领导层确定基调，并给予足够的重视及支持，利用其权力及影响力协调各方并推动传播。总的来说，医药企业文化建设应当是"一把手"工程。

四、医药企业文化建设误区

当前对医药企业文化的建设存在着以下三个常见的误区：

（一）文化建设的盲目性和非系统性

在进行企业文化建设时提倡借鉴优秀企业的经验，但不能生搬硬套。这种"拿来主义"只会出现"东施效颦"的结局。医药企业文化讲究个性，适合自己的才是最好的。除此之外，医药企业文化建设还应注重系统性。

（二）价值观体系的"高、大、空"

中国企业家们都有一种强烈的民族意识，将振兴中华经济视为己任，这一点是值得赞颂和肯定的。由此也出现一个弊端：有些企业不注重从实际出发，不实事求是地设定企业目标与企业口号，而是提出与企业的经营发展实际不符的目标，如"全国第一、世界 500强"等，这样的目标不但不会激发员工的积极性与主动性，反而让企业员工认为企业文化过于"高、大、空"。

（三）企业行为与公开宣传的价值观念不一致

医药企业行为与其公开宣传的价值观不一致，就一定会导致文化推行不利。推行"诚实守信"，工资发放却拖延，推行"敢于承担个人责任"，事实上却总找替罪羊。正是因为这些价值观念的偏差，医药企业文化才一直"挂空挡"，没有发挥应有的作用。

复习思考

1. 简述医药企业文化的内涵与核心。
2. 简述医药企业文化的功能。
3. 简述医药企业文化建设的原则与流程。
4. 简述医药企业文化建设的误区。

扫一扫，知答案

模 块 四

医药企业战略管理

【学习目标】

1. 掌握医药企业战略的概念及构成要素，医药企业战略管理的概念及过程。
2. 熟悉医药企业战略分析的基本方法，医药企业的基本发展战略。
3. 了解医药企业战略实施的模式，战略控制的内容及过程。

项目一　医药企业战略管理概述

案例导入

诺和诺德公司成立于1989年，由当时的诺和公司与诺德公司合并重组而成。与其他跨国制药巨头不同，诺和诺德的产品线十分单一，主要集中在糖尿病治疗领域，并一直保持着世界糖尿病研究和药物开发领域的主导地位。诺和诺德的使命具体表现为：①专注糖尿病治疗药物研发。专注糖尿病治疗领域是诺和诺德能够获得成功的重要因素。诺和诺德公司在成立之初就把"研究开发最先进的治疗药物，最终战胜糖尿病"作为公司一成不变的使命。具体而言，诺和诺德一直致力于研制糖尿病治疗领域的创新药物，始终把提高糖尿病患者的生活质量作为己任。②关怀行动。糖尿病是一种常见的内分泌代谢性疾病，已成为全球性的健康问题，且并非所有的糖尿病患者都能正确认识这种疾病或正确使用相应药物。诺和诺德也意识到仅仅通过药物治疗并不能完成"最终战胜糖尿病"的使命，要让糖尿病患者过上快乐幸福的生活，必然需要社会给予更多的关注和理解，要让教育、保健、预防与治疗并行，才能达到理想的治疗效果。基于以上理念，诺和诺德为糖尿病患者设立了关怀系列服务项目，以普及糖尿病预防、保健及治疗知识，提高全民对糖尿病的认知度，从而完成同医务人员和糖尿病患者携手共同抵御并最终战胜糖尿病的使命。

"战略"一词来源于希腊语 strategos，最初被应用于军事和战争，其含义是"将军指挥军队的艺术，即将军基于对战争全局的分析而做出的谋划"。我国古代"运筹帷幄之中，决胜千里之外"的思想即是对战略的描述。随着社会经济的发展，战略对全局谋划与决胜的重要作用日渐凸显，被广泛应用于社会发展的各个领域。

一、企业战略的概念

从 20 世纪 50 年代起，西方国家就开始对企业战略进行研究。直到 1965 年，美国著名战略学家安索夫的《企业战略论》一书出版，企业战略才作为一个科学性的概念开始在企业管理领域使用。什么是企业战略，至今还没有一个统一的定义，不同的学者与管理人员从不同的视角赋予企业战略不同的含义。

在不同的定义中，企业战略都呈现出其所具备的一些共同特征：全局性，即企业战略必须在全局观念的指导下，对企业发展及各项经营活动进行整体规划；长远性，即企业战略是对企业未来一个较长时期的发展方向进行筹划；竞争性，即企业战略是企业为在竞争激烈的市场环境中求得生存与发展而制定的；稳定性，指企业战略必须保持相对的稳定性，不能朝令夕改。

因此，企业战略可以定义为，企业基于内外部环境的分析，为适应未来激烈变化和竞争的市场状况，求得企业的长期可持续发展，而对企业的发展方向、目标及实现目标的途径和手段进行全局性谋划。

二、企业战略的构成要素

1. 目标体系　企业战略目标体系由使命、愿景和目标三个层次构成。使命是企业最根本、最长远的战略目标；愿景是使命的形象化、具体化；目标是对愿景在不同维度上进行分解，使之明确化、可操作化。这三个层次的战略目标由上到下逐级指导，由下到上逐级支持（图 4-1）。

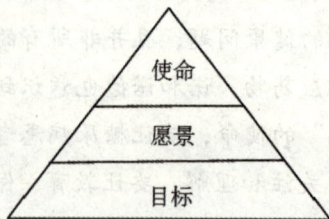

图 4-1　企业战略目标体系

2. 经营范围 经营范围即经营领域，指企业从事生产经营活动的产品领域和市场领域的总称。经营范围应明确企业从事何种业务、服务于哪一个细分市场、满足顾客的何种需求等问题。

3. 竞争优势 竞争优势是指与竞争对手相比，企业强于竞争对手的领域或所具备的各种有利条件。例如，企业在产出规模、成本、品牌、质量、信誉、创新、营销等方面创造的有利市场地位。

4. 资源配置 资源配置是指企业对其所掌握的各种资源，从质和量的角度在各业务单位或生产环节之间进行的分配活动。其目的是使各项资源都能最大限度地创造市场效益，服务于企业的整体发展。

5. 协同作用 协同作用是指企业各经营领域之间通过资源整合与优化而产生的整体效果大于各自单独作用效果之和的效应，即整体大于部分之和的效应。

三、医药企业战略的层次

依据现代企业的组织结构，可将医药企业战略分为总体战略、经营单位战略和职能战略三个层次（图 4-2）。

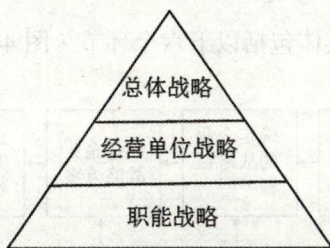

图 4-2　医药企业战略的层次

总体战略又称公司战略，是医药企业最高层次的战略，决定了医药企业经营的方向、重大方针与计划。

经营单位战略又称业务战略、事业部战略或竞争战略，是指在总体战略的指导下，各经营单位、业务或事业部如何在选定的经营领域与竞争者竞争的战略。经营单位战略能够解决企业如何选择所经营的行业及如何选择企业在一个行业中的竞争地位等问题。

职能战略是指为实现医药企业总体战略和经营单位战略而对企业内部各项关键的职能活动做出统筹安排。医药企业要实现其战略设想，必须要通过有效的职能活动来运用资源，使生产经营活动的各个环节能够互相协调和有机地结合起来。医药企业的职能战略包括组织战略、财务战略、人力资源战略、营销战略、质量战略、新产品开发战略等。

四、医药企业战略管理的定义和过程

（一）医药企业战略管理的定义

医药企业战略管理是指通过对医药企业战略的分析与制定、评价与选择及实施与控制，使医药企业实现其战略目标的动态管理过程（图4-3）。

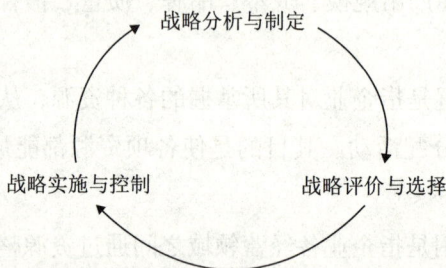

图 4-3　医药企业战略管理图

由上述定义可以看出，医药企业战略管理过程中，战略的分析与制定、评价与选择、实施与控制共同组成一个完整的、相互联系的管理过程。同时，战略管理是一个不断循环、不断改进、不断创新的周而复始及螺旋式提升的过程。

（二）医药企业战略管理的过程

医药企业战略管理的过程具体包括以下六个环节（图4-4）。

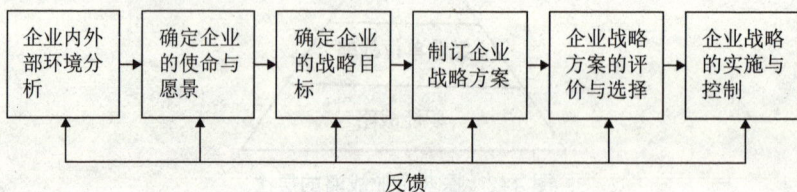

图 4-4　医药企业战略管理过程图

1. 医药企业内外部环境分析　外部环境分析有助于管理者了解影响行业和企业的关键因素，并预测这些因素未来的发展变化趋势，从而分析和推测外部环境变动将给医药企业带来的机会和造成的威胁。企业内部环境分析有助于企业明确自身的优势与劣势，做到扬长避短并开展资源的整合与优化。

2. 确定医药企业的使命和愿景　医药企业使命和愿景是对企业存在意义和未来发展愿景的陈述。医药企业使命和愿景要努力取得投资者、政府、患者、企业员工等利益相关者的支持和认可，才能具备更强的感召力和社会认知度。

3. 确定医药企业战略目标　医药企业战略目标是使命和愿景的具体化，对战略目标的描述要尽量使用数量化指标，以便对目标进行进一步的细化分解和考核。

4. 制订医药企业战略方案　医药企业战略方案的制订是战略评价与选择的前提。在制订方案时，要集思广益、充分发挥所有人员的创造性，尽可能多地罗列出可供选择的方案。

5. 医药企业战略方案的评价与选择 在方案评价与选择中，要明确具体的评价标准，以便确定哪一种方案更有利于战略目标的实现。

6. 医药企业战略的实施与控制 战略实施中，要制订详细的实施计划，并建立与之相适应的组织结构和资源配置机制，协调处理好企业内外部之间的各项关系。同时，战略实施中，要注重实际工作绩效的检查，并将其与进度计划进行比较，及时发现、纠正偏差，保障战略目标的实现。

五、医药企业战略管理的意义

自 20 世纪 70 年代以来，世界进入了战略管理的时代，哈佛商学院教授迈克尔·波特说过"战略是一个企业成败的关键"。在竞争日益激烈、环境日新月异的今天，缺乏战略管理的企业就像一艘迷失航线的船，随风飘摇。可见，战略管理对企业的发展具有重大意义，就犹如航海的灯塔，为企业指明前进的方向。因此，医药企业必须强化战略管理的意识，掌握战略管理的理论、方法和技术，制定科学的企业战略，才能在激烈竞争中立于不败之地。

1. 战略管理有利于提高医药企业的预见性和主动性 通过内外部环境分析及预测其对企业发展的影响，使企业提前制订战略计划与应对措施，以便适应未来市场发展变化的趋势。

2. 战略管理为医药企业的发展指明方向，有利于克服经营的短期行为 企业战略的核心就是明确了一定时期内企业发展的基本目标及实现这一目标的根本途径，其不仅为企业经营管理活动提供了一个科学的依据，还为全体员工绘制了一张宏伟的蓝图，明确了奋斗的方向。

3. 战略管理有利于医药企业寻找最具发展潜力的业务领域 应用战略选择的分析方法，对不同战略方案进行比较，做出最具价值的选择。

4. 战略管理有利于医药企业加强资源的合理配置 通过资源配置进一步优化资源结构，最大限度地利用和发挥资源效能。

项目二 医药企业战略分析

一、波士顿矩阵分析法

波士顿矩阵简称 BCG 矩阵，是美国波士顿咨询公司提出的一种投资组合及战略分析方法。除最小、最简单的公司外，所有的公司都由两个或两个以上的经营单位组成，这些经营单位合称为企业的经营组合。BCG 矩阵法提出，企业必须分别为经营组合中的每一个经营单位制定战略。

BCG 矩阵法认为，一个经营单位的相对竞争地位和市场增长率是决定其应采取何种战略的两个基本参数。以这两个参数为坐标，且相对市场占有率以 1 为分界点，市场增长率以 10% 为分界点，可做出一个具有四个象限的网格图（图4-5）。

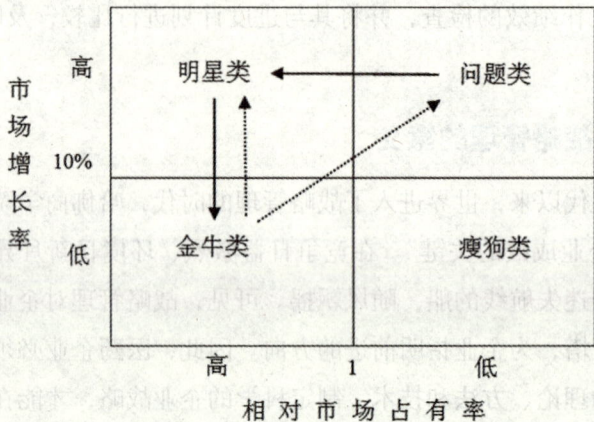

图 4-5　波士顿矩阵分析图

相对市场占有率决定着经营单位获取现金的速度，市场增长率则代表着市场的吸引力大小。BCG 矩阵法认为，一个企业的所有经营单位都可以在上述象限中找到相应的位置，都会归属于其中一个象限。因此，要依据它所处的象限采取不同的战略。

1. 金牛类　指那些市场增长率较低而相对市场占有率较高的经营单位。金牛类通常给企业带来大量的现金余额，可提供现金去满足和支持其他需要现金的经营单位。对金牛类的经营单位应采取维护现有市场占有率，保持经营单位地位的维持战略。

2. 明星类　指那些市场增长率和相对市场占有率都较高的经营单位。明星类所需要的和所产生的现金流量都很大，代表着最优的利润增长率和最佳的投资机会。因此，对明星类要进行必要的投资，以维护或改进其有力的竞争地位。

3. 问题类　指那些市场增长率较高而相对市场占有率较低的经营单位。高速的市场增长率需要大量投资，而相对市场占有率低只能产生少量的现金。对问题类而言，因其市场增长率较高，一个战略是对其进行必要的投资，以扩大市场占有率使其转变成明星类。如果认为某些问题类不可能转变成明星类，那就应当采取放弃战略。

4. 瘦狗类　指那些市场增长率和相对市场占有率都较低的经营单位。较低的相对市场占有率一般意味着少量的利润。此外，由于市场增长率较低，用追加投资来扩大市场占有率的办法往往也不可取。因此，瘦狗类经营单位一般采用的战略就是清算战略或放弃战略。

二、行业吸引力－竞争能力分析法

行业吸引力－竞争能力分析法是由美国通用电气公司与麦肯锡咨询公司共同开发的。根据行业吸引力和经营单位的竞争能力，用矩阵来定出各经营单位在总体经营组合中的位置，据此制定出不同的战略（图4-6）。

行业吸引力	高中低			
	高	A	B	D
	中	C	E	G
	低	F	H	I
		高	中	低

经营单位竞争力

图4-6 行业吸引力－竞争能力分析矩阵

经营单位所处行业的吸引力按强度分成高、中、低三个等级，所评价的因素一般包括行业规模、市场增长速度、产品价格的稳定性、行业利润、市场分散程度、社会因素、环境因素、法律因素、人文因素等。

经营单位所具备的竞争能力按大小也分为高、中、低三个等级，所评价的因素包括生产规模、市场占有率、盈利性、技术地位、产品质量及形象等。

行业吸引力与经营单位竞争力共同构成一个具有九个象限的矩阵，医药企业中的每一个经营单位都可置于矩阵中的某一位置。根据医药企业各经营单位在矩阵中的不同位置，可将其归纳为三类，而对不同类型的经营单位应采取不同的战略。

1.发展类 包括处于A、B、C三个象限的经营单位。对这类经营单位，医药企业要采取发展战略，即要多投资以促进其快速发展。

2.选择性投资类 包括处于D、E、F三个象限的经营单位。对这类经营单位，医药企业的投资要有选择性，选择其中条件较好的经营单位进行投资，其余的采取抽资转向或放弃战略。

3.抽资转向或放弃类 包括处于G、H、I三个象限的经营单位。这类经营单位的行业吸引力和经营单位竞争力都较低，医药企业应采取不发展战略。对一些目前还有利润的经营单位采取逐步回收资金的抽资转向战略；而对不盈利又占用资金的单位则采取放弃战略。

三、内部－外部因素评价矩阵法

内部－外部因素评价矩阵简称I-E矩阵。其中，内部因素评价矩阵简称IFE矩阵，主要分析影响医药企业战略决策的内部环境因素，它是分析与评估医药企业内部因素优势与劣势的工具；外部因素评价矩阵简称 EFE 矩阵，主要分析影响医药企业战略决策的外部环境因素，分析的内容包括机会与威胁两个方面。I-E 矩阵可以为医药企业的战略制定提供依据。

（一）绘制 IFE 矩阵

第一，通过对医药企业内部环境进行分析找出相关因素，从中选取 10 ～ 20 个关键因素。

第二，根据每个因素对医药企业发展影响程度的大小，从 0（不重要）到 1（非常重要）给每个因素赋予权重。

第三，为各因素评分。"1"代表重要劣势，"2"代表次要劣势，"3"代表次要优势，"4"代表重要优势。优势的评分必须是 3 或 4，劣势的评分必须是 1 或 2。

第四，用每个因素的权重乘以它的评分，计算出每个因素的加权分数。

第五，将所有因素的加权分数相加，得到医药企业的总加权分数（表 4-1）。

无论 IFE 矩阵中包括多少优势与劣势，医药企业的总加权分数的范围是从最低的 1 分到最高的 4 分，平均分为 2.5 分。总加权分数低于 2.5 分的医药企业内部状况处于弱势地位，而分数大于 2.5 分的医药企业内部状况处于强势地位。

表 4-1　IFE 矩阵

	关键内部因素	权重	评分	加权评分
优势 1				
优势 2				
…				
优势 n				
劣势 1				
劣势 2				
…				
劣势 n				
总计				

（二）绘制 EFE 矩阵

EFE 矩阵的绘制与分析步骤与 IFE 矩阵相类似（表 4-2）。

第一，找出影响医药企业战略的关键外部因素，包括机会与威胁两个方面，并将这些因素按重要性及与医药企业的相关紧密度进行排序，选择重要的 10 ～ 20 个因素。

第二，根据重要性赋予每个因素权重，每个因素权重值在 0（不重要）到 1（最重要）之间。

第三，根据医药企业对这些因素的掌控能力或应对能力，每个因素的评分在 1 分至 4 分之间，"1 分"表示企业对该因素的应对能力较弱，而"4 分"表示医药企业完全能把握该因素带来的机会或规避该因素带来的威胁。

第四，每个因素的权重乘以该因素的评分，即为该因素的加权评分。

第五，所有因素的加权评分之和，即为医药企业面对外部环境中的机会和威胁的综合加权评分。

无论 EFE 矩阵中包括多少机会或威胁，医药企业的总加权分数最低为 1 分，最高为 4 分，平均分为 2.5 分。总加权分数高于 2.5 分，说明医药企业把握外部机遇、应对外部威胁的能力较强，而低于 2.5 分，则医药企业应根据该结果制定或调整战略。

表 4-2 EFE 矩阵

	关键外部因素	权重	评分	加权评分
机会 1				
机会 2				
…				
机会 n				
威胁 1				
威胁 2				
…				
威胁 n				
总计				

（三）I-E 矩阵分析

根据 IFE 矩阵和 EFE 矩阵可得到 I-E 矩阵（表 4-3）。

表 4-3 I-E 矩阵

		IFE 加权评分		
		强（4.0 ~ 3.0）	中（3.0 ~ 2.0）	弱（2.0 ~ 1.0）
EFE 加权评分	高（4.0 ~ 3.0）	I	II	III
	中（3.0 ~ 2.0）	IV	V	VI
	低（2.0 ~ 1.0）	VII	VIII	IX

I-E 矩阵用九个象限对医药企业的所有产品或业务进行分类，再把这九个象限分成三个区域，这样就可以把医药企业的产品或业务分成三种类型，即增长型业务、稳定型业务和衰退型业务，然后对不同的业务类型采取不同的战略。落入Ⅰ、Ⅱ、Ⅳ象限的业务属于增长型业务，适合采取加强型战略或一体化战略，扩大生产规模，提高产品的市场占有率，谋求市场主导地位；落入Ⅲ、Ⅴ、Ⅶ象限的业务属于稳定型业务，适合采取坚持和保持型战略，维持当前的各种资源投入，保持其在市场上的地位；落入Ⅵ、Ⅷ、Ⅸ象限的业务属于衰退型业务，应采取收获型或剥离型战略，逐步从当前市场中撤资，直至退出市场。

四、SWOT 分析法

SWOT 分析是在医药企业外部环境和内部条件分析的基础上，进行系统评价，寻找最佳战略组合的一种分析工具。其中，S（strengths）是指医药企业自身的优势；W（weaknesses）是指医药企业自身的劣势；O（opportunities）是指外部环境给医药企业带来的机会；T（threats）是指外部环境对医药企业构成的威胁。

SWOT 分析的基本要点就在于医药企业战略的制定必须使其内部能力分析中的优势和劣势与外部环境分析中的机会和威胁相适应。开展医药企业 SWOT 分析，一般要经过以下三个步骤：

第一，对医药企业外部环境进行分析，罗列出企业外部环境中存在的机会和威胁。

第二，对医药企业内部环境进行分析，罗列出企业自身具备的优势和劣势。

第三，绘制 SWOT 分析矩阵，将医药企业的优势和劣势与外部环境中的机会和威胁进行配对分析，在这个矩阵中，形成了四个象限或四种组合，即 SO 组合、WO 组合、ST 组合、WT 组合（表4-4）。

表4-4　SWOT 分析矩阵

	优势（S）	劣势（W）
机会（O）	SO 组合	WO 组合
威胁（T）	ST 组合	WT 组合

不同组合情形下，医药企业应采用不同的应对战略，具体如下：

1. SO 组合情形下，医药企业应采取增长型战略　这是一种最理想的组合，在该组合下，企业能够依靠自身优势和资源去最大限度地利用外部环境所提供的机会。

2. WO 组合情形下，医药企业应采取扭转型战略　外部环境为企业提供了发展机会，但企业自身存在着限制利用这些机会的弱点。在这种情况下，企业应集中资源弥补自身弱点以最大限度地利用外部环境中的机会。

3. ST 组合情形下，医药企业应采取多元化战略　企业要利用自身的优势去避免或减轻外部环境威胁的打击。在该情况下，企业会面临优势不再优的境地，企业要巧妙地利用优势抵御威胁并开展多种经营。

4. WT 组合情形下，医药企业应采取防御型战略　企业应尽量避免处于这种状态，企业处于这样的位置，在制定战略时就要降低威胁和弱点对企业的影响。这样的企业要生存下去可以选择合并或缩减生产规模的战略，稳扎稳打地强化企业管理，提高产品质量。

五、行业竞争结构分析法

一个行业的平均利润通常取决于行业的竞争程度，一般情况下，竞争激烈的行业利润水平较低，竞争不激烈的行业利润水平较高。行业竞争结构分析中经常采用迈克尔·波特的五种力量分析模型（图4-7）。波特认为，一个行业的竞争存在着五种基本的竞争力量，即潜在进入者威胁、替代品威胁、供应商议价能力、购买者议价能力、行业现有竞争者之间的竞争，这五种力量共同决定着该行业的利润水平。

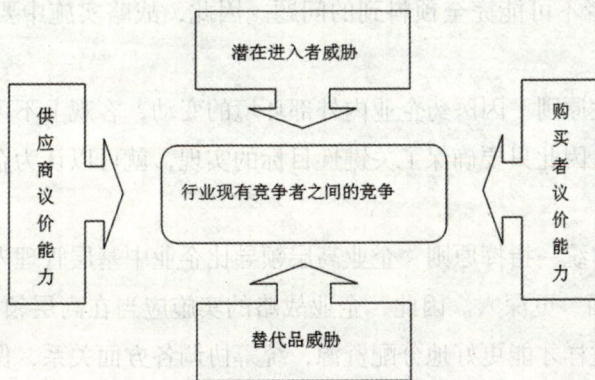

图4-7　迈克尔·波特五种力量分析模型

潜在进入者越多、替代品威胁越大、供应商议价能力越强、购买者议价能力越强、行业现有竞争者越多，则该行业的利润水平越低，反之则较高。

项目三　医药企业战略制定与实施

一、医药企业战略目标制定的原则

1. 关键性原则　要求医药企业确定的战略目标必须密切联系企业经营成败的关键问题，切不可把次要的目标作为企业战略目标，以免滥用企业资源。

2. 一致性原则　一是总体目标与各分目标及各分目标之间要相互协调；二是短期目标

与长期目标之间要协调一致。

3. 定量化原则 目标必须定量化，具有可衡量性，以便检查和评价其实现的程度。

4. 系统性原则 战略目标的制定必须建立在对医药企业内外部环境进行系统分析和预测的基础上，要有利于实现医药企业内外部系统环境的协调运行。

5. 可行性原则 要求战略目标的设定要客观、可行，要能够实现。

6. 稳定性原则 目标一经制定就要保持相对稳定性，不能朝令夕改。

二、医药企业战略的实施

（一）医药企业战略实施的含义与原则

1. 医药企业战略实施的含义 战略实施是战略管理的一个重要阶段，是把医药企业战略计划变为实践活动，并实现企业战略目标的过程。医药企业在明晰了自己的战略目标后，就必须专注于如何将其落实转化为实际的行为并确保实现。

2. 医药企业战略实施的原则 医药企业战略实施过程中，常常会遇到许多在制定战略时未预料到或者不可能完全预料到的问题。因此，战略实施中要遵循以下三个基本原则：

（1）适度合理性原则 因医药企业内外部环境的变动，客观上不可能完全按照原先制订的战略计划行事，因此只要确保了关键性目标的实现，就可以认为企业战略的实施是成功的。

（2）统一领导、统一指挥原则 企业高层领导比企业中基层管理人员及一般员工对企业战略的理解更全面、更深入。因此，企业战略的实施应当在高层领导人员的统一领导、统一指挥下进行，这样才能更好地分配资源，统筹协调各方面关系，保障企业为实现战略目标而卓有成效地运行。

（3）权变原则 企业战略的制定是基于一定环境条件的假设，但如果企业内外环境发生重大的变化，致使原定战略的实现成为不可行，这时就需要对原定的战略进行重大的调整或进行相应的修订，以保证战略与环境及企业资源的匹配性。

（二）医药企业战略实施的模式

1. 指挥型模式 这是一种高度集权的模式，由高层管理者制定战略，基层管理者负责执行。该模式有利于充分发挥高层领导者的智慧，统一指挥，明确分工，但把战略制定者与执行者分开，致使基层管理者缺少执行战略的动力和创造精神，不利于创新。

2. 变革型模式 这是高层领导者通过实施一系列变革，如开展组织结构、信息系统、人力资源、生产运作、兼并或合并经营范围等变革，并运用有效的激励和控制手段，推进战略实施的模式。该模式有利于调动员工工作的积极性，提升企业创新能力，但变革也会带来企业内部系统不稳定，甚至是冲突，影响企业战略实施的效果。

3. 文化型模式 运用企业文化的手段，不断向企业全体成员传达、灌输企业战略思想，建立共同的价值观和行为准则，使所有成员在共同的文化基础上参与战略的实施活动。该模式比较适用于知识密集型企业。

4. 合作型模式 企业总经理与其他高层管理人员一起对企业战略问题进行充分的讨论，形成较为一致的意见，制定出战略，再进一步落实和贯彻战略，使所有高层管理人员从战略实施一开始就承担有关的战略责任。该模式有利于充分发挥企业高层集体的智慧，但该模式属于分权模式，由于业务不同、出发点不同等，在战略实施过程中容易产生冲突和矛盾。

5. 增长型模式 企业总经理要认真对待下层管理人员提出的一切有利于企业发展的方案，充分调动和激励下层管理人员参与制定及实施战略的积极性与主动性，为企业效益的增长而奋斗。该模式有利于鼓励员工的首创精神，但有时基层员工的意见多种多样，难以形成统一的方案，影响企业战略实施的效率。

（三）战略实施中要注意的问题

1. 细化战略任务并制订详细的实施计划 许多战略的失败都是缺乏详细的实施计划造成的。在战略制定过程中应该尽量使各级管理者和员工参与，明确各职能部门及相应人员的战略任务，并制订详细的实施计划。

2. 企业全体人员对企业战略思想要形成统一的认识 企业战略是对企业未来生存和发展做出的总体的、长远的和纲领性的谋划，它需要企业全体员工齐心协力、共同奋斗才能实现。因此，在战略实施之前，一定要通过各种渠道和方法，加强企业战略及其具体内容的宣传，使全体员工在思想上统一认识。

3. 注重组织结构对企业战略的适应性 首先，要依据战略确定企业的关键活动，让每一项关键活动都有明确的组织部门来实施；其次，分析关键活动对企业发展的贡献程度，并以此确定其在未来组织结构中的位置；再次，围绕核心活动设计辅助活动，使组织结构网络中的各个层次职能与之相适应；最后，分析各项关键活动之间的内在联系，调整和完善组织结构网络。

4. 注重企业文化与企业战略的匹配性 企业文化要服务于战略的实施及战略目标的达成，企业在进行环境分析时，就要给予企业文化足够的重视，只有企业文化与企业战略相匹配，战略的实施才能得到保证。

三、医药企业战略的控制

（一）医药企业战略控制的含义

战略控制是指企业在战略实施过程中，检查为实现战略目标所进行的各项活动的进展情况，评价各项活动的绩效，并将其与既定的进度计划及绩效标准相比较，发现差距，分析原因并予以纠正，使企业战略的实施更好地与企业当前所处的内外环境、战略目标协调一致的活动过程。

（二）医药企业战略控制的作用

1. 战略控制是医药企业战略管理的重要环节，它能保证医药企业战略的有效实施。战略决策仅能决定哪些事情该做，哪些事情不该做，而战略控制的好坏将直接影响企业战略实施效果的好坏与效率的高低。

2. 医药企业战略控制能力的高低是战略决策的一个重要制约因素。企业战略控制能力强，控制效率高，则企业高层管理者可以做出较为大胆的、风险较大的战略决策，反之，只能做出较为稳妥的战略决策。

3. 战略控制可为战略决策提供重要的信息反馈。通过开展战略控制，有利于战略决策者明确决策中哪些内容是符合实际的、是正确的，哪些是不符合实际的、不正确的，这对于提高战略决策的适应性和水平具有重要作用。

4. 企业战略控制可以促进企业文化等基础建设，为战略决策奠定良好的基础。

（三）医药企业战略控制的主要内容

1. 设定绩效标准　根据企业战略目标，结合企业内部人力、物力、财力及信息等具体条件，确定企业绩效标准，作为战略控制的参照。

2. 绩效监控与偏差评估　通过一定的测量方式、手段、方法，监测企业的实际绩效，并将企业的实际绩效与标准绩效对比，进行偏差分析与评估。

3. 设计并采取纠正偏差的措施　这顺应企业内外部环境的变化，保证企业战略的圆满实施。

4. 监控外部环境的关键因素　外部环境的关键因素是企业战略赖以存在的基础，这些外部环境的关键因素的变化意味着战略前提条件的变动，必须给予充分的关注。

5. 激励战略控制的执行主体　调动其开展自控与自评价的积极性，以保证企业战略实施的切实有效。

（四）医药企业战略控制的过程

战略控制的一个重要目标就是使企业实际的效益尽量符合战略计划。为了达到这一点，战略控制过程可以分为四个步骤（图4-8）。

1. 制定绩效标准　战略控制过程的第一个步骤就是根据企业预期的目标或计划制定出相应的绩效标准。

2. 衡量实际绩效　依据已制定的具体的绩效衡量方法对企业实际工作绩效进行测量与评价。

3. 审查结果　将实际绩效与计划绩效相比较，明确两者之间的差距，并分析差距产生的原因。

4. 采取纠正措施或实施权变计划 当企业实际绩效偏离标准绩效或外部环境发生重大变化时就应及时考虑采取纠正措施或实施权变计划。

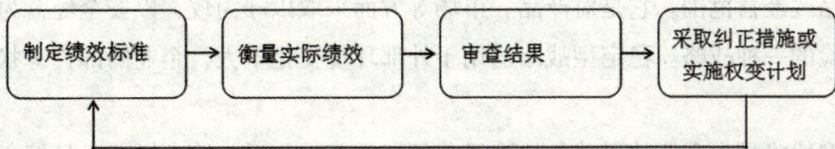

```
制定绩效标准 → 衡量实际绩效 → 审查结果 → 采取纠正措施或
                                         实施权变计划
```

图 4-8 医药企业战略控制过程图

项目四 医药企业战略的选择

案例导入

哈药集团的多元化战略

哈药集团一直是全国制药工业中的佼佼者，自我国加入 WTO 以后，国外一些大型医药企业抢占了我国的医药市场，给国内企业带来了前所未有的压力和挑战。哈药集团作为国内为数不多的大型制药企业，通过实施多元化战略获得了较强的竞争优势。

哈药集团融医药制造、贸易、科研于一体，旗下拥有哈药总厂、哈药三精、哈药六厂、哈药世一堂、哈药中药二厂、哈药生物、哈药疫苗等国内知名药品制造企业和哈药人民同泰、哈药营销有限公司等商业流通企业。集团主营涵盖抗生素、非处方药和保健品、传统与现代中药、生物医药、动物疫苗及医药商业六大业务板块。哈药集团以多元化的方式去扩大市场份额，增强企业竞争力。自 2000 年以来，哈药三精收购黑龙江省内的明水制药、东宁制药、黑河药厂等企业。2007 年哈药三精通过参股、控股的方式在成都、山东、陕西、吉林、内蒙古等地成立商业公司，并与合作伙伴合资组建药厂、专科医院，形成工商并举式发展的新架构。

一、医药企业战略的分类

一般情况下，按照企业采取的战略方式与对策及对未来市场预期的不同，可将企业战略划分为发展型战略、稳定型战略、紧缩型战略、混合型战略四种态势。

发展型战略是指以积极乐观的态度应对企业未来的发展，是一种不断扩大企业规模、提升企业竞争力的经营战略。发展型战略一般用于迅速成长的市场，并且企业能够获取较多资源投入的情况。

稳定型战略是指企业遵循与过去相同的战略目标，保持一贯的成长速度，同时不改变基本的产品或经营范围。它是对产品、市场等方面采取以守为攻，以安全经营为宗旨，不冒较大风险的一种战略。稳定型战略适用于外部环境变化不大，企业内部资源状况相对均衡的条件。

紧缩型战略是指企业从目前的战略经营领域和基础水平收缩、撤退，且偏离起点战略较大的一种经营战略。与稳定型战略和发展型战略相比，紧缩型战略是一种消极的发展战略。在经济衰退，企业没有特别突出的竞争优势时可以考虑暂时性的紧缩战略。

混合型战略是稳定型战略、发展型战略和紧缩型战略的组合。事实上，许多有一定规模的企业实行的并不只是一种战略，从长期来看是多种战略的结合使用。混合型战略则是针对不同的业务单元采取不同的战略态势，或者在不同的时期里实施不同的战略方案，以满足各部门适应内外部环境变化和发展的需要。

从企业发展的角度来看，任何成功的企业都应当经历发展型战略实施期。因为从本质上看，只有发展型战略才能不断地扩大企业规模，使企业从竞争力弱小的小企业发展成为实力雄厚的大企业。下面就重点对基本的发展型战略做进一步介绍。

医药企业的基本发展战略可分为一体化战略、多元化战略、竞争战略三类。

1. 一体化战略　一体化战略是基于两个方面的考虑：一是看好某一产业的长期发展，期望在这一产业链上获得更多的利润；二是通过一体化战略来提升竞争能力，降低经营风险。一体化战略可分为横向一体化、纵向一体化两大类。

（1）横向一体化　横向一体化是指与处于相同行业、生产同类产品或工艺相近的企业实现联合，实质是资本在同一产业和部门内的集中，目的是实现扩大规模、降低产品成本、巩固市场地位。如老百姓大药房自2015年上市后掀起了并购的狂潮。

（2）纵向一体化　纵向一体化是指生产或经营过程相互衔接、紧密联系的企业之间实现一体化。纵向一体化又分为前向一体化和后向一体化两种类型。

①前向一体化：指向产业链的下游延伸，即将业务延伸到企业的客户端。如一家医药批发企业开设自己的社会零售药房。

②后向一体化：指向产业链的上游延伸，即将业务扩展到自己的供应商领域内。如中药制药企业向中药初加工和中药种植领域延伸。

2. 多元化战略　多元化战略是企业不满足于现有产业链的经营，或对现有产业链的前景持不乐观的预期，基于分散风险的考虑，开展其他多元业务。多元化战略按照与企业现有业务的相关程度，从强到弱依次分为集中多元化、横向多元化和混合多元化。

（1）集中多元化　集中多元化是指进入一个与原有业务在技术、市场上都相关的新业务领域。这一战略可以发挥企业在技术、市场上的协调作用，实现资源共享。

（2）横向多元化　横向多元化是指进入市场相关但技术不相关的业务领域，即向现有客户提供新的不相关的产品。

（3）混合多元化　混合多元化是指进入一个与现有业务完全不相关的领域。这种战略主要基于对现有业务增长极限的应对、分散业务风险、吸收企业富余资金三个方面的考虑。

3. 竞争战略　竞争战略所涉及的问题是在给定的一个业务或行业内，企业如何竞争取胜的问题，即在什么基础上取得竞争优势。

（1）成本领先战略　成本领先战略是指企业通过降低自己的生产和经营成本，以低于竞争对手的产品价格，获得市场占有率，并获得同行业平均水平以上的利润。成本领先战略的理论基石是规模效益和经验效益，战略的重点在于成本管理。因此该战略适合大中型的医药企业。

（2）差异化战略　差异化战略是指为使企业产品、服务、企业形象等与竞争对手有明显的区别，从而获得竞争优势的战略。这种战略的重点是创造被全行业和顾客都视为独特的产品和服务。

（3）集中化战略　集中化战略也称为聚焦战略，是指企业或事业部的经营活动集中于某一特定的购买者集团、产品线的某一部分或某一地域市场上的一种战略。该战略的目的是使企业集中资源专注于某一特定领域，提供比竞争对手更专业和更高效的服务。

二、战略的选择

（一）战略选择的过程

战略选择的过程可划分为制订战略选择方案、评估战略备选方案、选择战略三个步骤。

1. 制订战略选择方案　根据不同层次管理人员介入战略分析和战略选择工作的程度，将战略形成的方法分为三种形式。

（1）自上而下　先由企业最高管理层制定企业的总体战略，然后由下属各部门根据自身的实际情况将企业的总体战略具体化，形成系统的战略方案。

（2）自下而上　企业最高管理层对下属部门不做具体规定，但要求各部门积极提交战略方案。

（3）上下结合　企业最高管理层和下属各部门的管理人员共同参与，通过上下级管理人员的沟通和磋商，制定出适宜的战略。

三种形式的主要区别在于战略制定中对集权与分权程度的把握。

2. 评估战略备选方案　评估战略备选方案通常使用两个标准：一是考虑选择的战略是否发挥了企业的优势，克服了劣势，是否利用了机会，将威胁削弱到最低程度；二是考虑选择的战略能否被企业利益相关者所接受。

3. 选择战略　指最终的战略决策，即确定准备实施的战略。如果用多个指标对多个战略方案的评价产生不一致时，确定最终的战略可以考虑将企业目标作为选择战略的依据、提交上级管理层审批、聘请外部机构、战略政策和计划等几种方法。

（二）战略选择的影响因素

战略选择是确定企业未来战略的一种决策。一般来说，备选战略提出以后，就要进行战略选择，战略决策者经常面临多个可行方案，往往很难做出决断。影响战略选择的因素很多，以下几个方面较为重要：

1. 企业以往的战略　对大多数企业来说，过去的战略常作为未来战略选择的起点，因此，企业战略的选择会受到以往战略的限制和影响，过去的战略决策强烈地影响公司后来的战略选择。

2. 管理者对风险的态度　风险偏好者一般趋向采取一种进攻型、增长型的战略；风险回避者通常采取一种防御型的战略，只有在迫不得已的情况下他们才会对环境变化做出相应的反应，他们相对来说更注重过去战略的延续。

3. 企业对外界环境的依赖程度　企业总是生存于一个由顾客、竞争者、供应商、政府、行业协会等构成的复杂环境中，这些环境因素从外部制约着企业的战略选择。如果企业高度依赖其中一个或多个因素，其最终选择的战略方案就不得不迁就这些因素。企业对外界的依赖程度越大，其战略选择的范围和灵活性就越小。

4. 企业文化和内部权势关系　企业在战略选择时不可避免地要考虑企业文化的影响。企业未来的战略只有在充分考虑到目前的企业文化及未来企业文化预期的情况下才能成功实施。另外，企业内部存在着一些正式和非正式组织，发现、分析这些组织对企业战略变革的态度、影响程度也是企业必须考虑的内容。

5. 竞争者的反应　在战略选择中，企业还必须分析和预测竞争对手对本企业不同战略方案的可能反应。例如，企业采用发展型战略，主要竞争者会做出什么样的反击行为，进而对本企业的战略实施又会产生什么影响。

在实际的管理实践中，战略管理者也常常陷入一些选择的误区，容易犯一些共同的毛病，造成战略态势选择的失误。比如盲目跟随他人、过度分散投资领域、排斥紧缩型战略、战略规划和执行的脱节等。克服这些问题，需要战略管理者努力培养一种尊重既定战略、科学客观执行战略的企业文化。

复习思考

1. 简述医药企业战略的构成要素。

2. 简述医药企业 SWOT 分析的主要步骤。

3. 简述迈克尔·波特的五种力量分析模型。

4. 简述医药企业战略控制的过程。

5. 简述医药企业战略选择的过程。

扫一扫，知答案

扫一扫，看课件

模块五

医药企业新产品开发管理

【学习目标】

1. 掌握新产品和产品的生命周期的相关概念；新药的概念、分类及特点；医药知识产权保护的概念和特征。

2. 熟悉产品生命周期理论和新产品开发策略；新药研究和开发的工作程序；医药知识产权的种类和我国医药知识产权保护的措施。

3. 了解新产品的类型和我国药物研究开发的发展方向及医药知识产权保护的意义。

项目一　产品的生命周期与新产品开发

案例导入

近年来，一大批具有中成药生产资格的大型医药企业借着"健康中国"的东风，开展了中药养生保健产品的开发。比如天津天士力集团借助于生物医药领域的技术优势，紧紧抓住关系到健康生活的核心要素，逐渐向健康保健产业扩展，为大健康行业发展注入了新的活力。目前已形成以"国台"为品牌的现代白酒产供销体系，并积极探索健康葡萄酒产业发展。以"帝泊洱"为品牌的生物普洱茶、健康饮用水产品系列和以"金士力"为品牌的保健品、功能食品也成为天士力的新产品开发方向。

一、新产品的概念及类型

（一）新产品的概念

新产品是一个相对概念，我们可以从多个角度定义新产品。就企业角度而言，凡为企业第一次生产销售的产品就是新产品；就市场营销角度而言，凡在功能或形态上得到改进，且与原有产品有差异，并为顾客带来新的利益，即可视为新产品；就技术角度而言，凡在产品的原理、结构、功能和形式上发生了某一方面或多方面改变的产品即称作新产品。综合而言，新产品是指采用新原理、新技术、新构思、新原料等研制的产品，或在结构、工艺、性能等方面比现有产品有明显改进的产品。新产品因其在新性能、新用途、新设计、新结构等方面的优势，能够给消费者带来新的利益或效用，同时也可能会为企业带来巨大的竞争力。

（二）新产品的类型

以医药市场为例，新产品的类型根据创新程度可以分为四类。

1. 仿制新产品　仿制新产品也称仿制药，指医药企业自身没有此类产品，但是市场上已有，通过自行研究其生产提取工艺流程模仿制造的产品，这是最为快捷的开发新产品的方式之一。这种方式风险较小，对于医药企业而言，在市场需求强劲的情况下，只要具备生产条件和生产能力，就可以借鉴现成的，或通过改进生产技术和样品进行新产品的开发。中国是仿制药的大国，这类新产品的开发在我国较为普遍，但今后会面临愈加严格的仿制药一致性评价挑战。

2. 改进新产品　指利用新设计、新材料、新包装、新样式、新商标等方式推出的新产品。这类改进的新产品能够增强产品的市场竞争力、延长产品的生命周期，是处于成熟期产品经常采用的推出新产品的方式。同时该种新产品还可以减少研发费用和风险，利用原有的产品优势，迅速进入市场，提高医药企业的经济效益。

3. 换代新产品　指采用新剂型、新材料、新技术等，使得原有产品的性能有显著的提高，比如药品"硝苯地平"由原来的片剂向缓释剂和控释剂转变。换代新产品对医药企业而言，同样在原有产品基础上发展而来，但其科学技术含量却更高，是医药企业进行新产品开发、提高竞争力的重要创新方式。

4. 完全创新产品　指应用科技新成果，运用新原理、新结构、新工艺、新技术和新材料研制成功的市场上前所未有的产品。比如当下出现的许多生物制剂和抗癌类新药等，由于需要较强的创新基础，该类新产品的研发主要集中在大型医药跨国企业中。

二、产品生命周期理论

（一）产品生命周期的内涵

产品生命周期是把一个产品的存在历史比作人的生命周期，要经历出生、成长、成熟、老化、死亡等阶段。就药品而言，要经历开发、导入、成长、成熟、衰退的完整过程。故药品生命周期可分为开发期、导入期、成长期、成熟期和衰退期五个阶段。由于开发期未进入市场阶段，没有给企业带来收益，因此，典型的医药产品生命周期一般分成四个阶段，即导入期、成长期、成熟期和衰退期（图 5-1）。

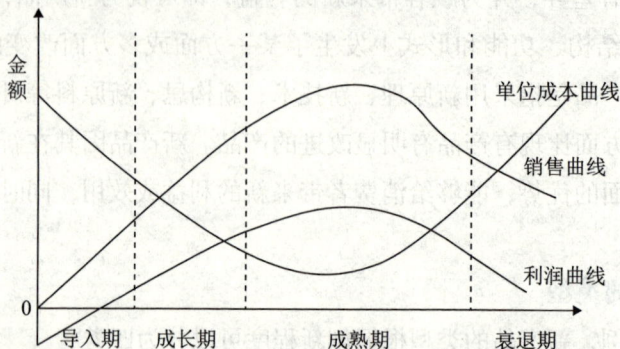

图 5-1　典型的医药产品生命周期曲线图

（二）产品生命周期各阶段的特点

1. 开发期　指从构思医药产品创意到医药新产品正式上市的时期，分为临床前研究和临床研究两个阶段，此期间该药品不能给企业带来任何的收入，同时还需医药企业不断增加投资，企业处于比较艰难的阶段。

2. 导入期　导入期又称引入期或介绍期，指新药首次正式上市后的最初销售时期。处于导入期的医药产品，消费者对其不了解，产品几乎无人问津；生产技术受到限制，性能还不够完善；药品销售量极为有限，制造成本高；价格决策难以确立，销售价格通常偏高，会限制购买需求，也可能难以收回成本。因此，生产者为了扩大销路，不得不投入大量的促销费用，对产品进行宣传推广，故广告费用和其他营销费用开支较大；利润较小，甚至为负利润，医药企业此时承担的市场风险最大。

3. 成长期　指产品转入批量生产和扩大市场销售额的时期。经过一段时间试销后，产品已经定型，生产工艺基本成熟，大批量生产能力形成。随着产品知名度的提高，购买者逐渐接受该产品，产品需求持续增长，企业的销售额迅速上升，因此生产成本大幅度降低，利润迅速增加。但与此同时，竞争者看到有利可图，将纷纷进入市场参与竞争，使同类医药产品供给量增加，价格随之下降，威胁医药企业的市场地位，市场竞争开始加剧。

4. 成熟期　指产品进入大批量生产，市场已达到饱和，处于竞争最激烈的时期。处于成熟期的产品走入大批量生产并稳定地进入市场销售阶段，随着购买产品的人数增多，销售量达到顶峰，虽可能仍有增长，但增长速度缓慢，随着市场需求逐渐趋于饱和及减少，销售增长率和利润甚至呈现下降趋势。同时，产品普及率趋高并日趋标准化，生产量大，生产成本低，利润总额高但增长率降低；行业内生产能力出现过剩，市场竞争尤为激烈，产品售价降低，导致生产或经营同类产品的医药企业之间不得不加大在产品质量、规格、包装、服务和广告费用等方面的投入。通常，这一阶段比前两个阶段持续的时间更长，因此企业管理者需在此阶段花费更多的精力。

5. 衰退期 指产品已经老化，进入到逐渐被市场淘汰的时期。这期间产品销售量显著衰退，利润也大幅度滑落。优胜劣汰，市场竞争者也越来越少，产品逐渐老化，转入产品更新换代的时期。医药企业生产能力过剩日益突出；市场上以价格竞争作为主要手段，医药企业只能努力降低售价，回收资金；竞争医药企业纷纷转入研制开发新药，甚至已经有其他性能更好、价格更低的新药和替代品上市，足以满足消费者的需求；此时成本较高的医药企业就会由于无利可图而陆续停止生产或退出市场，该类医药产品的生命周期也就陆续结束，以致最后完全退出市场。

三、新产品开发策略

通过产品生命周期理论，我们意识到任何一种产品都有其市场生命周期，企业只有不断地开发新产品或改进现有产品，才能满足消费者不断变化的需求，才能保证企业的生存和发展。因此，为了保证医药企业把握新产品开发的正确方向，提高新产品开发的成功率，必须制定合适的新产品开发策略。

（一）新产品开发的主体选择策略

1. 独立开发策略 指企业完全依靠自身的资源优势和技术力量独立进行新产品的开发。该种开发策略要求企业必须拥有强大的技术优势和雄厚的人财物资源，独立开发策略分为自主性创新开发和仿制性创新开发两类。一些大型的跨国医药企业由于其实力雄厚，多采用自主创新研发策略，而实力较弱的行业追随者多采用仿制性创新开发策略。

2. 技术引进策略 指医药企业通过引进新技术、购买专利等手段进行新产品的开发，这样可以降低新产品开发的技术风险，加快开发速度，但需支付高昂的技术引进费用。此种策略适合产品开发技术力量比较薄弱，而生产能力、资金实力、营销能力比较强的企业。

3. 合作开发策略 指医药企业与其他企业或单位联合技术、资金、人才等资源，共同开发新产品。其方式主要有两种：一种是与高校或科研院所签订联合开发协议，共同开发新产品。如由江苏恒瑞医药牵头，以恒瑞医药、豪森药业、先声药物、中科院药物所和中国药科大学5家单位为核心成员的"抗肿瘤药物产业技术创新战略联盟"的成立即为此种方式。另外一种是与其他企业组建合资机构，发挥各自的技术、资金、营销、人才优势，共同开发新产品。例如，2009年江苏先声药业与美国著名生物制药企业OSI达成协议，在中国生产、研发和销售抗肿瘤分子靶向药物OSI-930即为这种方式，这也是中国制药企业首次探索国际合作研发。

4. 技术外包策略 指由于医药企业技术能力有限，将新产品开发的有关技术项目外包给专业的合同研究机构，由其提供新产品开发的有关技术服务。这种策略可以提高新产品开发效率，降低开发成本，这种策略适合于技术能力薄弱的医药企业。技术外包策略在全球制药企业的新药研发中普遍应用。

（二）新产品开发的市场竞争策略

1. 追随型开发策略　指企业将新产品开发的重点放在产品仿制和改进上，以防御竞争对手因产品技术创新所造成的威胁。这种新产品开发的市场竞争策略适合于实力较弱的中小型医药企业，它们不具备全新型产品的开发能力，或者企业难以承担开发全新产品的风险，但又想在当前潜力市场分得一杯羹，以寻求新的发展机遇，因此采用追随型开发策略。

2. 进攻型开发策略　指医药企业不断通过技术创新开发新产品，以满足市场上消费者不断变化的需求，从而获取产品在市场上的技术领先地位和竞争优势。这种策略适合于技术、资金、人力资源均较雄厚的企业，这些企业必须制定积极进取的新产品开发规划，成为医药企业新药研发的领头羊。

3. 系列化开发策略　系列化开发策略又称系列延伸策略，企业围绕产品上下左右前后进行全方位的延伸，开发出一系列类似的，但又各不相同的产品，形成不同类型、不同规格、不同档次的产品系列。如千金药业集团围绕妇科产品研究开发一系列新产品。企业针对消费者在使用某一产品时所产生的新需求，推出特定的系列配套新产品，可以形成医药企业产品组合，加深企业产品深度，为企业新产品开发提供广阔的天地，提升新产品的市场竞争力。具有设计、开发系列产品资源和深化产品组合能力的医药企业可采用这种开发策略。

4. 优势型开发策略　指医药企业根据自己的优势，针对不同的产品采用不同的开发策略。例如，一家制药企业在具有竞争优势的心血管产品的处方药领域实施进攻型开发策略，在维生素与矿物质产品的非处方药领域实施追随型开发策略，而在其他领域则不进行任何的研究开发投入。企业的资源是有限的，而消费者的需求是无限的，企业一般在现有资源不能同时满足所有产品在市场上保持技术领先优势时，会对优势产品采取主动进攻策略，而对非优势产品采取追随策略。

项目二　新药研究与开发

案例导入

2017 年 8 月复星医药称其控股子公司万邦生化医药及星泰医药收到了国家食品药品监督管理总局（现国家市场监督管理总局，下同）关于同意雷迪帕韦索氟布韦片临床试验的批准。该产品为吉利德的全口服抗丙肝新药，

2014 年获批上市，2015~2016 年全球销售合计超过 229 亿美元，目前吉利德及包括复星医药在内的三家中国药企已获批临床。吉利德的 Harvoni 于 2014 年 10 月 10 日获批上市，是固定剂量的 sofosbuvir（索磷布韦）和蛋白酶非结构 5A 蛋白（NS5A）抑制剂 ledipasvir（雷迪帕韦）的复方组合。Harvoni 是第一个批准用于治疗基因 1 型丙肝感染，且不需要联合干扰素或利巴韦林的全口服抗丙肝方案。Harvoni 既可以单药使用，也可以和其他口服制剂如利巴韦林联合使用。Harvoni 二联方案不含干扰素或利巴韦林，耐受性也有了提高，只需每天一次口服一粒，极大提高了患者的服药便利性。上市后，Harvoni 已经成为全口服抗丙肝方案的金标准。2015 年，Harvoni 在全球的销售额已经高达 138.64 亿美元，2016 年也达到了 90 亿美元。Harvoni 面世后立即成为了全球畅销产品之一，市场潜力一直备受瞩目。2015 年万邦生化医药、星泰医药就该新药用于治疗成人慢性丙肝（CHC）感染向国家食品药品监督管理总局提交临床试验申请并获受理。该新药为复星医药及其控股子公司自主研发的化学药品，截至 2017 年 6 月，复星医药针对该新药已投入研发费用约 480 万元。

一、新药的概念、分类及特点

根据《药品管理法实施条例》，新药是指未曾在中国境内上市销售的药品。2015 年 8 月在《国务院关于改革药品医疗器械审评审批制度的意见》中建议将新药的定义调整为"未在中国境内外上市销售的药品"，这对我国的创新药的研发提出了更高的要求，但是将有利于我国在新药研发方面与国际接轨，但是至今这个定义还只是建议而已，并没有得到真正的贯彻执行。

根据《药品注册管理办法》，新药申请是指未曾在中国境内上市销售药品的注册申请。对已上市药品改变剂型、改变给药途径、增加新适应证的药品注册按照新药申请的程序申报。并将药品分为中药、天然药物和化学药品及生物制品。新药研发是一项复杂、需要多学科相互合作的技术密集型工作，具有高技术、高投入、高风险、高收益、周期长等特点。根据塔夫茨药物开发研究中心提供的一项数据显示，开发一个新药的平均成本大约为 26 亿美元。

二、新药研究与开发的工作程序

新药研发工作是系统、复杂的，具有高投入、高风险、高回报等特点，但新药研发有利于企业塑造良好的形象和提升品牌竞争力，是医药产业发展的动力，是企业的主要利润来源。因此，为了降低新药研发风险，节约研发费用，促进新药更快、更早的上市，必须按照科学的研发流程进行新药研究与开发。新药研究开发的工作程序主要包括创意构思、项目范围确定、新药项目立项、新药发明、临床前研究、临床研究和上市开发七个阶段。同时由于药品的质量关系到人民的生命健康，国家有关药品监督管理部门需要对药品是否进入临床试验研究及是否批准上市进行严格的事前审批，通过审批后方可进入下一阶段。

（一）创意构思

创意构思是新药研发的起始阶段，创意的来源多种多样，可以是来自于消费者显性和潜在需求的关注，也可以来自于对竞争对手产品的改进，因此创意的构思来源有顾客、竞争对手、科研人员、企业的销售人员和经销商、企业高层管理人员、市场咨询公司、广告代理商、专利代理人等。在进行创意构思时可选择与药品有关的研究、生产、流通、使用、监督等任意环节或者多个环节同时进行。创意产生后，要对创意进行初步审查，审查中主要考虑可行性、企业战略一致性、企业资源能力、市场开拓的潜力等，暂不考虑财务能力。

（二）项目范围确定

项目范围确定是在国家政策法规指导下，确定新药研发项目的技术和市场优势，主要包括前期市场评估、技术评估和政策环境分析。此过程需要进行严格的项目筛选，企业要结合自身的产品开发战略和资源状况，最重要的是考虑企业的财务能力。只有通过严格的筛选，符合条件的优秀创意才能进入下一过程，以减少新药研发的风险，该过程是相当重要的，将决定企业的研发费用能否得到回报。

（三）新药项目立项

该阶段的主要任务为：在以市场为导向的具体调研和财务分析活动的基础上，更为细致地分析新药项目的可行性，撰写新药立项报告。在该阶段，通过做销售额和成本预测评价最终新药上市后的获利能力尤为重要。企业需要对新药立项报告进行严格的审查和检验，在整个新药研发过程中，新药立项报告是作为通向下一步成本巨大的实际研发过程的关键点。

（四）新药发明

新药立项报告通过后，则开始进行新药发明。新药发明包括活性化合物的筛选、先导化合物的鉴别和通过对先导化合物优化产生备选药物三个阶段。对大量化合物的筛选，发现具有生物活性的先导化合物是进行新药研究开发的基础。该阶段还需要合成一系列与先导化合物结构类似的物质，进行构效关系研究，以优化化合物的治疗指数，选择一个最佳化合物作为临床前研究的备选药物。一般从先导化合物到备选药物产生的筛选过程是漫长的，为了尽量减少临床研究的巨大风险、保证未来药品在市场竞争中的优势地位，需要尽可能找到在化学、药理、毒理和药代动力学方面最优的化学实体进入到下一步的研究。

（五）临床前研究

新药的临床前研究主要是对药物安全性的研究，为申请药品注册做准备，在此过程中必须遵循《药物非临床研究质量管理规范》（GLP），并配备与试验研究项目相适应的组织机构、人员、实验设施、仪器设备、实验材料，按照标准操作规程进行实验研究。新药临床前研究结束后，申请人应当填写《药品注册申请表》，向药品监督管理部门如实报送相关材料，由药品监督管理部门进行技术审评，通过后发给《药物临床试验批件》，进入下一阶段的临床研究。

（六）临床研究

药物的临床研究必须经过国家市场监督管理总局的批准，严格执行《药物临床试验质量管理规范》（GCP）。该阶段也包括药物的生物等效性试验。临床试验分为Ⅰ、Ⅱ、Ⅲ、Ⅳ期，新药批准上市前进行Ⅰ、Ⅱ、Ⅲ期临床试验，各期临床试验要求的受试群体数量、试验内容均不同。Ⅰ期主要为初步的临床药理及人体安全性评价，Ⅱ期为治疗作用初步评价阶段，Ⅲ期为治疗作用确证阶段，Ⅳ期为新药上市后的应用研究阶段。临床研究的试验数据相关资料及《药品注册申请书》需要上交至国家市场监督管理总局的药品审评中心进行审评，通过后取得新药证书。如果申请人已持有《药品生产许可证》并具备生产条件的，可同时取得药品批准文号。

（七）新药上市开发

当新药研究取得新药证书和药品批准文号等文件后，为了收回新药研发投资，创造经济效益，必须将新药研究成果产业化并开展市场营销。在该阶段，医药企业的营销能力至关重要，它决定了医药企业是否能够利用新药研发的技术优势占据市场，提高医药企业的竞争力。

三、我国药物研究与开发的发展方向

医药产业是资金技术密集型产业，世界各大医药企业积极追求技术创新，以提高产品的技术含量。根据前瞻产业研究院的统计，2016年全球医药研发支出达到1474亿美元，同比增长2.5%，同期国内规模以上药企研发支出达到607.2亿元，同比增长27.5%。目前，我国化学原料药的产量居世界第二，能够生产1500余种化学原料药，但是97%以上都是仿制药。与欧美发达国家相比，差距甚远，要实现我国从制药大国向制药强国转变，势必要探索适合我国国情的"仿创结合"的药物研究与开发模式。因此，结合我国药物开发技术和传统中医药资源的特点，我国在药物研发方面有自己的重点方向和领域。

（一）开发"me-too"和"me-better"药物

在原创药的全新化合物筛选越来越困难的情况下，开发"me-too"药物和更具有创新性的"me-better"药物，既可以减少筛选药用全新化合物的时间和技术风险，节约开发成本，又可以通过对现有的专利药物的结构优化和改造，获得比原创药在活性、代谢、毒性等方面都更有优势的药物。例如，江苏恒瑞医药就是推崇创新思维，不惜投入大量研发费用，从首仿到"me-too"再到"me-better"类创新药物的开发。

知 识 链 接

"me-too"药物：特指具有自己知识产权的药物，其药效和同类的突破性药物相当。

"me-better"药物：比"me-too"做得更深入，结构改变更大，甚至核心结构都有改动，得到的化合物在活性、代谢、毒性等方面都更有优势的药物。

（二）二次开发中药复方制剂

中医药是中华民族集体智慧的结晶，经过长期的临床验证和发展，形成了许多安全有效的复方中药。在中医药理论基础确定中药复方作用机理的前提下，通过借鉴国际先进的天然药物开发的思路和模式，寻找中药复方中的活性物质和有效成分，进行中药的现代化研究，不仅能够加快我国新药开发的速度，也能促进我国药物研发水平和中药国际化水平的提高。

（三）开发天然药物

我国本身的药物研发基础技术薄弱，国内企业的研发投入有限，同时随着化学新药研发难度的增加，我国的化学药的创新研发能力在短期内很难赶上欧美发达国家。而由于我国拥有丰富的药用植物和动物及矿物资源，开发天然药物却有很好的资源优势和国际竞争力，而且从植物、动物、矿物等天然物质中提取的有效部位和制剂，在技术需求、资金投入和国民的接受度等方面，要比通过化合物的合成或者拆分获得原料药及其制剂的优势更加明显。

（四）开发生物技术药物

生物药物的研发是近十几年国际药品研发的重点领域，我国的生物技术药物的研发处于世界领先的水平，为我国的优势研发产业。生物技术药物在癌症、获得性免疫缺陷综合征、冠心病、传染性疾病等疾病的治疗方面前景良好，其未来的市场需求巨大。

以上是我国在新药研发上的方向，但是在国际上，一些大型跨国企业在研发孤儿药方面的投入也比较大。例如，2014 年 9 月，法国赛诺菲位于中国上海的亚太研发总部正式成立。该研发总部整合了赛诺菲生物制药（赛诺菲制药）、罕见病（赛诺菲健赞）、疫苗（赛诺菲巴斯德）和动物保健（赛诺菲梅里亚）四大领域的研发力量。

知 识 链 接

孤儿药

孤儿药是指由于药物的开发需要成本，罕见病的药物研究成本太高，市场需求又太小，正常情况下药物开发难以收回成本，因此没有企业愿意研发和生产治疗罕见病的药物，造成了药物种类的稀缺外加价格昂贵，罕见病的治疗药物也被称为孤儿药（orphan drug）。

项目三 医药产品知识产权保护

案例导入

三维研究所和第二军医大学上海长征医院经过 8 年研制，于 2000 年在国内首家研制成功用于治疗尿毒症透析的新药左卡尼汀，为尽快投产，研发单位授权给常州兰陵制药有限公司生产该药，并签订了技术合作合同，明确约定该药品所有知识产权，包括注册商标均归研发单位所有。经过 10 年的合作，药品质量标准达到国际领先水平，进入国家基本医疗保险目录，市场占有率不断扩大，该药品商品名和注册商标"雷卡"被认为是中国市场左卡尼汀第一品牌。正当产品迎来可观收入时，常州兰陵制药有限公司违反合同约定，与关联企业上海大陆药业有限公司一起违约进行药品生产、销售，给研发单位造成损失的金额达到 10.1 亿元。为了维护自身合法权益，三维研究所等单位将该药品生产、销售企业起诉至法院。2014 年，江苏省高级人民法院对这一诉讼案件做出终审判决，认定技术合作合同有效。2015 年，最高人民法院经过再审裁定了常州三维工业技术研究所有限公司的医药知识产权案件，此案以 10.1 亿元的诉讼金额，成为国内医药知识产权第一案，对医药行业知识产权保护具有很强的示范意义。医药行业是创新密集型行业，发明专利相对集中，与每个人都息息相关，对其创新成果的保护尤其重要。

一、医药产品知识产权的定义、种类及特征

（一）医药产品知识产权的定义

知识产权（intellectual property）是对包括著作权、专利权、商标权、发明权、发现权、商业秘密、商业标记、地理标记等科学技术成果权在内的一类民事权利的统称。概括地说，知识产权是指公民、法人和其他社会组织依照法律的规定，对其在科学、技术、文化、艺术领域从事智力活动而创造的智力成果所享有的专有权利。知识产权通常也称无形资产，与动产、不动产并称为人类财产的三大形态。

医药产品知识产权是指一切与医药行业有关的发明创造和智力劳动成果的财产权。

（二）医药产品知识产权的种类

目前医药产品知识产权的种类包括以下五类：

1. 专利和技术秘密 主要包括申请专利和不申请专利的医药新产品、新材料、新物质、新工艺、新配方、新用途、新的给药途径、新的加工处理方法和新动物药、新矿物药、新微生物药的生产方法。

2. 商标和商业秘密 主要包括医药企业已经注册的标志和已获准上市的药品及不为公众所知悉的由医药企业拥有的市场、服务、管理、研究开发、工程设计、财务分析与投资途径、技术转让、人员客户等网络方面必须取得保密措施的生产、经营和技术信息。

3. 涉及医药领域的计算机、数据库、网络系统等 主要包括医药企业组织人员利用数据挖掘、人工智能及网络技术建立的医药软件系统、医药数据库和医药信息沟通网络系统等。

4. 著作权 医药企业组织人员创作或提供资金、资料等创作条件或承担责任的有关专著、文献、百科全书、论文、档案、资料、产品说明书等作品的著作权。

5. 技术产品信息 与其他单位合作中涉及药品研究开发、市场营销、技术转让投资等与经营管理有关的技术产品信息等。

（三）医药产品知识产权的特征

医药产品知识产权和其他知识产权一样具有以下几个特征：

1. 法定性 知识产权是法律授予的一种权利，必须严格依法申请、审批和生产，才能够依法得到保护。

2. 专有性 即独占性或垄断性。除权利人同意或法律规定外，权利人以外的任何人不得享有或使用该项权利。这表明权利人独占或垄断的专有权利受严格保护，不受他人侵犯。

3. 无形性 知识产权区别于其他有形财产权的最根本的特征在于其无形性。它是人们对无形的智力成果所拥有的权利，其贸易标的物只能是无形财产的使用权，而不是有形商

品的使用权和所有权。正是知识产权的这种无形性，使得对医药知识产权的保护、侵权认定比其他有形财产权更为复杂。

4. 可复制性 知识产权虽然是无形的，但是必然通过一定的有形物表现出来，比如书籍、论文、专利产品等，知识产权作为财产权的性质，就是通过利用其而生产和复制的产品、作品或其他物品体现出来的。因此，知识产权具有可复制性，由此体现其财产和价值，这是知识产权与一般科学理论的重要区别，也是知识产权极其容易被侵权的原因之一。

5. 时间和地域的有限性 知识产权作为一种专有权在时间和空间上的效力并不是无限的，受到时间和地域的限制。在法律规定的期限内，权利人享有法律保护，一旦超过法律规定的有效期限，权利则自行消灭，相关知识产品就成为整个社会的财富。在地域上，我国的知识产权的保护仅在我国境内，也是有限的，比如中药保护品种的行政保护。

二、医药产品知识产权的保护措施

目前我国对于医药产品知识产权保护主要为专利保护、商标保护与行政保护三种形式。

（一）专利保护

1. 医药产品专利类型 《中华人民共和国专利法》规定，专利包括发明、实用新型和外观设计三类。发明是指对产品、方法或改进所提出的前所未有的技术方案，包括产品发明和方法发明；实用新型指对产品的形状、构造或其结合所提出的适于实用的、新的技术方案；外观设计指对产品的形状、图案、色彩或其结合所做出的富有美感并适于工业上应用的新设计。根据以上规定医疗领域的专利主要包括：

（1）医药发明专利 医药发明专利主要有合成药及合成方法发明，药物制剂及制备工艺、配方发明，生化药及生物技术发明，天然药物及提取方法发明，医药器械、设备发明等。

（2）实用新型专利 实用新型专利主要有某些与功能有关的药物剂型、形状、结构的改变，如新的药物剂型，诊断用药的试剂盒与功能有关的形状、结构，某些药品的包装容器的形状、结构，某些医疗器械的新构造等。

（3）外观设计专利 外观设计专利主要是药品外观或包装容器外观等，包括药品及医疗器械的新造型或其与图案色彩的搭配与组合、新的盛放容器、富有美感和特色的说明书、包装盒等。

2. 授予医药专利权的条件 其中发明和实用新型应具备新颖性、创造性和实用性。这是与贸易有关的知识产权（TRIPS）协定中及各国专利法公认的授予专利权的必要条件。新颖性是指在申请日以前没有同样的发明或实用新型在国内外出版物上公开发表过，没有在国内外公开使用过或者以其他方式为公众所知，也没有同样的发明或者实用新型由他人向专利局提出过申请，并记载在申请日以后公布的专利申请文件中。

3. 医药产品专利的保护范围 与其他专利一样，医药发明或实用新型专利权的保护范围以其权利要求的内容为准，说明书及附图可用于解释权利要求；外观设计专利权的保护范围以表示在图片或者照片中的该外观设计专利产权为准。专利权包括人身权和财产权，人身权主要包括姓名权，指发明人或设计人享有在专利文件中写其姓名的权利；财产权主要为独占实施权、实施许可权、转让权和标示权。

4. 医药产品专利保护的期限 医药发明根据发明创造水平和科技发展的速度及技术的更替周期，对于不同的专利给予不同的保护期限。发明专利的保护期限为 20 年，实用新型和外观设计专利权的期限为 10 年，均自申请之日起计算。专利权只在法律规定的期限内有效，一旦保护期届满，该发明创造就进入公有领域。

（二）商标保护

商标权是知识产权的重要组成部分。由商标带来的"品牌"效应，使商标作为一种无形资产，成为企业的巨大财富。

知 识 链 接

商标和品牌

商标是一个法律术语，是指已获得专有权并受法律保护的一个品牌或品牌中的一部分。企业在政府有关主管部门注册登记以后，就享有使用某个品牌名称和品牌标志的专有权。这个品牌名称和品牌标志受到法律保护，其他任何企业都不得仿效使用。我国习惯上对一切品牌不论其注册与否都统称商标，而另有"注册商标"与"非注册商标"之分。用"®"或"注"明示为注册商标，受到法律保护，非注册商标则不受法律保护。

品牌是一个复合概念，主要由品牌名称、品牌标志和商标三个部分组成。品牌名称是指品牌中可以用语言称呼的部分，可以是词语、字母、数字或词组等的组合，如"胡庆余堂""三精""天士力""白云山陈李济"等都是品牌名称。品牌标志是指品牌中可以被识别的但又不能用语言称呼的部分，如符号、字体、图案、色彩等。

1. 商标的概念和特征 根据《中华人民共和国商标法》（简称《商标法》），商标是指由文字、图形或者其组合等构成，使用于商品或服务项目上，用以区别企业、事业单位或个体工商业者对其生产、制造、加工、拣选或经销的不同商品或服务的标记。商标具有显著性、独占性、竞争性和价值性的特征并依附于商品或服务而存在。除《商标法》规定的不得作为商标使用的标志外，《中华人民共和国药品管理法》规定已经作为药品通用名称的，该名称不得作为药品商标使用。

2. 商标权　在我国一切依法经过核准的自然人和法人或者其他组织都可以申请注册商标，外国人或者外国企业在中国也可以申请注册商标。一般情况下，未经注册的商标不受法律的保护，但是未经注册的驰名商标受《商标法》保护。商标权是商标注册人对其注册商标所享有的权利，即商标专用权。商标专用权的主要内容为商标注册人享有对商标的独占使用权、禁止权、转让权和许可权。

3. 商标权的保护　注册商标的专用权，以核准注册的商标和核定使用的商品为限。我国注册商标的有效期为 10 年，自核准注册之日算起。注册商标有效期届满仍需使用的，应当在期满前 6 个月内申请续展注册，每次续展注册的有效期为 10 年，因此，商标可通过续展注册得到永久保护。属于商标侵权的行为有：

（1）未经商标注册人的许可，在同一种商品或者类似商品上使用与其注册商标相同或者近似的商标。

（2）销售侵犯注册商标专用权的商品。

（3）伪造、擅自制造他人注册商标标识或者销售伪造、擅自制造的注册商标标识。

（4）未经商标注册人的同意，更换其注册商标并将该更换商标的商品又投入市场。

（5）给他人的注册商标专用权造成其他损害。

（三）行政保护

我国对医药产品实行行政保护，现行的行政保护主要包括 2007 年的《药品注册管理办法》规定新药可设立不超过 5 年的监测期，处于监测期内的药品其他企业不得生产，实际上这是对于新药研发企业的一种类似于行政保护的方式。另外 1992 年颁布的《中药品种保护条例》，对质量、疗效确切的中药品种实行分级保护，是对中药品种实行的一种行政保护制度，这对拥有中药保护品种的中成药制药企业是一种行政保护，其中药保护品种是医药企业巨大的无形资产。与专利相比，中药品种保护具有审批速度快、保密性强的优点，但其只保护中药品种，不保护生产方法、专用器械等，而且不具有排他性。

三、医药产品知识产权保护的意义

医药产业是典型的知识技术密集型产业，是关系到每个国家人民健康幸福的支柱性产业，集中了大量的无形资产，因此，医药产品知识产权的保护对国家、对企业、对人民都有着十分重要的意义，具体体现在以下几个方面：

（一）有利于鼓励和促进医药产业的科技创新

新药的研发是一项高投入、高风险、高效益、周期长的复杂系统工程，需要进行新药的设计与筛选、临床前研究、临床研究、生产工艺优化、申报、审批及市场开发等大量的工作。发达国家成功研制一种创新药品，往往需历时 5~10 年，耗资 2 亿~3 亿美元或 3 亿美元以上。高额投入的回报是新产品所带来的巨大经济利益，但其前提必须是对新产品的有效保护，避免其他企业无偿仿制，造成市场和利润的损失。只有通过医药产品知识产权保护，才能保护研究开发者的积极性，保证医药科技创新的不断发展。

（二）有利于推动医药科技成果的转化

由于知识产权的无形性和可复制性等特点，医药科技创新必须及时转化为产品，才能创造财富和价值。发达国家往往将其药品销售额的 10%~15% 用于新药的研究与开发，其目的是获得新药研制产业化后的高额利润。医药产品知识产权保护制度的实施，可以从法律和行政等各方面促使高新技术转化为生产，有利于加强科研与生产管理，解决科研与生产相脱离的问题，从而推动医药科技成果的转化。

（三）有利于规范医药市场的竞争秩序

知识产权的竞争，尤其是专利知识产权的竞争已成为国际医药产业技术和市场竞争的重要手段。对于医药企业而言，拥有医药知识产权的医药产品，可以形成一定的技术壁垒和市场壁垒，因此，只有通过加强医药知识产权的保护，才能减少各种侵权行为，规范医药市场的竞争秩序。

（四）有利于促进医药产业的国际化发展

我国作为一个发展中大国，已经加入大多数主要的知识产权保护国际公约，知识产权保护的法律体系也基本完善并逐步地与国际接轨。良好的医药产品知识产权保护氛围可以吸引更多的国家和企业在我国进行医药开发的技术投资与科研合作，也有利于我国医药产品走向世界，尤其是中医药产品的对外出口与贸易。

复习思考

1. 简述新产品的概念。新产品有哪些类型？
2. 医药产品生命周期有哪些阶段？各个阶段的特点是什么？
3. 简述医药新产品开发的策略。
4. 简述新药的概念、类型和特点，以及我国药物研究的发展方向。
5. 简述我国医药知识产权保护的措施。
6. 简述医药知识产权的概念、种类和特点。

扫一扫，知答案

扫一扫，看课件

医药企业生产与运作管理

【学习目标】

1. 掌握医药企业生产与运作管理的主要系统和设施选址的两个层次及影响设施选址的因素；三种常见的生产管理方式和生产管理的主要目标。

2. 熟悉医药企业生产与运作管理的特点和生产管理中项目的来源项目目标设定内容。

3. 了解车间布局设计的要求、步骤和方法，设施选址的分析方法和厂区平面设计的原则；医药企业生产与运作管理的主要目标和相关基本概念；智能制造的主要特征表现。

项目一 医药企业生产与运作管理概述

案例导入

一家国内知名中药制药企业，20多年前从一个产品的配方研发开始，规划建设了第一个生产车间。凭借坚持不懈的精神和过硬的产品质量，打开了企业经营的新局面，从创业型经营逐渐向规范化管理经营过渡。为了保证品质，从源头抓起，建立药材种植基地。为了提高效率，从早期便引进精益生产理念，在当时的产业发展环境和行业背景下，企业的质量至上和精益生产的经营理念大大提升了企业的核心竞争力。随着品牌在市场上认可度越来越高，企业经营进入新的跨越式发展阶段，建设生产仓储物流一体化厂房，引进进口生产线，拓展产品线。同时提升现代化和国际化的企业发展战略，重构企业组织架构，优化集成研发、生产和营销的整合式产品开发流程，构建新型生产制造中心，通过不断成熟的医药企业生产与运作管理，使得企业在制药行业内处于领先水平，品牌的知名度和美誉度也不断提升。

一、医药企业生产与运作管理的概念

企业的生产与运作是一个"投入、转化、产出"的增值过程。即投入相应的资源如人力、物料、设备、技术、能源等，经过一系列的多种形式如物理、化学形式等的转化，使其投入的资源增值形成某种形式的产品或服务，满足社会特定需求。企业的生产与运作管理就是对企业生产与运作的过程进行计划、组织、领导、控制的管理。

医药企业的生产与运作管理，既符合一般企业生产与运作管理的基本特点，又具有医药行业特点。通过对特定的生产与运作活动的科学管理，生产出与预防和控制疾病相关的产品或服务。医药企业生产与运作管理的主要目标是满足企业的经济运行目标，同时提供符合法律要求的安全有效的产品。

医药企业的生产与运作是一个系统性的活动，包括四大主要系统。前期产品研发、工艺设计、厂房设计、组织结构设计等设计系统，是企业生产与运作的基本前提；产品加工、制造等生产系统，是产品转化增值的主要环节；原材料和产品的采购、贮存、运输等物流系统，保证产品增值过程的流动性；厂房设施、生产设备等维护系统，是保障生产与运作的基础条件。如某企业采购一批药材，在满足要求的厂房里面，通过既定的工艺方案，经过提取、浓缩、制粒、压片、包装，最终产出一瓶用于治疗冠心病的药品，通过物流配送到终端医院、药店，最终到患者手中，实现治病救人的目的，实现增值。从原材料采购到产品出厂的整个过程都需要企业系统性的运作管理，各个部门如物流、生产、设备、人力资源、财务等紧密配合，保证产品增值过程的质量管控和成本管控。

二、医药企业生产与运作管理的特点

医药企业提供的产品和服务都与健康息息相关，药品是一种特殊的商品，直接关系到使用者的身体健康和生命安全。因此，医药企业的生产与运作管理除具备一般企业生产与运作管理的特点外，还具有符合医药产品相关法律法规要求、质量要求、原材料要求、厂房设施要求及生产工艺复杂等行业特征。

1. 接受行业法律法规的严格监管　医药行业产品与国民健康密切相关，一直以来都处于国家的严格监管之下。所以医药企业的生产与运作管理，在符合企业经营的一般法规要求的前提下，必须同时符合以《中华人民共和国药品管理法》为主的系列法律法规的要求。生产与运作过程中的产品研发、厂房设施、生产检验、仓储运输等过程都必须接受法规的监管。

2. 质量管理是生产和运作管理的核心目标　医药企业产品质量是企业核心竞争力之一，如何保证和提高产品质量，是企业生产和运作管理的主要任务。从原材料的选购到产品出厂销售，整个产业链都是药品质量管理的目标点。任何一个环节出现问题，都会对产品质量产生影响，进而影响使用者的用药安全。医药企业应建立涵盖生产和运作各个环节的质量体系，监督和指导各个环节工作，保障产品质量。

3. 原材料品种多、数量大、质控要求严格 医药企业相关产品类型众多，如中成药、中药饮片、化学药、原料药、生物制品、抗生素、生化制品、诊断药品等，这些类型的产品涉及的原料和辅料种类众多。原材料的类型来源范围广，涉及植物、动物、无机物、有机物等，与这些原材料配套的质量标准和控制要求也相对复杂和严格。

4. 生产与运作管理延伸到上游原料生产 药品作为特殊商品，原材料是其质量保障的关键因素，为了保证原料的质量并掌握原料的供应，企业会将自己的管理向上游延伸，一是将企业的管理体系用于供应商管理，帮助供应商提升品质，降低成本；二是与上游企业建立战略联盟；三是建立自己的原料基地如中药材种植基地，从源头开始对自己的产品质量实施管控。这种全产业链一体化管控模式将被更多的企业所采用。

5. 对企业环境和人员卫生要求严格 《药品生产质量管理规范》（GMP）的主要目的之一是防止混淆和交叉污染，保证药品生产过程的安全。因此，对厂区环境、人员健康卫生、生产设备和环境清洁方法、生产操作规程、产品换型方法等都有严格的规定，并作为企业取得生产许可证的重要审核条件。因此，企业在进行生产与运作管理时，会专门针对相关环节的卫生清洁要求制订方案。

6. 医药生产设备机械化、自动化发展的需求高 设备是生产制造能够规模化的主要支撑因素。基于药品质量均一、稳定的基本要求，制药设备的密闭性、连续性、易清洁性已经成为企业设备配置的基本条件，自动化生产线成为企业新生产线的首选。国内中药制药企业，早已改变了以前作坊式的生产模式，实现了标准化自动化生产。同时信息化手段和数字化手段在制药设备生产线上也广泛应用，用于制造过程信息的传递和关键数据的采集，智能化的制药生产线开始出现。中药作为我国传统文化的一部分，其生产制造已从很久以前的手工作坊模式进入到全面现代化生产制造阶段，规模化的中药生产企业都已实现机械化、自动化生产，尤其是中药提取，已经形成了非常成熟的成套自动化集成装备模式。在国内现代中药领先企业的带动下，中药的生产制造已经开始从自动化向数字化、智能化模式迈进。

项目二 设施选址与设施规划

📚 **案例导入**

某家制药企业地处华北平原腹地，从事中成药的提取、制剂生产。由于企业所在城市扩张，按照城市规划企业现有生产区域已经位于城市主城区，且企业周边居民区林立，从生产运营和物流组织上给企业带来诸多不便。因此该企业考虑搬迁，在解决现有问题的基础上，从节能、环保、新设备、新能源、新工艺、新技术、安全监控等方面一步到位，使得企业综合实力提升的同时，确保企业可持续发展。

经对各方面因素分析测评后，厂址选择在该城市新建工业园区，占地400亩，南邻国家干道、东侧为高速铁路。周边无其他会产生环境污染的企业，新厂址对保护本厂环境、厂房洁净十分有利，适宜制药企业的发展建设。

根据该企业生产、运行特点，新建厂区涉及前处理车间、提取车间、制剂车间、成品库、原药材库、办公楼、餐厅、宿舍、锅炉房、维修车间、动力中心、污水处理、危险品库等建筑物和设施。

本着人流最短及物流最短捷的原则，将厂区主要人流出入口与主要物流出入口分开设置。人、物分流，避免交叉干扰，便于物料等的运进运出。厂区共设置三个出入口，人流入口、次要物流入口与地块东面的市政道路相接，主要物流入口与地块南面的市政道路相接，并且靠近库房区域，直接进入货运广场，便于货物运输。

根据工艺特点和最大土地使用效率原则，厂区采用多层厂房，面向主路的方向建筑物依次增高，并设置园艺、景观，体现企业经营理念并衬托出厂区整体的环境效果。

该企业一期项目建成后，将达到年产饮片300吨、提取原料药3500吨、中成药1万吨的生产能力，可实现年销售收入25亿元、利税5亿元。

一、厂区选址

医药产品生产企业应有与其生产品种和规模相适应的足够面积和空间的厂房、辅助区域和设施。厂房与设施是医药产品生产企业实施GMP的基础，也是开办医药产品生产企业的一个先决的条件，可以说是硬件中的关键部分。

厂房设施具有选址、建设后难以转移，设施所在地的区域、位置决定了企业生产运营费用、产品和服务质量等问题，因此设施选址尤为重要。设施选址是拟建工程项目所必须具备的条件，结合医药工业的特点，进行调查和勘测，并通过多方案比较，提出推荐方案，经主管部门批准后，即可确定厂址的具体位置。

设施选址是工程项目进行设计的前提，是基础建设前期工作的重要环节。设施选址涉及许多部门，是一项政策性和科学性很强的综合性工作。在设施选址时，必须采取科学慎重的态度，做好调查研究，确定适宜的厂址。设施选址是否合理，不仅关系到工程项目的建设速度、投资和质量，还关系到项目建成后的经济、社会和环境效益，并且对国家和地区的工业布局和城市规划也有着深远的影响。

（一）设施选址的不同层次

对一个企业来说，设施选址是工程项目开始的第一步，是企业发展和扩大的首要条件。设施建成后对生产经营费用、产品质量和成本都有重大而长远的影响。一旦选择不当，其所带来的不良后果是无法通过建成后的加强和完善管理等措施弥补的。因此，在进行设施选址时，必须充分考虑多方面因素的影响。随着经济的飞速发展，城市规模的不断扩大，很多企业面临搬迁问题，不同的选址区域、位置还会影响到原有企业职工的生活和工作的积极性，因此，设施选址是很多企业都面临的现代企业生产运作管理中的一个重要问题。

《药品生产质量管理规范（2010 年修订版）》第三十八条规定：厂房的选址、设计、布局、建造、改造和维护必须符合药品生产要求，应当能够最大限度地避免污染、交叉污染、混淆和差错，便于清洁、操作和维护。第三十九条规定：应当根据厂房及生产防护措施综合考虑选址，厂房所处的环境应当能够最大限度地降低物料或产品遭受污染的风险。对设施选址提出了针对物料和产品的要求，其要求包括两个层次的概念，设施区位选择和设施位置确定。区位选择，即选择什么地区（区域）设置设施。位置确定，即完成区位选择后，在该区位内选择具体的位置设置设施。

（二）影响设施选址的因素

影响设施选址的因素有安全因素、经济因素、政治因素和社会因素等诸多方面。设施选址时必须仔细权衡所列出的各种因素，通过分析筛选出与设施选址紧密相关的因素，那些与设施选址关系不大的因素要及时筛除，以便在决策时分清主次，抓住关键。需要注意的是不同类型的企业、企业的不同时期，同一影响因素会有不同的影响作用，需要根据特定时间和条件调整各种因素的权重。

1. 安全因素　医药企业生产制造与人民生命息息相关的产品，因此医药企业的产品安全成为企业发展的重要因素。综合分析安全因素，涉及政治、环境、生产过程等多个方面。在设施选址阶段，除政治因素外，主要考虑环境因素。环境因素涉及外界环境对设施选址的影响和设施选址对环境的影响两个方面。环境因素对设施选址的影响：设施选址时需要根据产品类型、生产特点等因素综合考虑选址区域，以满足安全生产的需要。①设施选址区域的自然条件对选址的影响，应当考虑选址区域是否存在地震频发、山体滑坡、泥石流、火山等风险；气候条件的影响，应当考虑选址区域是否存在沙尘频发、龙卷风、酷热或严寒等风险。②设施选址位置的周边环境对选址的影响，应当考虑选址位置周边（特别是上风位置）是否存在影响产品安全风险的高粉尘、高污染企业。设施选址对环境因素的影响：设施选址时需要根据产品类型、生产特点、三废处理方式等因素综合环境保护要求，考虑设施选址对环境、生态的影响。例如，根据《大气污染综合排放标准》（GB16297–1996）要求"一类区域禁止新建、扩建污染源"。设施选址位置对周边环境情况的影响，应当考虑设施选址的周边，特别是下风口位置是否有集中的居民生活区域。

2. 经济因素　经济因素包括一次性投入经济因素和企业运营经济因素两个方面。一次性投入决定了设施建设的投入成本；企业运营决定了设施建成后企业生产产品的直接成本。一次性投入经济因素包括土地费用、建设费用等设施建设期间所发生的直接费用。企业运营经济因素包括运输条件、运输费用、劳动力可获性与费用、能源可获性与能源使用费用、产品销售条件等诸多方面因素。

3. 政治因素　政治因素及其运行状况是企业运营环境中的重要组成部分，政治因素不但给企业运营带来显著影响，其他因素也都会因为政治因素的不同而对企业产生不同的影响。政治因素包括选址所在地政治局面是否稳定、法制体系是否健全、税收是否公平、是否对企业运营提供相应优惠政策等。对于境外设施选址，政治局面是否稳定是一项重要的安全因素，直接决定企业能否正常运营和持续发展。

4. 社会因素　社会因素包括居民生活环境、文化教育水平、宗教信仰、收入水平。设施选址区域居民的接受程度、宗教信仰、建厂地方的生活条件和水平决定了企业对职工的吸引力，以及能否提供保障企业正常运营的人力和人才水平。

（三）设施选址的方法

设施选址是指选择一个新的设施地点，新建成的设施具有两种运营方式：一种是独立运营不受企业现有设施网络的影响；另一种是属于现有设施网络中的一个组成部分。设施选址可以分成以下几种方法：

1. 负荷距离法　其目标是在若干个候选方案中，选定一个目标方案，选定方案可以使货物、人等移动的距离最小。

2. 因素评分法　因素评分法是设施选址方法中使用最广泛的一种，因为它以简单易懂的模式将各种不同因素综合起来。因素评分法由于确定权数和等级得分完全靠人的主观判断，因此判断误差会影响评分数值，导致最后影响决策。

3. 盈亏分析法　盈亏分析法或称为生产成本比较分析法。这种方法基于可供选择的各个方案均能满足设施选址的基本要求，但各方案的投资额度不同，投产以后原材料、燃料、动力等变动成本不同的假设前提下。这时，可利用损益平衡分析法的原理，以投产后生产成本的高低作为比较的标准。

4. 选址度量法　这是一种既考虑定量因素，又考虑定性因素的方法。通过分析影响设施选址的各种因素，并在诸多因素中明确重要因素，将不符合重要因素的方案筛除。

5. 重心法 这是一种利用物理重心原理完成设施选址的方法，这种方法主要考虑现有设施之间的距离和要运输的货物量。

在设施选址的过程中需要根据企业性质和运营模型，综合考虑各方面因素，选择适合企业发展的合理选址区域和位置。

二、厂区平面设计

厂区平面设计是在主管部门批准的既定厂址和工业企业总体规划的基础上，在《建筑防火设计规范》（GB 50016-2014）和《医药工业总图运输设计规范》（GB 51047-2014）法规指导下，按照生产工艺流程及安全、运输等要求，经济合理地确定厂区内所有建筑物、构筑物、道路、运输、工程管线等设施相互之间的平面及立面关系。

（一）厂区平面设计的意义

"医药产品质量是设计和生产出来的"，这是人们在进行医药产品生产实践中总结出来的客观规律。医药企业实施 GMP 是一项系统工程，涉及设计、施工、管理、监督等方面，对其中的每一个环节，都有法律、法规的要求和约束，必须按律而行，而工程设计作为实施 GMP 的第一步，其重要地位和作用不容忽视。设计是一项涉及科学、技术、经济和国家方针政策等多方面因素的综合性的应用技术，是医药产品生产形成的前期工作，因此需要进行细致的论证确认。医药企业通过调研、考察选择经验丰富的医药工程设计单位，并在设计过程中集思广益，把重点放在设计方案的优化、技术先进性的确定、主要设备的选择上。

厂区平面设计是工程设计的一个重要组成部分，其方案是否合理直接关系到工程设计的质量和建设投资的效果。总平面布局的科学性、规范性、经济合理性，对于工程施工、后续产品质量和企业的经营效益有很大影响。厂区平面设计应该把握住"合理、先进、经济"的原则，有效地防止污染和交叉污染，采用先进的技术，节省投资费用，降低生产成本。

（二）厂区划分

厂区划分就是根据生产、管理和生活的需要，结合生产、安全、卫生、管网运输和绿化的特点，将全厂的建筑物划分为若干个联系紧密且性质相近的单元，以便进行总体布置。

厂区划分根据功能性质不同，可分为生产系统、辅助生产系统、行政／生活设施等区域。

1. 生产系统 即生产车间，可以是多品种共用，也可以是某单一产品专用。生产车间通常由若干建筑物组成，是全厂的主体。

2.辅助生产系统 由若干建筑物组成，包括供水、供电、锅炉、冷冻、空气压缩等车间或设施，其作用是保证生产车间的顺利生产和全厂各部门的正常运转。

3.行政／生活区 由办公室、食堂、传达室、职工宿舍等建筑物组成。

（三）厂区设计原则

厂区建设本着安全、经济、合规的原则，统筹兼顾，合理布局，精心安排，力求厂区整体规划效果最优。

每个城市或区域都有一个总体发展规划，对该城市或区域的工业、农业、交通运输、服务业等进行总体布局和安排。城市或区域的总体发展规划，特别是工业区和交通运输规划，是企业建设重要的外部条件，因此，在进行厂区平面设计时，设计人员一定要使厂区平面设计与该地区的总体规划相适应。

1.安全和工艺原则 预防污染是厂区和厂房设计的重点。医药产品 GMP 的核心就是预防生产中药品的污染、交叉污染、混批、混杂。厂区平面设计原则就是依据药品 GMP 的规定合理规划建筑布局和生产场所。

厂区建设所在地的主导风向是重要的环境污染因素，根据工艺要求设置有洁净厂房的医药企业，厂址不宜选在多风沙地区，周围的环境应清洁，并远离灰尘、烟气、有毒和腐蚀性气体等污染源，在不能远离的情况下，洁净厂房必须布置在全年主导风向的上风处。部分医药企业的原料药生产过程会产生有害气体和粉尘，为了减小有害气体和粉尘对厂区，特别是洁净生产厂房的影响，原料药生产区域应布置在全年主导风向的下风侧。厂址地区的主导风向可参考当地气象部门提供的风玫瑰图。

建筑物的相对位置初步确定以后，就要进一步确定建筑物的间距。建筑物的间距确定要充分考虑防火、防爆、防振、防噪声等因素，确保安全运营。工艺布局按照"三协调"原则，人流物流、工艺流程、洁净级别三方面相协调。洁净厂房宜布置在厂区内环境清洁、人流物流不穿越或少穿越的地段；车间、仓库等建筑物尽可能按照生产工艺流程的顺序进行布置，人流和物流通道需要分开，尽量缩短物料的传送路线，避免与人流路线的交叉；应合理设计厂区内的运输系统，创造优良的运输条件和效益。

2.经济原则 合理布局，因地制宜，有效划分分期建设区域，提高土地使用率，将大大节省建设投资，并提高土地资源单位产出价值。医药企业运营是各部分有机配合的一个过程，根据生产工序不同将紧密联系的各生产工序尽量靠近，减少工序间运输距离，不但节省生产时间，还会大大降低企业运营的运行成本。

3.美观和环保原则 厂区建筑群立面与城镇的建筑群保持协调。厂区内各系统要符合环保要求，要有"三废"处理场所和措施。

总的来说，医药企业必须有整洁的生产环境，物品运输过程中不应对药品生产造成污染；厂房设计要求合理；还应考虑到生产扩大的拓展可能性和变换产品的机动灵活性。总之要做到环境无污染，厂区整洁，区间合理，留有发展余地。

（四）厂区设计注意事项

针对具体品种的特殊性，在总体布局上严格划分区域，特别是一些特殊品种。在厂区平面设计时，除了遵循上述原则外，还应注意以下问题：

1. 生产 β-内酰胺结构类药品的厂房与其他厂房严格分开，生产青霉素类药品的厂房不得与生产其他药品的厂房安排在同一建筑物内，避孕药品、激素类、抗肿瘤类化学药品的生产也应使用专用设备。厂房应装有防尘、捕尘设施，空调系统的排气应经净化处理。生产用菌毒种与非生产用菌毒种、生产用细胞与非生产用细胞、强毒与弱毒、死毒与活毒、脱毒前与脱毒后的制品和活疫苗、人血液制品、预防制品等的加工或灌装不得同时在同一厂房内进行，其贮存要严格分开。

2. 药材的前处理、提取、浓缩及动物脏器、组织的洗涤或处理等生产操作，不得与其制剂生产使用同一厂房。

3. 实验动物房与其他区域严格分开。

4. 生产区应有足够的平面和空间，并且要考虑与邻近操作的适合程度与通信联络。有足够的地方合理安放设备和材料，有条理地进行工作，防止不同产品的中间体之间发生混淆，防止由其他产品或其他物质带来的交叉污染，并防止遗漏任何生产或控制事故的发生。除了生产工艺所需房间外，还要合理考虑辅助房间的面积，以免出现错误。

5. 根据工艺流程，在仓库与车间之间设置输送原辅料和成品的进出口，进出口应分开设置，且运输距离最短。

6. 物料的贮存应设置保证温度、湿度和洁净度控制的设施。物料应分区存放，原辅料、半成品和成品及包装材料的贮存区应明显，待验品、合格和不合格品应有足够的面积存放，并严格分开。

（五）厂区平面设计的内容和确定方法

厂区平面设计的内容众多，涉及的知识面广泛，影响因素多，矛盾也错综复杂。因此在进行厂区平面设计时，设计人员要听取和集中各方面的意见，充分掌握厂址的自然条件、生产工艺特点、运输形式、安全和卫生指标、施工条件及外部规划等相关资料，按照厂区平面设计的原则和要求，对各种方案进行认真分析和比较，力求获得最佳设计效果。

工程项目的厂区总体平面设计包括以下内容：

1. **平面布置设计** 这是结合生产工艺流程特点和厂址的自然条件，合理规划厂址范围内的建筑物、构筑物、道路、管线、绿化等设施的平面位置。

2. **立面布置设计** 这是结合生产工艺流程特点和厂址的自然条件，合理规划厂址范围内的建筑物、构筑物、道路、管线、绿化等设施的立面位置。

3. 运输设计 这是根据生产特点、运输要求和厂区内的人流、物流布局情况，合理规划和布置厂址范围内的交通运输路线和设施。

4. 管线布置设计 这是根据生产工艺流程及各类管线的特点，确定各类物流、电气、采暖、通风等管线的平面和立面位置。

5. 绿化设计 这需要在厂区平面设计时统一规划。绿化设计主要包括绿化方式选择、绿化区平面布置设计等。

通过综合厂区平面设计内容，会形成多个设计方案，通过对满足生产工艺要求程度、物资流动和搬动效率、土地利用率、建设投资及生产运营费用、改扩建难易度、环保处理符合度等方面进行综合评价，从中选出一个最佳方案以供实施。

（六）厂区平面设计布置

在厂区平面设计上应根据实际使用要求，选择适合各系统的比例关系，既不能为了美观造成土地资源浪费，也不能不满足实际生产运行需要。应根据《建筑设计防火规范》（GB 50016–2014）的要求合理地确定建筑物之间的防火间距和耐火等级，不同的生产类别及建筑物有不同耐火等级。对厂区进行区域划分和建筑物规划后，可根据各区域的建筑物组成和性质特点进行厂区平面布置。

厂区平面布局可以根据企业运行性质，采用生产活动相关图法和物流流向图法。生产活动相关图法是以生产活动为中心，根据生产工序或建筑物不同，根据生产活动紧密程度进行分值评定，为厂区平面布局提供依据的方法。物流流向图法是根据生产过程中原材料、中间品、成品等物资在生产过程中的流动方向和搬运量来为厂区平面布局提供依据的方法，此方法力求做到物料搬运、转移量最小，适用于生产过程中有大量物料搬运、转移的生产模式。

三、车间布局

（一）车间布局的重要性和目的

车间布局设计的目的是对车间的配置和设备的排列做出合理的布局，使车间内的人、物料和设备在平面和空间上实现最合理的组合，以降低劳动成本，增加可用空间，提高生产效率，提升材料利用率，促进生产发展。

（二）车间布局设计的特点

医药工业包括原料药和制剂生产两部分。由于医药产品是一种防治人类疾病、增强体质的特殊商品，必须保证产品的质量。所以，原料药和制剂的生产工序必须符合《药品生产质量管理规范（2010 年修订版）》的要求，这是药品生产的特殊性。

（三）车间组成

根据生产规模和生产特点，车间组成形式有集中式和单体式。一个功能完整的车间一般由生产部分（一般生产区及洁净区）、辅助生产部分和行政/生活部分组成。

（四）车间布局设计的内容和步骤

车间布局设计的内容：① 确定车间的火灾危险类别、爆炸等级和车间生产洁净级别要求；② 确定车间、构筑物和露天场所的形状和主要尺寸，并对车间的生产、辅助和行政生活区域位置进行布置；③ 根据厂区平面设计中的人物流方向，确定车间与外部人物流的衔接方式；④ 根据工艺流程或物流流向确定工艺设备的空间位置。车间布局设计分成两个阶段进行，初步设计阶段和施工图设计阶段。

（五）车间的总体布局

车间布局设计既要考虑车间内部的生产、生产辅助、行政/生活的相互关系，又要考虑车间与厂区水、电、气、暖供应和管理部分的呼应，使之成为一个有机整体。

1. 车间形式　车间的组成形式除去集中式或单体式外，从竖向布局上还可以分为单层、双层、多层或不同层数结合的形式。

2. 车间平面布局　进行车间平面布局时，必须依据国家的各项法规，结合工艺要求，做到工艺流程合理、布局紧凑，满足医药产品生产的要求。车间平面布局的原则可归纳如下：

（1）厂房中人流、物流的出入通道必须分别设置，在多层建筑物中，人流电梯和物流电梯要分开设置。

（2）原辅料和成品的出入通道分开设置，污染物和废弃物可设置专用出口。

（3）厂房内的物料传递路线要短，布局要顺应工艺流程，减少物料运送过程中迂回、折返。

（4）原辅料、半成品存放区与生产区的距离尽量缩短，以减少运输工作量。

（5）原辅料、半成品、产品的存储区域面积与生产规模相适应。

（6）洁净房间的洁净级别要求与生产产品的洁净级别相适应。

3. 辅助生产系统和行政/生活系统的布置　辅助生产系统：车间里除了各生产工段外，还有空调机房、配电室等辅助系统，对这些辅助系统房间需做出合理的安排，在不影响生产系统的情况下靠近使用区域。行政/生活系统房间：根据生产特点和总体布置，可采用单独式、毗连式或插入式。

（六）车间的设备布置

医药产品生产车间设备布置的基本要求可以归纳为如下几个方面：

1. 满足 GMP 的要求　设备的设计、选型、安装应符合生产要求，易于清洗、消毒或灭菌。便于生产操作和维修、保养，并能防止差错或减少污染。与药品直接接触的设备表面应光洁、平整、易清洗或消毒及耐腐蚀，不与药品发生化学反应或吸附结晶。设备所用的润滑剂、冷却剂等不得对药品或容器造成污染。与设备连接的主要固定管道应标明管内物料名称、流向。

2. 满足工艺要求 满足生产工艺要求是设备布置的基本原则，根据生产工艺，对相同或相似设备集中布置，并考虑相互调换使用的可能性。尽可能利用重力作用使物料自动、密闭输送，避免中间体和产品有交叉往返的现象。

3. 满足建筑要求 在可能的情况下，将可以露天化的设备尽量布置在厂房外面。重量较大且产生震动的设备尽可能布置在厂房的一层。设备穿越楼层时必须避开主梁。

4. 满足安装和检修要求 设备布置时，必须考虑设备的安装、检修、拆卸的可能性及方法，并预留相应安装、检修孔洞和空间。

5. 满足安全和卫生要求 对于高温、有毒、有害、易燃、易爆气体区域或工序，采取加强自然对流及机械通风的措施来消除潜在的风险。对于接触腐蚀性介质的设备，其附近的墙、柱等建筑物，也必须采取防护措施。

（七）车间平面布置设计

车间平面布置设计需要根据具体项目的实际特点和用户的具体要求开展，图 6-1~图 6-3 所示为某药厂制剂中试车间设计内容。制剂中试车间占地面积为 $2010m^2$，单层建筑局部二层。制剂中试车间包括辅助生产区、生产区、周转库房、变电站和办公区域。生产剂型：颗粒剂、片剂、胶囊剂，其中以颗粒剂为主要产品。颗粒剂包装规格为 4 克/袋，年产量 400 万袋，年单班生产 250 天。

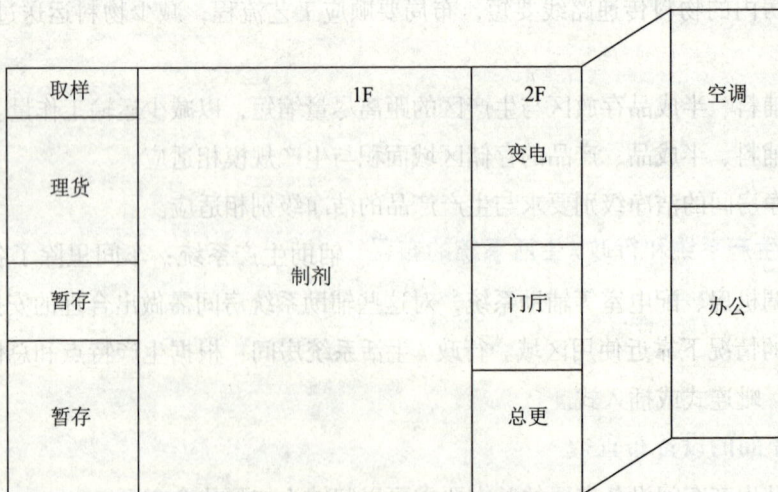

图 6-1 制剂中试车间布置逻辑关系示意图

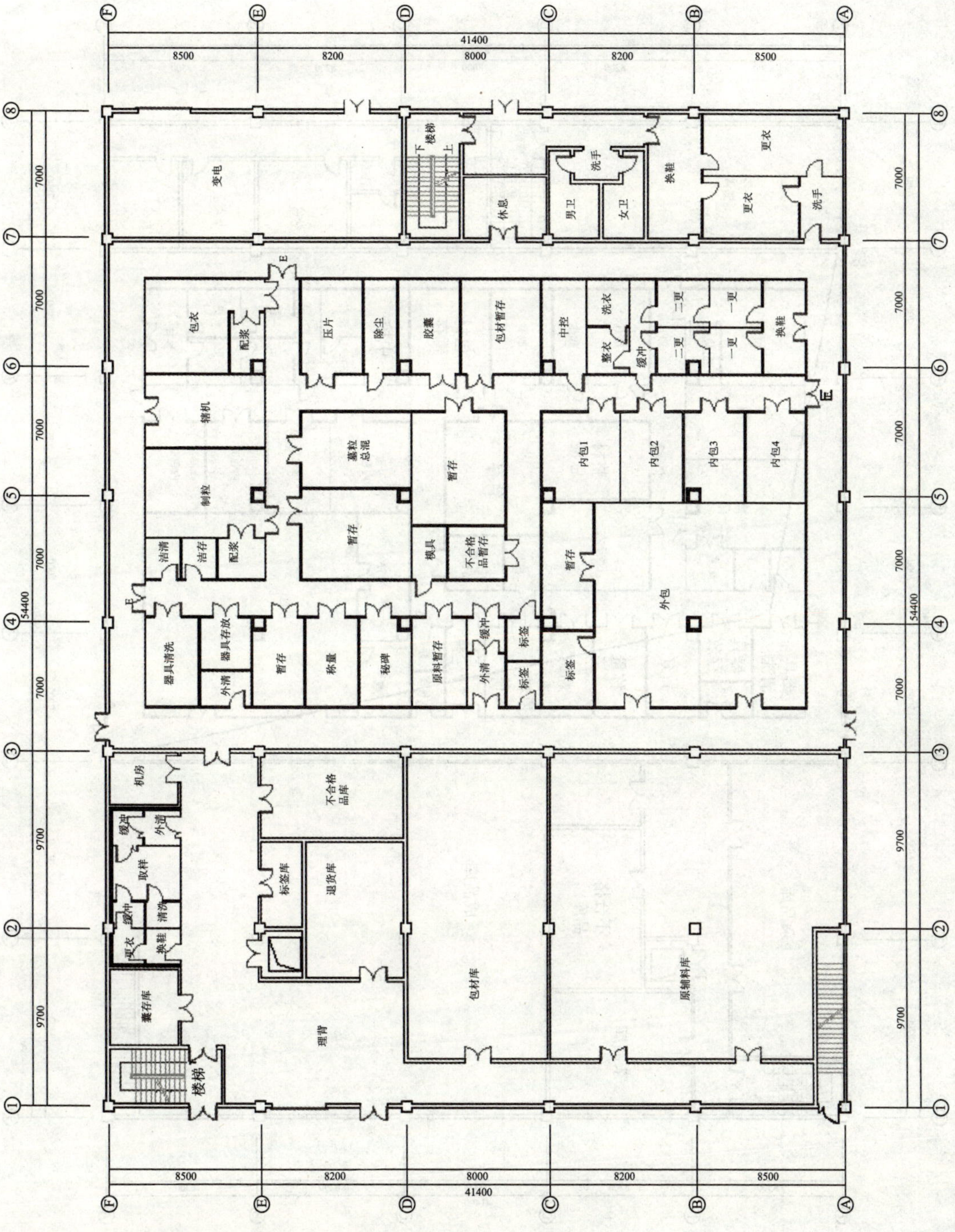

图 6-2　制剂中试车间一层平面图

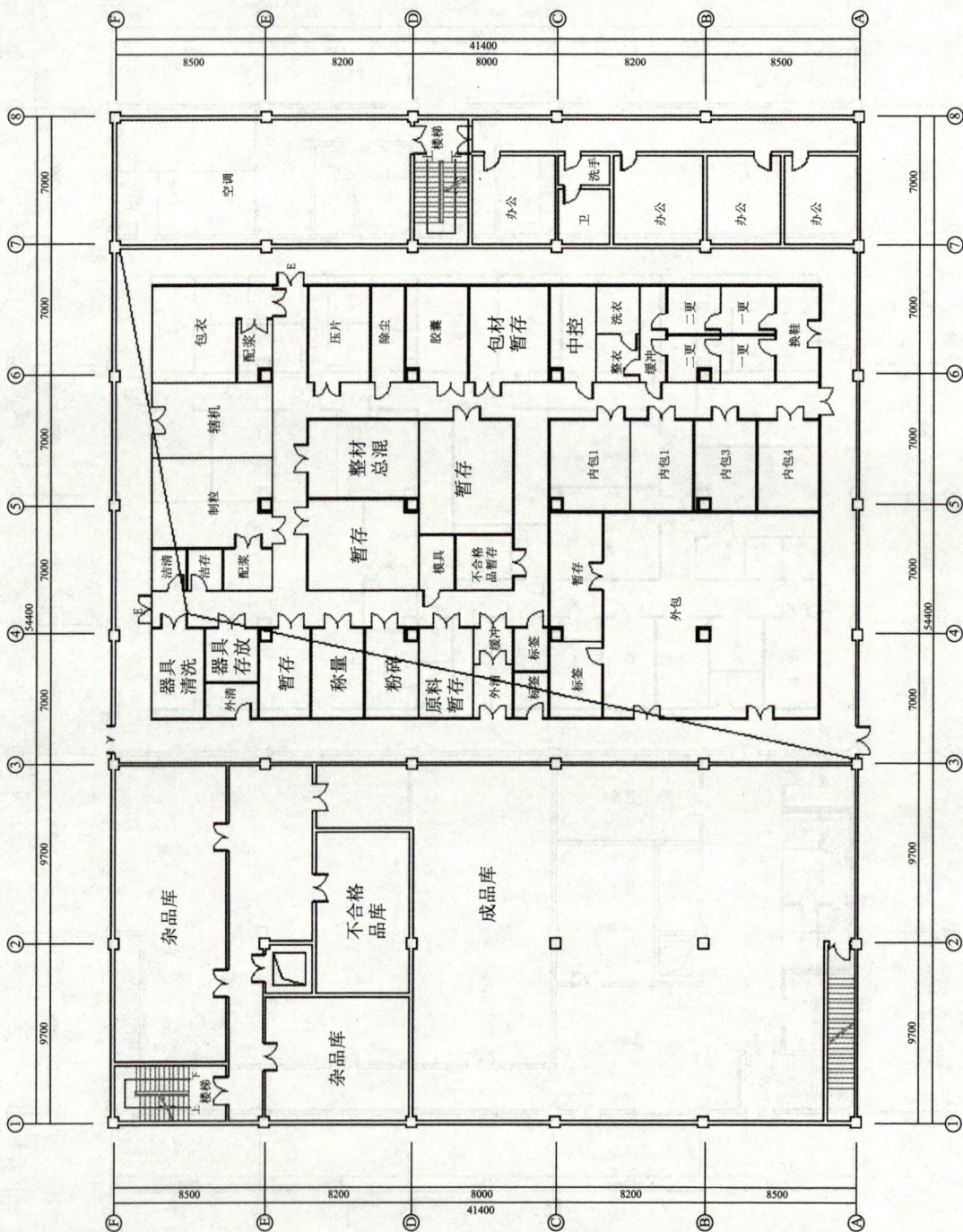

图 6-3   制剂中试车间二层平面图

知 识 链 接

医药工程设计常用规范和标准

工程设计必须执行一定的规范和标准，才能保证设计质量。标准主要指企业的产品，规范侧重于设计所要遵守的规程。标准和规范是不可分割的。

按指令性质可将标准和规范分为强制性与推荐性两类。强制性标准是法律、行政法规规定强制执行的标准，是保障人体健康、安全的标准；而推荐性标准则不具强制性，任何单位均有权决定是否采用，如违反这些标准并不负担经济或法律方面的责任。按发布单位又可将规范和标准分为国家标准、行业标准、地方标准和企业标准。以下为医药企业设计中常用的有关规范和标准：

《药品生产质量管理规范》（2010 年修订版）

《药品生产质量管理规范实施指南》（2011 年版）

《医药工业总图运输设计规范》（GB 51047-2014）

《医药工业洁净厂房设计规范》（GB 50547-2008）

《医药工业仓储工程设计规范》（GB 51073-2014）

《建筑设计防火规范》（GB 50016-2014）

《建筑内部装修设计防火规范》（GB 50222-2015）

《爆炸和火灾危险环境电力装置设计规范》（GB 50058-2014）

《工业企业设计卫生标准》（GBZl-2010）

《国家污水综合排放标准》（GB 18918-2002）

《工业企业厂界噪声标准》（GB 12348-2008）

《工业企业噪声控制设计规范》（GB 50087-2012）

《钢制压力容器》（GB 150-1998）

《建筑采光设计标准》（GB 50033-2013）

《建筑照明设计标准》（GB 50034-2015）

《化工装置设备布置设计规范》（HG T20546-2009）

《化工装置管道布置设计规范》（HG T20549-1998）

《建设项目环境保护管理条例》（2017 年修订）

《环境空气质量标准》（GB3095-2012）

《工业"三废"排放执行标准》（GBJ4-73）

《建筑灭火器配置设计规范》（GB 50140-2005）

《建筑防雷设计规范》（CB500572010）

《火灾自动报警系统设计规范》（GB50116-2013）

《自动喷水灭火设计规范》（GB 50084-2005）

《民用建筑设计通则规范》（GB 50325-2005）

《建筑给排水设计规范》（GB 50015-2010）

《自动化仪表选型设计规定》（HGT 20507-2014）

项目三　生产组织与管理

案例导入

　　无论是在医院还是在药店，我们对各式各样的药品一定不陌生。这些药品都是从许许多多的制药厂生产出来的，但大家是否知道，制药厂是怎样生产出来种类那么多、疗效又那么好的药品呢？药品生产和食品、电子产品、生活用品的生产一样，都是将各种各样的原料、辅料、包装材料，通过各种设备，由经验丰富的技术工程师和生产操作人员按照一定的生产工艺生产出来的。并通过严格的检验，合格放行之后进入到医院或者药店。

　　在药品生产过程中，就涉及了生产的组织、人的管理、技术的管理、各种工作事务实施开展和协调管理。随着科技的飞跃发展，尤其是网络技术和设备自动化技术的成功运用，药品生产也逐步从传统的机械化生产迈向了工业化信息化时代，并向着智能制造的宏伟目标前进。

一、生产组织

　　生产组织是指为了确保生产的顺利进行所进行的各种人力资源、设备设施、生产材料、数据信息等必要生产资源的配置。

　　从定义中我们了解到，生产组织的对象也是生产管理对象。在药品生产过程中，生产管理的对象是各种生产必备要素，它包括人力资源、设备设施、生产材料、数据信息、文件制度、生产环境，也就是常说的人、机、料、法、环。

（一）生产管理的主要目标

　　良好的生产组织能够保障生产管理目标顺利实现，药品生产管理的主要目标有如下几个方面：

1. 保障产品订单的顺利交付　其含义是在规定的工期内，按照消费者需求的质量和数量要求交付产品。

2. 规避生产过程的安全质量风险 其含义是在生产组织过程规避安全风险、质量风险。通俗地讲，就是在生产过程中，要保证不出现安全事故，不出现质量事故，为生产员工创造和谐、温馨、凝心聚力的生产环境。另外，近年来随着90后的大量就业，其人生观、价值观、世界观及心理承受能力存在明显的不同，故生产组织过程创造良好的班组氛围，规避团队中的员工关系风险显得越来越重要。实践中，新员工由于自我情商管理和合作沟通能力出现问题，进而出现的各种心理精神疾病给正常的生产组织带来了极大风险。

3. 完成成本指标 其含义是要通过各种改善手段保障原材料消耗、工时消耗、能源消耗控制在合理水平，确保产品有足够的成本竞争优势。精益生产的有效实施是实现成本降低的有效手段之一。

4. 改善生产现场秩序 其含义是通过生产组织创造整洁有序的生产现场环境，让参与生产的员工和管理者实现自身价值并持续提升自身价值。良好的生产秩序可以激发员工自觉工作、热爱工作的热情，同时因团队自律的不断提升直接关联到团队绩效。

（二）确保目标实现的重点组织活动

为保障生产管理目标的实现，在生产组织过程中着重开展的工作有如下三项：

1. 建立健全适合企业管理文化的生产管理机构 生产组织的管理机构包括部门行政管理、信息数据管理、生产车间管理、设备管理、技术管理等核心职能单元。健全的生产管理机构能够实施有效的生产组织，能够开展生产管理中的各项管理职能。包括根据市场订单制订生产计划；组织生产资源进行有序生产；实施安全管理，保证厂房、人员、设施的安全，避免火灾和人身伤害事故；制定落实生产过程中所需要的各种技术文件和管理文件；培训生产员工实施生产操作；管理生产过程中的各种数据信息；组织全体员工实施精益改善来提高产品品质、降低生产成本、培育人才。生产管理结构有很多种，比较常见的是职能型管理结构（图6-4）。

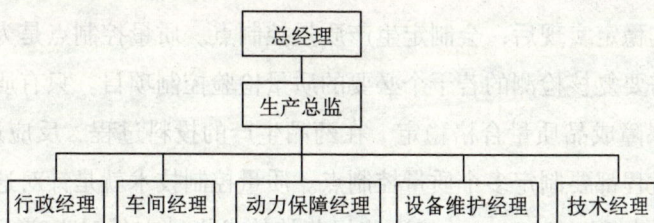

```
              ┌─────────┐
              │  总经理  │
              └─────────┘
                   │
              ┌─────────┐
              │ 生产总监 │
              └─────────┘
                   │
   ┌────────┬────────┼────────┬────────┐
┌──────┐┌──────┐┌──────────┐┌──────────┐┌──────┐
│行政经理││车间经理││动力保障经理││设备维护经理││技术经理│
└──────┘└──────┘└──────────┘└──────────┘└──────┘
```

图6-4 生产管理组织结构实例

2. 设定组织目标，界定单元职责，制定工作标准，规范工作流程 生产组织有了健全的管理机构，接下来便要为该管理机构制定组织目标。在实现组织目标的过程中，需要部门行政人员、车间管理人员、设备管理人员、技术管理人员等多个职能单元进行协同工作，为此需要界定各职能单元各工作岗位的工作职责、工作权利和个人绩效利益，并建立相应的管理制度。涉及具体的对内管理及对外协调的各项工作中，要制定具体的工作标准和实施流程，便于各项工作的稳定高效运行。

3. 优化生产组织体系，提高工作标准　随着生产复杂度的日益提升，生产组织中面临的矛盾越来越多。伴随着市场竞争的日趋激烈，对生产成本、效率和质量的要求不断提高。为此，生产组织必须不断优化自身管理体系，不断提高工作标准，使整个生产组织体系高效精益，让全体员工树立改进意识和经营意识，能够在满足消费者核心价值需求的前提下制造质量精、成本低、工期短、安全可靠的产品。

二、生产过程的技术管理

生产过程的技术包括三个主要方面，分别是工艺实现技术、质量控制技术和设备操作维护技术。生产过程的技术管理的目标是让生产人员熟练掌握生产技术，并将生产技术形成可有效指导操作的规范文件得以传承和保留。

（一）工艺实现技术管理

药品生产是按照批准的生产工艺开展的，药品生产工艺在正式生产之前经过了小试、中试和初步试生产的过程。在正式生产过程中，药品生产工艺所面临的物料、设备、动力介质与试生产阶段相比都发生了很大变化。其中，物料种类多、产地来源广、质量标准有差异。生产设备更新换代快，在热交换均匀性、动力传输速度、物料转移精准性等方面都存在很大差异。生产过程所需要的温度、湿度、升降温效率等动力介质和实验室也明显不同。为此，需要在实际生产条件下，对工艺实现技术进行管理，即在新的物料、设备、动力环境下，研究探索可稳定实现工艺预期产出的技术条件。工艺实现技术管理涉及物料的预处理、投料速度和顺序、生产过程的化学物料变化精准控制、中间体工艺指标的重点控制、成品转化效率控制等。

（二）质量控制技术管理

药品生产工艺稳定实现后，会制定生产质量控制点。质量控制点是为保证产品质量可靠而在生产过程需要复核检测的若干个必要的质量检验控制项目。只有质量控制点得到有效的控制，才能保障成品质量合格稳定。在药品生产的投料过程、反应过程、制剂过程、包装过程和运输过程都要制定多个质量控制点。质量控制技术就是针对这些质量控制点制定详细的标准操作规程（SOP），并将这些规范的技术指导文件对生产人员进行培训，在生产过程中不断优化完善，保障质量控制点得到有效控制。

（三）设备操作维护技术管理

随着制造技术的飞速发展，药品生产已经从机械化走向自动化和信息化。在药品生产过程中，产品质量、效率、成本很大程度上依赖于设备技术水平，先进的自动化、信息化设备不仅可以提高生产效率、降低成本，而且在质量控制上也发挥着巨大作用。因此，设备操作维护技术管理显得非常重要。设备操作维护技术包括如下内容：①设备的点检润滑。②设备启动与停止。③设备部件的更换与调整。④设备参数的调整优化。⑤设备模具更换技术。⑥设备的计划性、周期性维护保养。⑦设备备件预防性更换。⑧设备故障的诊断和维修。

三、生产管理方式

（一）精益生产

精益生产（lean production，LP）是美国麻省理工学院教授在研究了以日本丰田汽车公司为代表的丰田生产方式（TPS）并针对美国大量生产方式过于臃肿的弊病而提出来的。精益生产是运用多种现代管理手段方法，以满足消费者核心价值需求为目标，通过全价值流的改善活动，充分发挥产品价值链中人的作用，力求以最小的投入获得最优的产品交付结果。

精益生产方式主张在生产过程中通过可视化管理建立透明工厂，彻底消除生产过程中的各种浪费，以最快的交付速度、更高的品质、更低的生产成本来制造产品。精益生产方式能够不断降低生产运营成本，追求零废品、最低库存，消除一切浪费。精益生产把只增加成本不创造价值的一切要素和活动定义为浪费，其中包括来自生产现场的七大浪费：等待的浪费、搬运的浪费、不良品的浪费、加工的浪费、动作的浪费、库存的浪费、加工过多（早）的浪费，还包括来自管理事务流程中的不增值浪费，以及对员工指挥的浪费等。近年来，很多药品生产企业成功推行精益生产，难能可贵的是，它们并不是一味地照搬套用，而是根据流程式生产的特殊性，创造了符合自身行业要求的精益生产推行方式。

药品生产企业推行精益生产往往以实施 5S 管理作为切入点。

1. 整理 摒弃无用的东西。无用品的累积会在狭小的生产空间形成压迫，视线也随之变差，使工作者无法立刻获得必需的零部件和工具，同时还要浪费保管的费用。整理就是根据实际生产现场的工作需求，将使用频率低或者根本无用的东西清理出现场，腾出宝贵空间，提升工作效率。

2. 整顿 实施目视化管理。所谓整顿，就是要做到很容易地获得所需的物品，并且很方便地还原物品。每个人对于"什么物品，在哪里，有多少"都有一目了然的认识，为此要实施目视化管理。目视化管理不仅可以很轻松地拿到我们需要的材料、工具、部件，而且可以轻松获取生产现场的信息。要求订单数据/订单完成进度一眼就看明白；工序出现的麻烦一眼就能看到；工序的需求马上能够传递。

3. 清扫 时刻保持车间的干净。全面清扫后的车间环境明亮整洁，会让外来客人产生"气氛良好可以信任"的印象，同时可以鼓舞员工的工作干劲。设备的清扫是认真保养的第一步，便于发现更多的细节问题。仓库、放置场地的清扫会促使对污染源的治理进而对物料进行良好保护。对眼睛看不到的场所进行清扫，会使水、油及其他相当于工厂静脉的循环部分变得相当通畅。

4. 清洁　安全性和质量的提高从清洁开始。清洁就是要维持整理、整顿、清扫这 3S 的成果。通过清洁，那些浪费的、不合理的、混乱的现象就会跃入我们的视野中。清洁的工作就是制定整理、整顿、清扫的工作标准和实施流程，让我们视野中的浪费和混乱从根源上消失。

5. 素养　形成行为自律、主动改善的精益文化。通过现场改善活动培养文明素养和良好的行为习惯，按规定行事，遵守规章制度。其目的是提升"人的品质"。

（二）敏捷制造

敏捷制造（agile manufacturing，AM）是由美国里海大学提出的一种新的制造模式。敏捷制造是指制造系统在满足低成本和高质量的同时，能够对多变的市场需求快速做出反应。

敏捷制造最基本的特点就是智能和快速。革新管理组织结构、柔性技术、有知识和技艺的员工是敏捷制造的三大基石。具有高度柔性的生产设备是创建敏捷制造的必要条件，表现在可改变的结构、可测量的模块化制造单元构成的可编程的柔性生产线。敏捷制造拥有一种高度集成的组织，信息不仅要在制造、工程、采购、物流、市场、研发、销售各部门之间高速流动，还要在供应商与敏捷制造企业之间连续流动。产品开发和制造过程中，相关各项工作是同时进行的。应用了先进的通讯技术将企业多个分散的部门集中联系在一起。

（三）智能制造

智能制造（intelligent manufacturing，IM）是一种由智能机器和人类专家共同组成的人机一体化智能系统，它在制造过程中能进行智能活动，诸如分析、推理、判断、构思和决策等。智能制造的综合特征为：

1. 小批量、个性化定制生产　智能制造不再是传统的大批量、规模化生产，而是接受消费者独特的个性化需求而量身定做"独一无二"的产品，这需要信息化系统、互联网技术、现代物流技术的高度发展才可以实现。

2. 自律能力　即搜集与理解环境信息和自身的信息，并进行分析判断和规划自身行为的能力。具有自律能力的设备称为"智能机器"，"智能机器"在一定程度上表现出独立性、自主性和个性，甚至相互间还能协调运作与竞争。

3. 人机一体化　智能制造系统不单纯是"人工智能"系统，而是人机一体化智能系统，是一种混合智能。基于人工智能的智能机器只能进行机械式的推理、预测、判断，它只能具有逻辑思维（专家系统），最多做到形象思维（神经网络），完全做不到灵感（顿悟）思维，只有人类专家才真正同时具备以上三种思维能力。人机一体化一方面突出人在制造系统中的核心地位，同时在智能机器的配合下，更好地发挥出人的潜能，使人机之间形成一种平等共事、相互"理解"、相互协作的关系，使两者在不同的层次上各显其能，相辅相成。在智能制造系统中，高素质、高智能的人将发挥更好的作用，机器智能和人的智能将真正地集成在一起，互相配合，相得益彰。

4. 自组织与超柔性　智能制造系统中的各组成单元能够依据工作任务的需要，自行组成一种最佳结构，其柔性不仅表现在运行方式上，还表现在结构形式上，所以称这种柔性为超柔性，如同一群人类专家组成的群体，具有生物特征。

5. 学习能力与自我维护能力　智能制造系统能够在实践中不断地充实知识库，具有自学习功能。同时，在运行过程中自行诊断故障，并具备对故障自行排除、自行维护的能力。这种特征使智能制造系统能够自我优化并适应各种复杂的环境。

四、项目管理

（一）项目的定义

项目是指一系列独特的、复杂的并相互关联的活动，这些活动有着一个明确的目标或目的，必须在特定的时间、预算、资源限定内，依据规范完成。美国项目管理协会的定义是：项目是为创造特定产品或服务的一项有时限的任务。德国标准化学会的定义是：项目是指在总体上符合如下条件的唯一性任务：具有预定的目标，具有时间、财务、人力和其他限制条件，具有专门的组织。

与项目相对应的工作是运作（或者称作运营），运作是重复性周期循环的工作，比如每天上班，每天做早餐，每周一次固定的体育锻炼等。而项目是阶段性的不重复性活动，有明确的工作范围，有清楚的时间工期、资金限制及目标是否达成的衡量标准。比如一次旅游活动、一次婚庆活动、一次家庭装修、一个技术攻关课题等。

（二）药品生产过程中的项目来源

在药品生产过程中，职能管理将生产运营的职责权利分散到各个职能部门中，当涉及跨部门合作的课题工作出现时，往往会消耗内部沟通成本。本部门的改善类工作和跨部门合作课题是药品生产过程中的项目来源。常见的项目性工作有：①新产品向生产车间的转化项目。②车间改扩建及产品产能提升项目。③产品质量控制标准提升项目。④生产管理控制体系优化项目。⑤产品生产周期缩短项目。⑥新设备、新工艺、新物料、新标准引入项目。⑦生产车间员工配置优化项目。⑧精益生产改善项目。⑨工业自动化、信息化系统建设项目

（三）项目管理的主要过程和技术

1. 明确项目目标　项目目标包括项目交付物及交付物的性能描述、项目的工期、项目费用。通俗的项目目标就是清楚划定项目范围，也就是需要在多长时间内，花费多少钱完

成哪些工作，这些工作合格交付的衡量标准是什么。

2. 制订项目计划 包括组建项目团队——项目经理根据项目工作需要择定项目成员，项目成员来自多个部门，在项目工作中，项目成员的工作绩效由项目经理负责考核；进行工作分解（WBS）——就是将项目工作进行详细分解；制定责任矩阵——每个细分的工作指定一个负责人；制作甘特图——项目甘特图详细地显示各个项目细分工作的工期和相互搭接关系，从项目甘特图中可以清楚看到项目完成的关键路径、项目工期；明确里程碑——项目里程碑就是明确在某些重要事件节点上需要完成的工作。

3. 项目过程管理 项目经理要具备专业的项目管理技能，能在项目管理过程中掌控项目进度，规避项目风险，通过管理沟通工作保障项目按照计划实施，重点保证项目里程碑任务完成。在项目目标受到干扰无法达成时，需要申请变更项目目标。

4. 项目结项验收 项目结项验收也称范围核实或移交（cutover）。它是核查项目计划规定范围内各项工作或活动是否已经全部完成，可交付成果是否令人满意，并将核查结果记录在验收文件中的一系列活动。

（四）企业项目化管理

在现代企业管理模式下，运营管理和项目管理有机结合、相互交织，发挥着各自的作用，药品的生产组织和管理不再只是日常运营的范畴。药品大都按批次来开展流程制造，这些基本的生产活动仍旧是典型的运营管理，但是越来越多的企业开始将项目管理结合到生产组织和管理之中，来提升效率、寻求改善，这种管理模式被称为企业项目化管理（enterprise projectifiation management，EPM）。

企业项目化管理理念是 2002 年由天士力管理团队首次创立，通过众多优秀企业的实践，被认为是当今及未来企业的必然选择。它的本质是把企业中的一次性任务按项目进行管理，其核心是把职能工作转化为项目。具体来讲就是把企业中临时性的，具有明确目标、预算和进度要求的复杂任务从原有的流程式工作中分离出来，组织跨部门的团队，按照项目的技术和方法进行管理，从而能够比传统的管理方式更好、更快地实现目标。

企业项目化管理的具体实践模式可以根据企业各自的特点有所不同，例如可以按照项目的复杂程度和管理范围将项目分为企业、部门和小组等不同级别；也可以按照项目性质分为保持、改善和创新等类别。简而言之，企业项目化管理就是企业为应对项目化发展趋势而必须采取的一种先进管理方式，用项目的形式实现企业组织的跨越式提升。

复习思考

1. 对比三种不同生产管理方式的特点和优缺点。

2. 企业项目化管理的本质和核心是什么?

3. 深入思考企业生产与运作的增值原理。

4. 通过网络等渠道了解有哪些制药企业建立了自己的原料种植基地及国内大型制药企业生产线数字化、智能化的应用情况。

5. 根据设施选址所需要考虑的各种因素,结合相关法律、法规要求思考新设药品生产企业时,设施选址的方法运用。例如:假设一家新创企业,主要从事生物药生产,采用先进的工艺、进口的设备。在新建设施选址时,有以下几个地区:江苏省苏州市、青海省西宁市、贵州省安顺市和黑龙江省鹤岗市可供选址,试问新建设施应当选择哪个区域比较合理,并论述理由。

6. 根据车间和设备的布局原则和方法,试对中药提取车间、化学合成车间、口服固体制剂车间、冻干粉针车间、常温综合库房(包括原辅料、产品等)进行车间布局和设备布置设计。

扫一扫,知答案

扫一扫，看课件

模块七

医药企业质量管理

【学习目标】

1. 掌握药品质量、药品质量管理、药品质量管理体系的相关概念。

2. 熟悉现代医药企业质量管理的相关制度和方法；质量管理和全面质量管理的概念及内涵。

3. 了解质量管理的发展历史。

项目一　质量管理概述

案例导入

药品质量管理的必要性

自从药物诞生，由药品质量缺陷导致的药害事件也随之而来。

如 20 世纪末的"拜斯亭"事件。拜斯亭于 1997 年上市，1999 年进入中国市场，研发公司为德国拜耳，此药可降低胆固醇，服用该药的患者在全世界超过 600 万。至 2001 年，全球各地不断报道出单独使用拜斯亭或与吉非贝齐混合使用时导致患者肌肉无力并伴有致死性横纹肌溶解。横纹肌溶解是一种非常罕见的潜在威胁生命的不良反应，刚开始的症状为肌肉疼痛无力，严重的甚至可能引起肾脏损害。全球总共有 52 例报告显示是因服用拜斯亭产生横纹肌溶解而致死亡。

再如"反应停"事件。发生于 20 世纪 50 年代末期，反应停（沙利度胺）是德国制药商格兰泰公司推出的一种镇静剂，因其对妊娠性呕吐效果特别明显，便迅速流行。但在 1960 年左右，流行使用该药的地区与国家开始出现许多新生儿上、下肢短小，甚至没有腿部和臀部。还有部分婴儿伴有多发性神经炎和内脏、消化道畸形等。大量的动物实验和流行病学调查证明这与孕妇妊娠期间服用沙利度胺有关，导致全世界患儿超过 1 万名。该事件波及德国、澳大利亚、加拿大、日本及拉丁美洲和非洲的国家，给这些国家造成了严重的灾难。美国是少数几个幸免此灾难的国家之一，原因是当时美国 FDA 官员认为该药缺乏美国药品监督管理法律所规定的足够的临床试验资料，从而拒绝进口该药。

一、质量与质量管理的含义

（一）质量

质量（quality）一词来自于拉丁文 qualis，即本性的意思。质量的概念随着生产力的发展不断在演进，美国质量管理专家朱兰博士把质量定义为"合用性（fitness for use)"，是指产品或服务对消费者需求和需要的满足程度。国际标准化组织（international organization for standardization，ISO）对质量的定义是：产品或服务所固有的一组满足要求的特性，满足要求的程度愈高，质量就愈好，反之就愈差。实际上，"符合性"或"满足程度"是相当宽泛且易产生歧义的概念，它是众多因素综合作用的结果。这些因素概括起来可分为产品或服务属性、消费者因素、消费情境及价格四个方面（图 7-1）。产品或服务属性指产品或服务自身所带有的物理和社会心理学特性，例如性能、寿命、可靠性等。消费者因素包括消费者的各种需求、价值观念及既往的消费经历等。消费情境则指消费者在消费产品或服务时的自然、经济与社会环境，例如天气、场所、淡旺季节及经济状

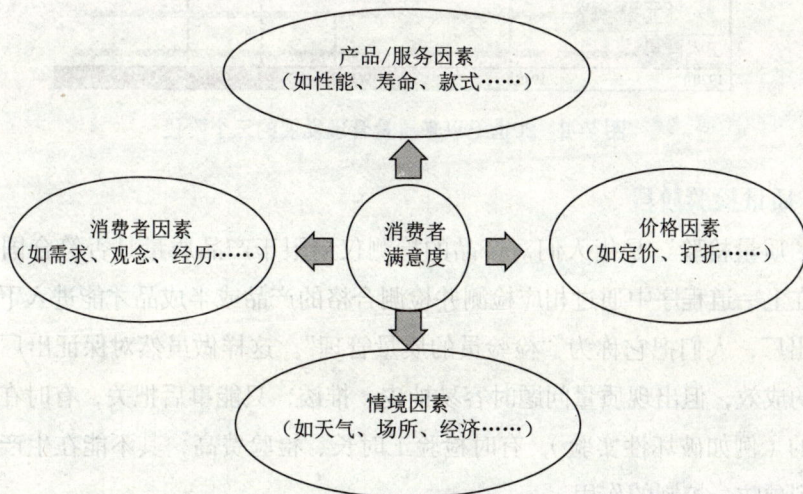

图 7-1　质量和消费者满意度影响因素

况等。价格即产品或服务的定价高低，价格并非越低越好，在许多情况下消费者会以价格来衡量质量。总之，卓越的质量就是将合适的产品或服务，以合适的价格，在合适的场合提供给合适的消费者，因此，卓越的质量需要严格的管理来保证。

（二）质量管理

质量管理（quality management，QM）是指在质量方面指挥和控制的协调活动，包括确定质量方针、目标和职责，并通过质量体系中的质量策划、控制、保证和改进来实现所有管理职能的全部活动。

二、质量管理的发展

质量管理的产生和发展经过了漫长的历程。人类历史上自有商品生产以来，就开始了以商品的成品检验为主的质量管理方法。随着社会生产力的发展及科学技术和社会文明的进步，质量的含义也不断丰富和扩展，从开始的实物产品质量发展为产品或服务满足规定和潜在需要的特征和特性之总和，再发展到今天的可以单独描述和研究的事物（例如某项活动或过程、某个产品、某个组织、某个体系或人及它们的任何组合）的质量。按照所依据的手段和方式，我们可以将质量管理发展历史大致划分为以下三个阶段（图7-2）：

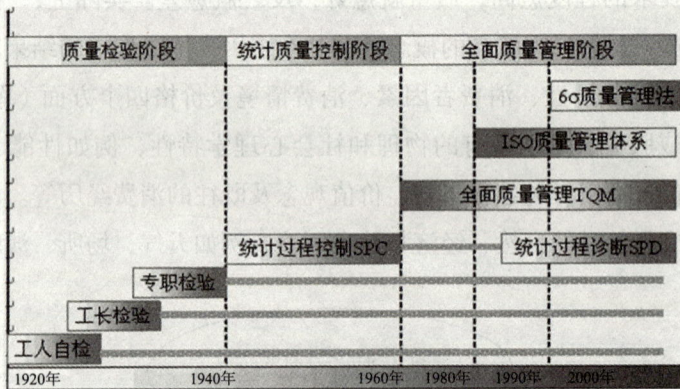

图7-2　20世纪以来质量管理发展的三个阶段

（一）质量检验阶段

所谓"质量检验"是指人们对产品的检测仅局限于产品质量是否符合国家的相关规定，只有在上一道程序中通过相应检测并检测合格的产品或半成品才能进入下一道工序进行加工或出厂，人们把它称为"检验员的质量管理"。这样做虽然对保证出厂产品质量方面有一定的成效，但出现质量问题时容易扯皮、推诿，只能事后把关，有时在技术上是不可能做到的（例如破坏性实验），有时检验工时长、检验费高，其不能在生产过程中对产品质量起到预防、控制的作用。

（二）统计质量控制阶段

统计质量控制（statistical quality control，SQC）实现的原理是运用数理统计方法对产品生产过程的各个环节进行精准的质量监测，保证产品的合格率，并保证产品的质量标准。在这个阶段，负责产品质量监测的工作人员必须具有质量控制工程资格，多为具有质量控制工程资质的工程师或技术人员。SQC阶段比质量检验阶段进步之处主要体现在将产品质量的事后干预转为事前预防与事中监管。它通过保证生产过程中产品的质量达到标准不受到影响，从而实现产品质量的保障。

（三）全面质量管理阶段

全面质量管理（total quality management，TQM）最早出现于20世纪60年代，是由美国的质量管理学家费根堡姆提出的。它是在统计质量控制的基础上发展起来的，于1998年被我国引入。TQM的全面性不仅体现于产品的生产过程，还将企业经营的所有要素都纳入到管理的范畴之中。它用系统的方法对产品质量相关的所有要素进行系统的分析，其方法更科学，手段更先进，产品质量改善效果更突出。在实践中，全面质量管理的优点主要体现在以下几个方面：

（1）全面性　全面质量包括设计质量、工程质量、工作质量、服务质量。

（2）全程性　控制产品全生命周期，有一套完善的质量提高保证体系。

（3）全员性　企业的所有员工都成为质量管控的一分子，都参与质量管理。

（4）预防性　产品质量是设计出来的，以预防为主，实行防检结合的方针。

（5）服务性　"下道工序为上道工序负责，企业为用户负责"的质量思想。

（6）科学性　一切靠科学数字说话，广泛应用数理统计的方法处理数据。

（7）多样性　质量管理的方法多种多样、因地制宜，按PDCA循环提升。

知 识 链 接

全面质量管理的基本方法简介

全面质量管理的基本方法可以概括为四句话，即一个过程，四个阶段，八个步骤，数理统计方法（图7-3）。

一个过程，即企业管理是一个过程。企业在不同时间内，应完成不同的工作任务。企业的每项生产经营活动，都有一个产生、形成、实施和验证的过程。

四个阶段，根据管理是一个过程的理论，美国的戴明博士把它运用到质量管理中来，总结出"计划（plan）－执行(do)-0检查（check）－处理（act）"四阶段的循环方式，简称PDCA循环，又称"戴明循环"。

八个步骤，为了解决和改进质量问题，PDCA循环中的四个阶段还可以具体划分为八个步骤。①计划阶段：分析现状，找出存在的质量问题；分析产生质量问题的各种原因或影响因素；找出影响质量的主要因素；针对影响质量的主要因素，提出计划，制定措施。②执行阶段：执行计划，落实措施。③检查阶段：检查计划的实施情况。④处理阶段：总结经验，巩固成绩，工作结果标准化；提出尚未解决的问题，转入下一个循环。

在应用 PDCA 四个循环阶段、八个步骤来解决质量问题时，需要收集和整理大量的书籍资料，并用科学的方法进行系统的分析。最常用的七种统计方法是排列图、因果图、直方图、分层法、相关图、控制图及统计分析表。这套方法是以数理统计为理论基础，不仅科学可靠，而且比较直观。

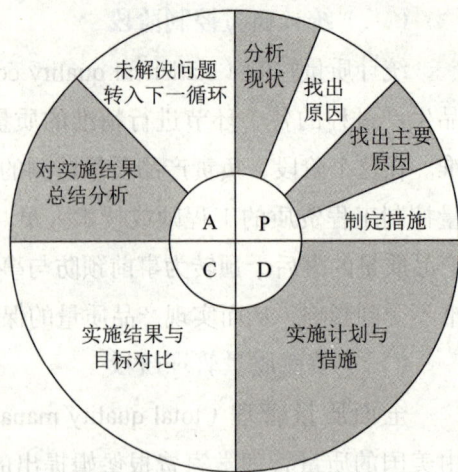

图 7-3　全面质量管理的基本方法

自 20 世纪 90 年代开始，许多国家又掀起了一股六西格玛管理和追求卓越绩效的高潮。前者将质量固化到统计概念上，为追求质量管理的完美无缺提供技术支持；后者是鼓励各类组织更好地为顾客服务，不断完善质量管理体系和推动质量改进，并关注组织的社会责任。在追求卓越的过程中，各国政府倾注了很大热情，一些国家为此专门建立了国家质量奖，以激励各类组织不断提升质量管理水平。

三、质量管理体系

随着管理水平的提高，发现和解决产品的质量问题都是通过建立和完善质量管理体系来实现。在药品生产领域，质量管理体系及相关规范都已相对完善和成熟，可以成为我们的理论和实践指导。

质量管理体系（quality management system，QMS）指在质量方面指挥和控制组织的管理体系，它是在组织内外部建立的，为实现质量目标所必需的、系统的质量管理模式，同时也是将资源与过程结合，以过程管理方法为工具的管理系统。它涵盖了从确定顾客需求、设计研制、生产、检验、销售、交付之前全过程的策划、实施、监控、纠正与改进活动的要求，一般以文件化的方式出现，是组织内部质量管理工作的依据。

在质量管理体系建设方面，ISO 质量管理和质量保证技术委员会制定的 ISO 9000 族系列标准最具代表性和权威性，它可以适用于不同类型、产品、规模与性质的组织。在该系列标准基础上，不同的行业又制定了相应的技术规范，如 ISO/TS 16949《汽车生产件及维修零件组织应用 ISO 9001：2008 的特别要求》，ISO 13485《医疗器械质量管理体系用于法规的要求》等。ISO 9001：2008 标准是由 ISO 质量管理和质量保证技术委员会质量体系分委员会制定的质量管理系列标准之一。

各类企业建立质量管理体系，都应以正确的质量管理指导思想为基础，以科学的质量管理原则为指导，以质量管理手册为表现形式，通过对质量管理体系的科学评价，经过连续不断地评价、修正、再评价、再修正完成。

知 识 链 接

ISO9000 质量管理体系简介

ISO9000 质量管理体系是国际标准化组织（ISO）制定的国际标准之一，在 1994 年提出，是指由国际标准化组织质量管理和质量保证技术委员会制定的所有国际标准。该标准可帮助组织实施并有效运行质量管理体系，是质量管理体系通用的要求和指南。建立 ISO9000 标准的目的是努力使对质量管理活动的评判有一把国际统一的"尺子"，以帮助供需双方对企业的质量管理体系建立共识，我国在 20 世纪 90 年代将 ISO9000 系列标准转化为国家标准，随后，各行业也将 ISO9000 系列标准转化为行业标准，现在由四个核心标准组成：

（1）ISO 9000《质量管理体系——基础和术语》。

（2）ISO 9001《质量管理体系——要求》。

（3）ISO 9004《质量管理体系——业绩改进指南》。

（4）ISO 9011《质量和 / 或环境管理体系审核指南》。

其中 ISO9001《质量管理体系——要求》是认证机构审核的依据标准，也是企业通过认证时需要满足的标准。

四、质量管理的方法

（一）检查表

检查表也称核对表，它是收集和整理质量原始数据，并在此基础上进行原因分析的一种表格。常用的有缺陷位置检查表（图 7-4）、不合格品项目检查表、不合格原因检查表、数据分布检查表等。

产品缺陷调查表			N=4870	
序号	调查项目	频数	累计	累计（%）
A	1	3367	3367	69.14
B	2	521	3888	79.84
C	3	382	4270	87.69
D	4	201	4471	91.82
E	5	156	4627	95.02
F	6	120	4747	97.48
G	7	123	4870	100.00

调查者：吴某　　　　　　　　　　　　　　　____年____月____日
地点：某公司药用胶囊生产小组

图 7-4　某公司药用胶囊生产小组产品缺陷调查表

（二）分层法

分层法又称为分类法、分组法，即将收集到的数据合理分类，将相同性质或同一生产条件下的数据归为一组，从而找出根本影响因素的方法。

影响质量波动的原因是多种多样的，收集到的质量数据也往往是模糊的、混杂的。因此，往往要根据一定目的、从不同角度对全部原始数据进行分类、整理，即分层，分层的标准（项目）应是对特性（结果）产生影响的要素（图 7-5）。

标准（项目）	具体内容
时间经过	小时、上午、下午、刚开始作业时、刚结束作业时、白天、夜晚、日期、星期、周、月、季度
作业员的差异	作业员、男女、年龄、岗龄、班次、新人、熟练工
机器、设备的差异	机器设备、型号、新旧、生产线、工夹具
原材料、零部件的差异	厂家、供货商、产地、入厂批次、制造批次、零件批次、化学成分、在库期限。不良品、包装、运输方
作业方法、作业条件的差异	加工方法、作业方法、生产线的节拍、作业条件（温度、压力）
测量方法、检查方法的差异	方法、照明条件
其他	新产品、老产品、初始产品与其他、良品不良品、包装、运输方法

图 7-5　分层的标准与具体内容

分层是收集和整理数据时所必须遵循的一种基本方法，分层后的数据又可以根据其特点进行整理或制作成相应的图表。

（三）散布图

散布图又称相关图或散点图，它是用来分析、判断两个对应变量之间是否存在相关关系的一种工具（图7-6）。两个变量之间常见的关系有两种：函数关系和非确定性的关系。在质量管理活动中，常需要运用散布图来判断各种因素对产品质量特性有无影响及影响程度的大小。在散布图中，成对的数据形成点子云，研究点子云的分布状态便可推断成对数据之间的相关程度。

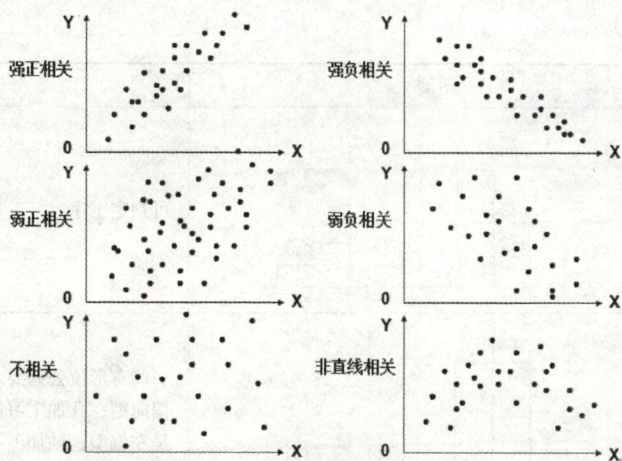

图 7-6　六种典型的散布图

（四）排列图

排列图又称为"帕累托图"，意大利经济学家帕累托（V.Pareto）于 1897 年最早用于分析社会财富的分布情况而使用的图。根据"关键的少数，次要的多数"规律，描绘出一条累计百分比曲线，据此找出影响质量的关键少数问题，任何需要解决的问题都可以用排列图来指出工作的重点，并确定改进后的效果。排列图由一个横坐标、两个纵坐标、几个按高低顺序排列的矩形和一条累计百分比折线组成（图7-7）。排列图的主要用途：①按主要顺序显示出每个质量改进项目对整个质量问题的影响；②识别进行质量改进的机会。

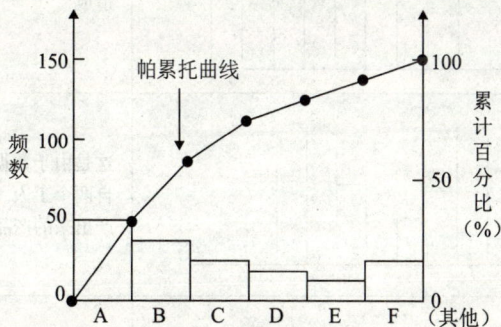

图 7-7　排列图简图

（五）直方图

直方图是频数直方图的简称，它是用一系列宽度相等、高度不等的长方形表示数据的图。长方形的宽度表示数据范围的间隔，长方形的高度表示在给定间隔内的数据数。产品质量特性值的分布一般都是服从正态分布或近似正态分布。当产品质量特性值的分布不具有正态性时，往往是生产过程不稳定，或生产工序的加工能力不足。因而，由产品质量特性值所画的直方图的形状，可以推测生产过程是否稳定，或工序能力是否充足，由此可对产品的质量状况做出初步判断。根据产品质量特性值的频数分布，可将直方图分为六种典型的类型（图 7-8）。

常见类型	图例	分析判断
正常型	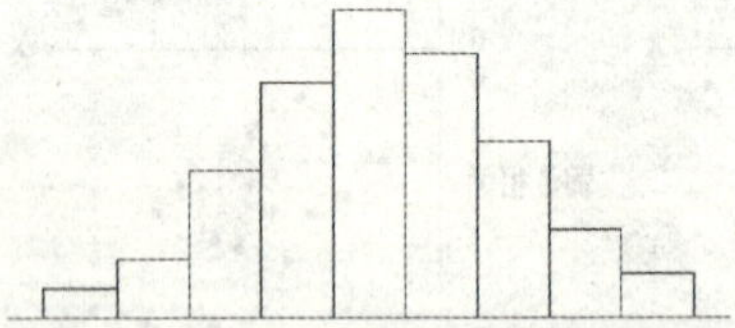	可判定工序运行正常，处于稳定状态
偏向型	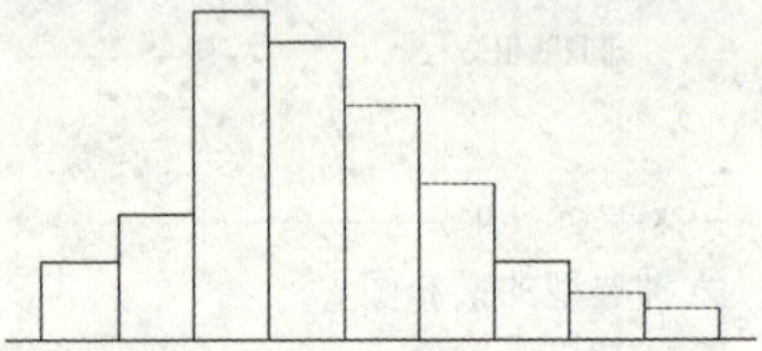	一些有形位公差要求的特性值分布往往呈偏向型；孔加工习惯造成的特性值分布常呈左偏型；轴加工习惯造成的特性值分布常呈右偏型
平顶型	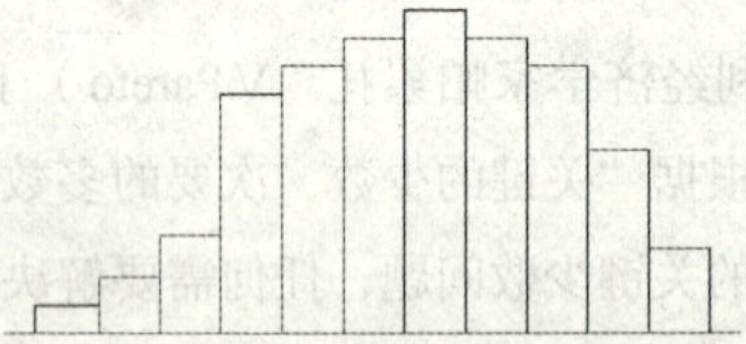	生产过程由缓慢因素作用引起，例如，道具缓慢磨损、操作者疲劳等
锯齿型	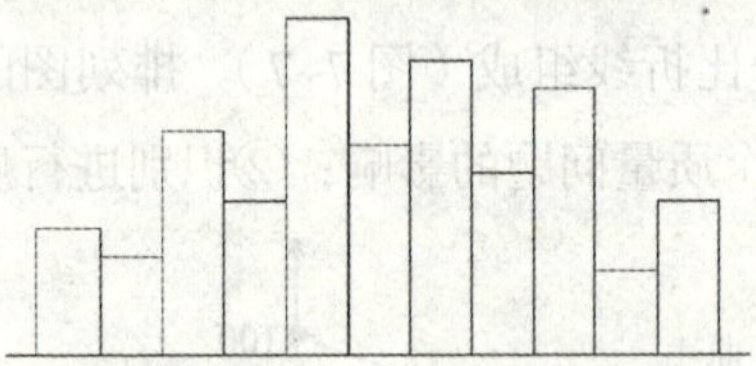	由直方图分组过多或测量数据不准等原因造成
双峰型	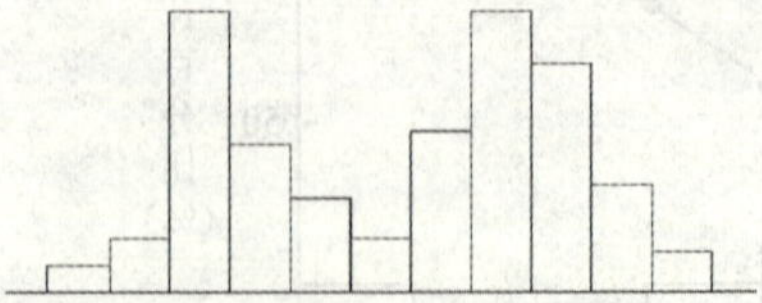	这是由于数据来自不同的总体，例如，来自两个工人（两批材料；或两台设备）生产出来的产品混在一起造成的
孤岛型	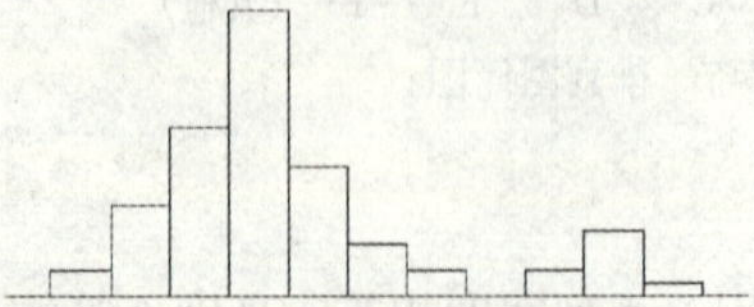	这是由于测量工具有误差、原材料一时的变化、刀具严重磨损、短时间内有不熟练工人替岗、操作疏忽、混入规格不同的产品等造成的

图 7-8 典型直方图图例及其分析判断

（六）因果图

因果图又称鱼刺图、树枝图或石川图，是 1953 年由日本东京大学教授石川馨提出的，是用于表示质量特性与原因之间关系的图。通常，可以从质量问题出发，首先分析那些影响产品质量最大的原因，进而从大原因出发寻找中原因、小原因和更小的原因，并检查和确定主要因素，这就是因果图法的基本原理（图 7-9）。

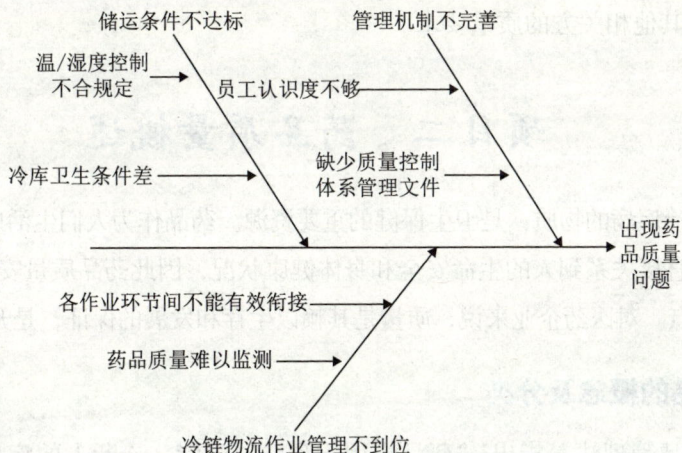

图 7-9　某药品物流企业的质量管理因果图

（七）控制图

控制图又称管制图，它是用于分析和判断工序是否处于控制状态所使用的带有控制界限线的图。控制图就是用图表示一个给定系统的输入、行动和输出，借助特定符号展示过程步骤和决策点的图标，将一个过程（例如工艺过程、检验过程、质量改进过程等）的步骤用图的形式表示出来的一种图示技术。通过对一个过程中各步骤之间关系的研究及其实际状况的详细调查，一般能发现故障的潜在原因，知道哪些环节需要进行质量改进。控制图可以用于从材料流向产品销售和销售服务的全过程的所有方面。控制图既可以用来描述现有的过程，又可用来设计一个新过程，并且在质量改进活动中有着广泛的用途（图 7-10）。

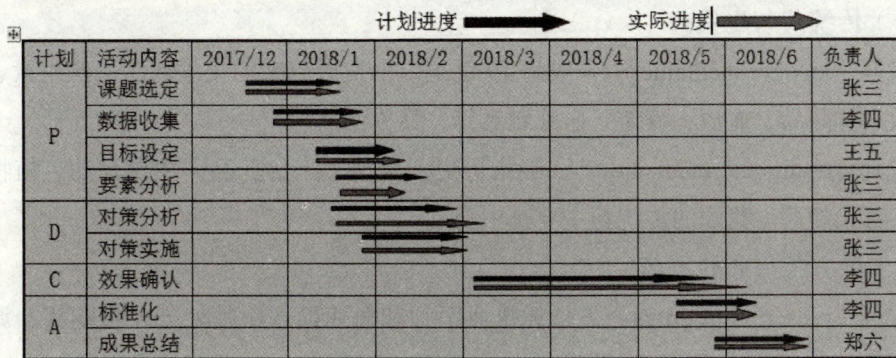

图 7-10　典型的工作进程控制图

除上述方法以外，质量管理还可以采用树形图法、过程决策程序图法、网络图法等方法，而且，随着企业生产水平和管理水平的不断提高，更多的新方法还将不断涌现。使用这些方法的目的是对产品或体系过程进行质量改进，并将质量改进保持下去，循序渐进地改进，即质量持续改进。持续质量改进是一种增强产品质量、过程或体系质量能力的循环活动，以提高过程的效率和有效性为目标的活动，还包括了对产品固有特性的改进，以持续满足顾客和其他相关方的质量要求。

项目二　药品质量概述

药品是防治疾病的物质，是卫生保健的重要资源。药品作为人们生活中的一种特殊商品，其质量的好坏直接关系到人的生命安全和身体健康状况，因此药品质量安全问题从来都是全社会关注的焦点。对医药企业来说，质量是其赖以生存和发展的保证，是开拓市场的生命线。

一、药品的概念及分类

我国《药品管理法》指出："药品指用于预防、治疗、诊断人的疾病，有目的地调节人的生理功能并规定有适应证或者功能主治、用法和用量的物质，包括中药材、中药饮片、中成药、化学原料及其制剂、抗生素、生化药品、放射性药品、血清、疫苗、血液制品和诊断药品等。"

上述定义包括以下要点：第一，使用目的和使用方法是区别药品与食品、毒品等其他物质的基本点。没有任何物质天然就是药品，只有在防治疾病或者有目的地调节某些生理功能时，才能称它为药品。第二，药品是原料药、制剂、药材、成药、中药、西药、医药等用语的总称。第三，药品要具备有目的地调节人的生理功能、有规定的适用证、有严格的用法用量三个基本特征。确认某物质为药品，需要经过法定程序，纳入法律监管体系。

药品有多种分类形式，下面介绍四种最基本的分类形式：

（一）传统药与现代药

现代药（modern medicines）一般指 19 世纪以来发展起来的化学药品、抗生素、生化药品、放射性药品、血清、疫苗、血液制品等，又称西药。

传统药（traditional medicines）一般指历史上流传下来的药品，主要是动、植物和矿物药，又称天然药。我国的传统药主要是中药。

（二）处方药与非处方药

处方药（prescription drugs）是指凭执业医师和执业助理医师处方才可购买、调配和使用的药品。

非处方药（nonprescription drugs）指不需要凭执业医师和执业助理医师处方，消费者可以自行判断、购买和使用的药品。非处方药常简称为 OTC（over-the-counter drugs）。

（三）专利药与非专利药

药品的专利包括药物产品专利、药物制备工艺专利、药物用途专利等不同的类型。药物产品专利指根据药物化合物、西药复合制剂、中药组方和中药活性成分申请的专利。

专利药（patent drugs）指药物产品专利尚处于保护期内的药品。药品的专利权有时间性，在法定保护期内，专利权人享有独占权，但一旦保护期届满，任何人都可以无偿利用其发明创造。

非专利药（non-patent drugs）是指不具有专利权或专利权因各种原因终止；或专利权人独占生产、销售该药品的权利消失；或生产该药品的技术进入公有领域，除专利权人外的企业可以不受任何约束而自由生产的药品。一些国家，非专利药通常没有商品名，被称为"通用名药物"或"通用药"（generic drugs），用"通用药"指代非专利药已经被各国医药界广泛应用。

也有人使用"多来源药品"这个术语来概括所有基于不再受专利保护的同一活性成分的药品。我国对原研制厂家生产的过期专利药品，称为原研药。

（四）新药、首次在中国销售的药品、医疗机构制剂

新药（new drugs）是指未曾在中国境内上市销售的药品。已上市药品改变剂型、改变给药途径的，按照新药管理。

首次在中国销售的药品（drugs to be marketed in China for the first time）是指国内或国外药品生产企业第一次在中国销售的药品，包括不同药品企业所生产的相同品种。

医疗机构制剂（pharmaceutical preparations dispensed by medical institutions）是指医疗机构根据本单位临床需要经批准而配制、自用的固定处方制剂。

药品作为特殊商品，使用更具有普遍性且需求弹性小，其质量安全性应得到充分的重视，所以本模块重点讨论药品的质量管理。

二、药品质量定义及特性

药品质量是指该药品能满足预防、治疗、诊断人的疾病，有目的地调节人的机理的要求的固有特性，以及药品有效性、安全性、稳定性、均一性、经济性等指标满足监管要求的程度。药品的特性根据其重要程度不同又可以分为关键特性和一般特性。

（一）有效性

有效性即药物的疗效，指在规定的适应证、用法和用量条件下，药品能满足预防、治疗、诊断人的疾病，有目的地调节人的生理功能的要求的性能。有效性是衡量药品质量的关键特性。

有效性是药品的基本特性，若对防治疾病没有效，则不能成为药品。因此，有效性也

是衡量药品质量的重要指标。国外根据药品的有效程度把药品的有效性分为三个等级，即"完全缓解""部分缓解""稳定"；国内则采用"痊愈""显效""有效"加以区别。

（二）安全性

药品的安全性是指按规定的适应证、用法、用量使用药品后，人体产生毒副反应的程度。安全性也是衡量药品质量的关键特性。

这一特性决定了药品的原料来源、研究开发、生产、储存、销售等环节必须严格按照法律、法规的要求，实行全过程规范化、制度化、科学化的管理。

（三）稳定性

稳定性是指药品在规定的条件下保持其有效性和安全性的能力。药品的有效期是稳定性的一种表示方式。稳定性也是衡量药品质量的关键特性。

药品的有效期是指药品在一定的储存条件下，能够保证药品质量的期限。药品的有效期一方面是表示该药品性质的稳定性，另一方面是表示药厂对该药品质量负责的时间期限。

同一种物质，除本身所具有的物理、化学性质决定了其有效性、安全性、稳定性外，制备工艺、包装、贮存条件、运输过程的影响也会使药物发生物理、化学变化或是微生物的改变，这些改变可以导致药品的有效性和安全性的变化，因此，需要通过科学的方法来确定药品的有效期及贮存、运输方式，以保证在该期限内药品的使用安全、有效、方便。

（四）均一性

均一性是指药品的每一单位产品，例如每一片、每一只、每一丸、每一个胶囊、每一袋的产品都符合有效性、安全性的要求。这就要求每个单位产品中所含有的有效成分要保持均匀一致，否则，可能导致单位品种中有效成分含量过低而无效或是含量过高而导致用量过大而中毒，甚至威胁生命。因此，均一性是药品的另一个重要质量特性。

（五）经济性

经济性是指药品生产、流通过程中形成的价格水平，是药品效能与价格之间的最佳比例关系。如果因药品效能高而导致价格也高，使得消费者不愿意或者无法承受，那么，这种药品的高效能就失去了实际意义，而失去了实际意义的药品，其质量也就无从谈起。人们对于药品质量的要求较之于其他产品的质量要求更为严格，同时也很注重价格的合理性，因此，药品质量的经济性也是药品质量的一个不可忽视的特性。

三、药品质量管理

药品质量管理是指在国家现有法律、法规的指导下，对药品的研发、原材料的准备、生产、经营等过程的指挥和控制的协调活动。广义地讲，药品的质量管理应涉及药品质量形成的全过程，包括原料药的投入、生产、辅助、检验、销售和售后服务等全过程。药事管理组织和药事单位，为保证药品质量，确定药品质量方针、目标和责任，并在质量体系内，以诸如质量策划、质量管制、质量保证和质量改进等手段实施整体管理功能的一切活动，均属于药品质量管理范畴。

鉴于药品的特殊性，为了保证药品的有效性、安全性、稳定性、均一性等质量特性，必须对药品实行有别于普通商品的特殊管理，其特点主要体现在：

（一）质量标准的权威性

药品质量标准是以保证药品质量，保障人体用药安全，维护人民身体健康和用药的合法权益为根本宗旨和指导思想而制定的。各个国家和相关国际组织都制定了权威性很强的药品质量标准，我国亦不例外。这就从法律上确立了药品质量标准的地位，使得药品质量标准具有很强的权威性。

（二）执行标准的强制性

药品质量标准由国家法律授权的权威机构制定，并以法的形式颁布，属于强制性标准。按照《中华人民共和国标准化实施条例》第十八条规定，药品标准为强制性标准，除药品研制、生产、经营、使用过程中涉及的药品质量标准外，药品卫生标准、生产安全标准、环境保护标准、通用检验方法等标准亦为强制性标准。

（三）质量管理的全过程性

药品质量管理就其管理模式而言，是一个环环相扣的环链式管理模式。新药研发、生产、经营、使用，每一个环节都相当于一个质量环，每一个质量环节之间又是依次紧密相连的。任何一个环节出现缺口，这个质量链条都会断掉。因此，药品质量管理必须实行全过程管理，即全面质量管理。

我国制定了一系列法规来保证药品质量。从企业准入资格的审查许可，到药品研发、生产、流通、使用、上市后再评价等各阶段都有严格的管理规范，同时，这种全过程管理还体现在全员的参与性，即从事医药工作的每一个成员都是药品质量的直接或间接相关者，也就是通常所说的"全员性"。

（四）宏观与微观管理的协调性

宏观管理是指国家和政府的管理，微观管理是指各组织内部的管理。在宏观层面，国家建立专门的管理组织体系，各级药品监督管理部门在各自的职责范围内负责与药品有关的监督管理工作，同时，通过设置或者确定药品检验机构，依法实施药品审批和药品质量监督检查所需的药品检验工作。在微观层面，各个药事单位均设有与药品质量管理有关的机构和专门人员负责药品的质量管理工作。此外，还设有群众性的药品质量监督员、检查员制度。药品质量需要通过宏观与微观管理的有效衔接来保证。

（五）质量管理方式方法的多样性

为了保证药品质量，国家和药事单位采用了行政、法律、技术、经济、咨询和培训等一系列行之有效的管理方式方法。随着法律体系的完善，法律方式将在药品质量管理中发挥越来越大的作用。

四、药品质量的管理标准

药品是一种特殊商品，原因之一就是它的质量关系到患者的生死，所以药品没有优良中差的等级之分，要么质量合格，要么质量不合格。要判定一种药品质量是否合格，就需要专业人员按照一系列严密的技术规定进行专业的检验才能得出结论。检验人员参照的技术规定被称为"药品标准"。《药品管理法》中规定："药品必须符合国家药品标准。"药品标准是指国家对药品的质量规格和其检验方法做出的一系列完整的技术规定，是药品质量检验、监督管理的法定依据。药品标准的核心是药品的质量标准。

（一）《中华人民共和国药典》

《中华人民共和国药典》由国务院药品监督管理部门组织药典委员会制定和修订，由国务院药品监督管理部门颁布，具有强制性和法律效力，内容包括凡例、正文、附录、索引四部分。作为我国保证药品质量的法典，我国药典在保持科学性、先进性、规范性和权威性的基础上，着力解决制约药品质量与安全的突出问题，着力提高药品标准质量控制水平，充分借鉴了国际先进技术和经验，客观反映了中国当前医药工业、临床用药及检验技术的水平，在提高药品质量过程中起到积极而重要的作用，并将进一步扩大和提升我国药典在国际上的积极影响。

现行《中华人民共和国药典》（2015年版）于2015年12月1日起实施，它是中华人民共和国成立以来的第10版药典，历时5年编制完成。2015年版《中华人民共和国药典》收载品种总数达到5608个，涵盖了基本药物、医疗保险目录品种和临床常用药品，更加适合于临床用药的需求，而且标准数量有了全面提升，特别是围绕安全性和有效性的控制项目，并且增加了检测项目。

（二）其他药品标准

我国《药品管理法》规定"国务院药品监督管理部门颁布的《中华人民共和国药典》和药品标准为国家药品标准"。除《中华人民共和国药典》以外，部（局）颁标准、注册标准也构成药品标准。这些药品标准的主要内容包括药品质量的指标、检验方法及生产工艺等技术要求。政府在对药品的生产、流通、使用过程实施管理中必须以药品标准作为技术标准，以确保各环节的操作具有严肃性、权威性、公正性和可靠性。

知 识 链 接

我国药品标准管理模式的演变

自改革开放以来，我国药品标准的管理模式经历了四次重要的演变：

第一次为 1978 年 7 月 30 日颁发的《药政管理条例》，首次将药品标准分为三类：第一类国家标准即《中华人民共和国药典》；第二类卫生部标准；第三类地方标准。

第二次为 1985 年 7 月 1 日实施的《中华人民共和国药品管理法》(简称《药品管理法》)，将药品标准分为两类：第一类为国家药品标准；第二类为省、自治区、直辖市药品标准。

第三次为 2002 年 12 月 1 日实施的《药品管理法》，将药品标准归为一类，即国家药品标准(仅中药材仍保留地方标准)。本次变革，取消了药品地方标准，使得同品种不同标准的混乱状况得到有效遏制。同年颁布的《药品注册管理办法》提出了注册标准的概念，为构建科学的药品标准体系奠定了基础。

第四次为 2007 年 10 月 1 日实施的《药品注册管理办法》，取消了药品试行标准。强化了药品注册标准的作用，也规避了因试行标准转正、统一标准导致的有关问题。药品标准管理体系的演变过程体现了我国药品标准管理"结合国情、尊重科学、追求发展"的管理理念，同时随着发展的需要，管理体系亦将愈加完善。

五、药品质量管理新理念的引入

（一）药品质量源于设计

自从 2001 年美国食品药品监督管理局（food and drug administration，FDA) 在药品管理中引入质量源于设计（quality-by-design，QbD) 理念后，QbD 已在药品监控系统中发挥着越来越重要的作用。许多国际组织都提出了类似的质量监控策略，例如，国际药品技术要求协调组织（international conference on harmonization，ICH) 的关于《药品开发（Q8 指南）》《药品风险管理（Q9 指南）》《制药质量体系（Q10 指南）》的指导原则中分别详细介绍了如何在药物研发中贯彻实施 QbD 理念、质量风险管理的原则、步骤和方法，以及如何在药品质量管理体系中采用 QbD 理念的科学管理和质量风险管理这两大核心策略获得目标产品、建立并维持产品的受控状态，并促进产品质量的持续改进。

（二）药品质量管理体系和质量风险管理

引入 ICH 的理念是当前各国药品质量管理的发展趋势。随着行业的发展和管理理念的进步，ICH 公布的关于《药品风险管理（Q9 指南）》和关于《制药质量体系（Q10 指南）》等规范建立的目的是为了更好地进行整个药品生命周期内的质量管理，得到了欧美各国的一致认同。其中，《制药质量体系（Q10 指南）》对从研发到药品退市的不同阶段都提出了质量管理的要求，在实际工作中有很大的参考价值，代表了质量管理的一种思路和方向。

例如，欧盟和中国 2010 版药品 GMP 中都依据《制药质量体系（Q10 指南）》提出了建立质量管理体系的要求，包括确立相应质量目标，应用从药品注册到整个药品生产工艺的安全、成效和质量控制，并引入相同的质量保证概念；同时，欧盟和中国 2010 版 GMP 都明确引入了《药品风险管理（Q9 指南）》中的质量管理方法，中国 2010 版 GMP 还根据《制药质量体系（Q10 指南）》确立了实施质量目标最高管理层人员的责任。美国 GMP 中虽然并没有建立质量管理体系的要求，但是美国联邦法规 210 和 211 中的相关规定能够体现出药品质量管理体系的概念。

（三）药品生命周期

国际制药工程协会（international society for pharmaceutical engineering，ISPE）大力推行药品生命周期的概念，它将药品生命周期分为开发、转让或技术转换、生产、终止四个阶段，药品的质量管理要素要贯穿整个产品生命周期的不同阶段，要认识其差异性，其在不同阶段的不同要求和目标。这些要素包括良好生产质量管理规范，知识管理，风险管理，过程运行和产品质量监控，变更管理，整改措施和预防措施系统，管理层审核和持续改进。要在药品生命周期中做到 ICH《制药质量体系（Q10 指南）》的要求，运行工艺过程和产品质量监督系统、整改措施和预防措施系统、变更管理系统及实施工艺过程和产品质量的管理审查。

根据 ISPE 的理念，在药品的整个生命周期中实施全面质量管理体系是大势所趋，这必然要求企业持续改进，不断提升系统和产品的质量。

项目三　药品质量管理规范及相关制度

药品管理是一个系统而又复杂的过程，为提升药品安全和质量，各国及相关国际组织都建立了相关的药品质量标准和管理规范，这些标准和规范虽自成体系，但也高度融合。从药品生命周期的角度看，目前药品质量管理的相关规范管理是通过推行 GLP、GCP、GMP、GSP 等认证及药品不良反应（adverse drug reaction，ADR）报告和监测、药品上市后再评价等工作来实现的，通过各种认证保证药品研究、生产、经营、使用等各个环节的质量。其中 GLP 和 GCP 保证了新药研究过程的质量，GMP 保证了药品生产过程的质量，GSP 保证了药品经营过程的质量（图 7-11）。

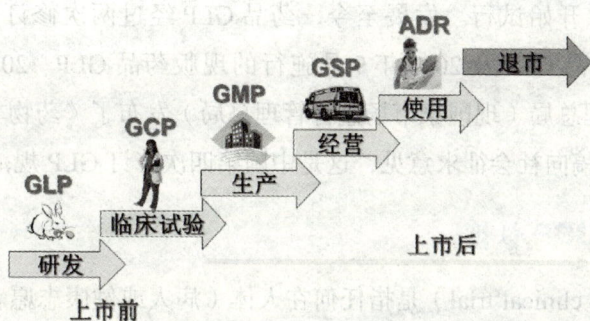

图 7-11　药品管理工作所覆盖的产品生命周期

一、GLP 和 GLP 认证

药物非临床研究质量管理规范（good laboratory practice，GLP）是用于规范与人类健康和环境有关的非临床安全性研究的一整套组织管理体系，包括实验计划、实验实施过程、实验的监督和记录、档案和报告的管理，其目的是组织和管理科学技术人员的研究行为，提高实验数据的质量和有效性，避免假阴性或假阳性结果出现，避免重复性实验，减少资源浪费，保障实验结果的可靠性、完整性、可重复性、可审核性，实现实验数据的国际相互认可。

GLP 质量管理过程涵盖基础研究、药物发现、临床前研究、临床试验、申请注册、生产和上市等，而临床前研究是新药研究开发的重要环节，是药品进入临床研究阶段的必要前提，对于了解药品的毒性特征及保障临床试验阶段受试者的安全非常重要，其研究结果和资料也是药品监管部门进行新药审批的重要内容和依据，因此，加强对药物临床前研究的管理至关重要。

1972 年，世界上第一部 GLP 法规在新西兰诞生，其要求所有进行科学研究的实验室都要按法规注册，未达到注册标准的实验室，其数据在法律上无效，且不得与他人交换。丹麦紧随其后也颁布了相似的 GLP 法规。

1979 年，美国 GLP 法规生效实施，其适用范围包括食品添加剂、色素添加剂、饲料添加剂、人用药和兽药、人用医疗器械、生物制品和电子产品。该法规实施后，因其法规体系整体上比较成熟、操作性比较强，在国际上产生了巨大的影响力，推动了 GLP 在世界范围内的广泛实施，随后欧洲各国和日本也发布了本国的 GLP。1981 年，经济合作与发展组织（organization for economic co-operation and development，OCED）各成员国正式承认了以美国标准为蓝本的 GLP 制度。后经数次补充与修订，此 GLP 制度逐渐成为国际上通行的确保药品非临床安全性研究质量的规范。

我国从 20 世纪 80 年代初开始引进介绍药品 GLP 的概念和相关知识，1994 年 1 月 1

日 1993 版药品 GLP 开始试行。发展至今,药品 GLP 经过两次修订,分别为 1999 年 11 月施行的 1999 版药品 GLP 及 2003 年 9 月施行的现版药品 GLP。2016 年 8 月 19 日,国家食品药品监督管理总局(现国家市场监督管理总局)发布了《药物非临床研究质量管理规范(修订稿)》草稿向社会征求意见,这是中国第四次修订 GLP 规范。

二、GCP 和 GCP 认证

药物临床试验(clinical trial)是指任何在人体(病人或健康志愿者)进行的药物系统性研究,以证实或揭示试验药物的作用、不良反应及 / 或试验药物的吸收、分布、代谢和排泄,目的是确定试验药物的疗效与安全性。药物临床试验是药品从研发到应用的不可或缺的重要环节,它具有较高的风险性,因此必须对其进行严格的监管。

药物临床试验质量管理规范(good clinical practice,GCP)就是规范药物临床试验全过程的标准规定,其目的在于保证临床试验过程的规范,结果科学可靠,保护受试者的权益并保障其安全。

明确规定了药物临床试验参与各方,包括申办者、研究者、伦理委员会、合同研究组织及监管机构必须执行 GCP 及其他有关法律法规。药物临床试验作为一个高度专业化的领域,从 GCP 政策制定到药物临床试验机构的建设,从临床试验方案的设计到受试者知情同意书的签订,从临床试验的审批到伦理委员会的审查,所有活动均应该纳入到政府的监管范畴中。

药物临床试验和管理体系从逐步形成发展到规范化和法制化管理,再到临床试验管理规范国际统一标准逐步形成,尤其是 1997 年 5 月 ICH GCP 颁布,并在欧洲各国及美国和日本均成为法定要求,成为全球多中心临床试验的指导原则。

在我国引入、推动和实施 GCP 已经过了近 10 年的时间。我国自 1986 年起就开始了解国际上 GCP 发展的信息;1992 年派员参加了 WHO 的 GCP 指南的定稿会议;1993 年收集了各国的 GCP 指导原则并邀请国外专家来华介绍国外实施 GCP 的情况;1994 年举办 GCP 研讨会并开始酝酿起草我国的 GCP 规范;1995 年成立了由 5 位临床药理专家组成的起草小组,起草了我国《药品临床试验管理规范》(送审稿),并开始在全国范围内组织 GCP 知识的培训;1998 年 3 月 2 日卫生部(现国家卫生健康委员会)颁布了《药品临床试验管理规范》(试行);国家药品监督管理局(现国家市场监督管理总局)成立后对该规范进行了进一步的讨论和修改,于 1999 年 9 月 1 日以 13 号局长令正式颁布并实施。2003 年 9 月国家食品药品监督管理总局(现国家市场监督管理总局)对 GCP 再次修订后颁布,强化了临床试验的伦理原则和对试验记录和报告的要求,由此标志着我国药品临床试验管理进入国际化时代。

知 识 链 接

世界上"第一次"临床试验

通常认为世界上第一次临床试验源于18世纪。当时周游世界的海员会莫名其妙地出现疲乏无力、牙床溃烂、皮肤瘀斑等，以至于不能正常工作。这种病当时被叫作"坏血病"。

1747年5月20日，苏格兰海军军医James Lind在公海海域的一条叫作Salisbury的船上开始用他设计的方法来给12名船员治疗。

James Lind把12名船员安排在同一房间里，饮食也相同。不同的是，将12名船员两两一组，分别给他们不同的方法治疗：两个人给苹果酒；两个人给硫酸丹剂；两个人给醋；两个人给海水；两个人给香料、大蒜和芥子的混合物；两个人给橘子和柠檬。结果，6天过去后，接受橘子和柠檬治疗的海员一个可以正常工作了，另一个也可以帮助医生照顾其他病人。从此，医生就开始用橘子和柠檬来治疗坏血病。

GCP的认证工作，就是以GCP为依据，通过资料审查和现场检查等形式对药品研发机构和其委托的临床研究单位实施认证，通过认证明确伦理委员会、研究员、申办者和检察员的职责，保护受试者权益，确保临床试验数据真实可靠。认证的主要内容包括临床试验前的准备与必要条件、受试者的权益保障、试验方案、研究者的职责、申办者的职责、检察员的职责、记录预报、统计分析与数据处理、试验用药品的管理和多中心试验。

三、GMP 和 GMP 认证

药品生产质量管理规范（good manufacturing practices，GMP）认证是国家对药品生产企业监督检查的一种手段，是对药品生产企业（车间）实施GMP情况的检查认可过程，是国际上普遍采用和接受的生产药品的法定质量管理规范和准则，是保证药品质量和用药安全有效的可靠措施，是全面质量管理的一部分，它用于药品生产的全过程及影响产品质量的关键工序，涉及药品生产的原料准备、生产、储存、包装、使用、投诉与不良反应等全过程，是防止污染、混杂、差错，保证药品质量的必要手段。

GMP实施的目的是加强药品生产质量管理，保证生产合格药品。它作为质量管理体系的一部分，是药品生产管理和质量控制的基本要求，旨在最大限度地降低药品生产过程中的污染、交叉污染及混淆、差错等风险，确保持续稳定地生产出符合预定用途和注册要求的药品。

美国于1906年颁布了《food、drug and cosmetic act》，即《食品、药品、化妆品法案》，该法案以法律的形式要求药品必须符合纯度和含量的标准要求。与此同时，美国成立了联邦食品药品管理局（food and drug administration，FDA），成为美国食品、药品监督的管理机构。美国FDA以法令形式于1963年正式颁布了世界上第一部《药品生产质量管理规范》，要求对药品生产的全过程进行规范化管理，否则，无论该药品是否检验合格均视为伪劣药品。1969年世界卫生组织（world health organization，WHO）向世界推荐了WHO的GMP，此后的近40年里，世界上许多国家和地区纷纷制定了本国或地区的GMP以保证药品规范化生产，为防止药品的污染、混杂、差错起到了积极的作用，同时提高了本国制药企业在国际上的竞争力。

GMP的认证工作，就是以GMP为依据，通过资料审查和现场检查等形式对药品生产企业实施认证，通过认证防止生产中的混淆和污染等事故，避免人为差错，保证所生产药品的质量。认证主要内容包括质量管理、机构与人员、厂房与设施、设备、物料、确认和验证、文件管理、生产管理、质量保证和质量控制、委托生产与委托检验、产品发运和召回、投诉与不良反应报告、自检。

四、GSP和GSP认证

药品经营质量管理规范（good supply practice，GSP）认证是国家针对药品经营企业的质量管理进行监督检查的一种手段，是对药品经营企业实施GSP情况的检查认可和监督管理的过程。

国家市场监督管理总局负责制定GSP监督实施规划及GSP认证的组织、审批和监督管理，负责国际药品经营质量管理的互认工作。国家市场监督管理总局药品认证管理中心承办GSP认证的具体工作，省、自治区、直辖市药品监督管理部门负责本辖区内申请GSP认证企业的初审和取得GSP认证企业的日常监督管理。

GSP实施的目的是加强药品经营质量管理，保证人民用药安全有效。它是药品经营管理和质量控制的基本准则，企业应当在药品采购、储存、销售、运输等环节采取有效的质量控制措施，确保药品质量。

GSP认证工作，就是以GSP为依据，通过资料审查和现场检查等形式对药品经营企业（包括批发和零售）实施认证，通过认证保证药品在购进、储运和流通环节的质量，确保人民用药安全。认证主要内容包括以下两方面：

1. 批发企业质量管理体系、组织机构与质量管理职责、人员与培训、质量管理体系文件、设施与设备、校准与验证、计算机系统、采购、收货与验收、储存与养护、销售、出库、运输与配送、售后服务。

2. 零售企业质量管理与职责、人员管理、文件、设施与设备、采购与验收、陈列与储存、销售管理与售后管理。

五、药品不良反应（ADR）报告和监测制度、药品上市后再评价制度

世界卫生组织（WHO）定义药品不良反应（ADR）为：药品用于预防、诊断、治疗疾病或调节人体功能过程中，在正常用法用量下出现的非期望的有害的反应。2011年5月，卫生部（现国家卫生健康委员会）颁布实施的《药品不良反应报告和监测管理办法》对药品不良反应的定义是：指合格药品在正常用法用量下出现的与用药目的无关的有害反应。

药物上市后再评价属于卫生技术评估的范畴，指为了全面评价上市后药物是否有推广价值，进行临床安全性、有效性、药物经济学和社会适应性等方面的全面系统评价，是药品监督工作的一个重要环节，也是确保用药安全、有效的一种必要手段。上市后再评价的重要内容主要有不良反应的监测、生存质量评估、死亡率水平等，涉及临床医学、药物流行病学、药物遗传学、药剂学、药理学、药物经济学及药物政策等多方面的知识。一般以Ⅳ期临床试验、循证医学研究、真实事件研究、中药保护试验、药物经济学评价五种形式开展。

ADR报告和监测制度及药品上市后再评价制度，就是为了尽早发现和收集药品不良反应和药品不良事件及避免药害事件重复发生和蔓延而建立的制度。这些工作反映医药学当前最新的学术水平，从药物经济学、临床医学、药理学、药物流行病学、药剂学、药物遗传学及药物政策等方面，对已经批准上市的药物在广泛人群中的安全性、疗效、用药方案等是否符合安全、有效、经济的合理用药原则而做出的科学评价，以最大限度地发挥药物预防和治疗疾病的作用。随着世界各国对医疗事业的重视日渐加深，各国政府也愈加认识到ADR报告和监测制度及药品上市后再评价对医疗事业发展、民众健康用药的重要性，也陆续建立了相关管理体系。发达国家，诸如美国、欧盟诸国，率先在这方面投入大量人力、物力试图做出创新和突破。

国家市场监督管理总局对此项工作高度重视，将其列为药品上市后监管的主要内容之一，并不断加强法律法规和监测体系建设。1984年《药品管理法》规定将不良反应监测列为药品监管的重要内容，标志着不良反应监测法制化的开始。1999年国家药品监督管理局（现国家市场监督管理总局）和卫生部（现国家卫生健康委员会）联合颁发了《药品不良反应监测管理办法（试行）》，结束了多年以来药品不良反应监测工作无章可循的局面。2001年修订的《中华人民共和国药品管理法》第七十一条规定"国家实行药品不良反应报告制度"。从此ADR监测制度走上了法律轨道；2004年，国家食品药品监督管理总局（现国家市场监督管理总局）和卫生部（现国家卫生健康委员会）联合颁布了《药品不良反应报告和监测管理办法》（2004年版），将法律层级由规范性文件提升为部门规章；2011年卫生部（现国家卫生健康委员会）发布了修订后的《药品不良反应报告和监测管理办法》（2011年版），进一步推动了ADR监测体系的开展。2011年版《药品不良反应报

告和监测管理办法》的出台，为药品不良反应监测和药品安全性监管提供了一个良好的发展契机。

六、其他药品质量管理规范

GPP认证工作是以《医疗机构制剂配制质量管理规范（试行）》（good preparation practice，GPP）为依据，通过资料审查和现场检查等形式对医疗机构制剂配制情况实施认证，通过认证保证医院药剂质量和临床用药安全。认证主要内容包括机构与人员、房屋与设施、设备、物料、卫生、文件、配制管理、质量管理与自检、使用管理。

GUP认证工作是以《药品使用质量管理规范》（good use practice，GUP）为依据，通过资料审查和现场检查等形式对医疗机构药品使用情况实施认证，通过认证保证药品质量，促进临床合理用药，提高治疗效果，规范医疗机构药品使用行为。认证主要内容包括管理制度、人员与培训、设施与设备、陈列与储存、使用与服务。

七、中药材生产质量管理体系及认证

中药材是中药饮片、中成药生产的源头，近年来时常发生医师、患者反映中药疗效下降的现象，这与许多供货商以次充好，以非道地药材冒充道地药材的违法、违规的不道德行为直接相关，严重影响了中药的治疗效果。同时，一些中药资源被严重的滥砍滥伐，过度采集，致使一些中药资源已经濒临灭绝。已经成为国家级保护动物、植物的物种，中药资源受到严重的威胁。《中药材生产质量管理规范》（good agricultural practice，GAP）就是为了从源头上保证中药材的质量，使中药资源达到可持续利用的规范体系，我国的《中药材生产质量管理规范（试行）》自2002年6月1日起施行。通过实施GAP，可以对中药材生产全过程进行有效的、全面的质量控制，是保证中药材质量稳定、可控，保障中医临床用药安全有效的重要措施，同时，对促进中药资源的保护和持续利用，对中药材种植（养殖、繁育）的规模化、规范化和产业化发展也有积极的促进作用。

国家食品药品监督管理总局（现国家市场监督管理总局）自2003年11月正式开展中药材GAP认证工作。截止2016年1月，共有130家企业的197个基地先后通过了认证和再次认证，全国共有85个中药材品种拥有大规模的GAP产业化示范基地。2016年2月3日，国务院印发《关于取消13项国务院部门行政许可事项的决定》（国发〔2016〕10号），规定取消GAP认证。

复习思考

1. 简述质量的定义。

2. 简述质量管理的内涵。

3. 简述全面质量管理的内涵。

4. 简述质量管理体系的定义。

5. 列举常见的质量管理方法。

6. 简述药品质量的特性。

7. 简述药品质量管理的特点。

8. 简述药品质量管理的新理念有哪些?

9. 简述药品管理工作所覆盖的产品生命周期。

扫一扫，知答案

扫一扫，看课件

模 块 八

医药企业人力资源管理

【学习目标】

1. 掌握医药企业人力资源招聘的原则、渠道和程序；医药企业人力资源培训的原则和方法；医药企业人力资源开发的方法。

2. 熟悉医药企业人力资源管理的相关概念；医药企业人力资源招聘的意义和注意事项；医药企业人力资源培训的意义和内容。

3. 了解现代人力资源管理的发展趋势；医药企业人力资源开发的概念和意义。

案例导入

美国礼来制药公司成立于 1876 年，是一家以研发为基础的全球性医药企业，总部位于美国印第安纳州的首府印第安纳波利斯市。在"诚信至上，追求卓越，以人为本"的价值观下，美国礼来构建了完善有效的人力资源管理体系。礼来以应聘者的工作动力为"标尺"选拔人才，通过校园招聘引进新鲜血液，并从内部提拔人才，为员工提供晋升转岗机会。建立礼来培训中心，重视每一位员工的职业发展，提供讲座、学习沙龙、员工论坛、导师制、内部项目团队等多种形式的技能发展方式，通过教育辅助项目，鼓励员工参加函授和远程教育培训，开展优秀人才发展项目，为员工提供海外任职、参与国际顶级商学院的"经理人管理培训项目"的机会。通过员工满意度调查，与员工保持沟通，并制订行动方案。将员工薪酬与业绩挂钩，建立 360°差异化考核制度，对不同部门不同人员采用差异化考核方式。截止 2016 年 12 月 31 日，礼来在全球雇佣了约 41973 名员工，包括 9000 余名研发人员，工厂遍布 13 个国家，产品行销全球 120 个国家，被《科学》杂志认为是最适合科学家工作的公司，被《在职母亲》评为最适合职业母亲工作的 100 家公司之一，多次荣获"最佳雇主"称号。2016 年 12 月 5 日，礼来在 250 多家参选企业中脱颖而出，荣获"2017 中国杰出雇主"认证。

项目一　医药企业人力资源管理概述

一、人力资源相关概念

（一）人力资源的概念

资源广泛存在于自然界和人类社会中，关于"资源"的解释众说纷纭。《辞海》中解释为"为创造财富而投入生产活动中的一切要素"。联合国环境规划署从自然资源角度将"资源"定义为"资源，特别是自然资源是指在一定时期、一定地点能够产生经济价值，以提高人类当前和未来福利的自然因素和条件"。综上所述，我们认为资源是一切可被人类开发利用并创造价值的物质、信息和能量的总称。

作为资源中不可或缺的一个组成部分，"人力资源"（human resource，HR）的说法最早是由美国管理学家彼得·德鲁克于 1954 年在其《管理的实践》一书中提出的。他认为人力资源和其他资源相比，唯一的区别就在于它是人，人力资源只能为其所有者自己所利用，并拥有独特的其他资源所没有的"协调能力、融合能力、判断力和想象力"，但他并没有为人力资源下一个明确的定义。

不同的学者对人力资源给出了不同解释。综合各种不同说法，我们认为人力资源是所有可能通过体力劳动或脑力劳动为社会创造价值，推动社会生产和经济发展的人的总称。在企业所拥有的各项资源中，唯有人力资源具有自我变革和自我发展的能力，可以对企业其他各项资源进行有效调配和利用。企业在不断变化的环境中，要想保持与环境各要素的平衡状态，需要人力资源进行不断调整，适应环境。

人力资源可以从数量和质量两方面衡量。人力资源的数量即某个国家或地区总人口中具备劳动能力的人口总数；人力资源的质量即某个国家或地区具备劳动能力的人口的整体素质，包括其体质、专业知识掌握程度、工作技能、经验和劳动能动性等。

（二）人口资源和人才资源的概念

人口资源、人才资源、人力资源仅一字之差，但内容却不相同。人口资源是某个国家或地区所拥有的人口总量，是人力资源的基数，人口资源中减去不具备体力或脑力劳动能力的人口即为人力资源。人才资源又以人力资源为基数，它是人力资源中具有较高能力，为价值创造起到关键或重要作用的那部分人口。人口资源、人力资源和人才资源三者之间互相联系又有所区别。三者数量上是包含关系，但人口资源更多的是数量上的概念，人力资源和人才资源，尤其是人才资源更多的是质量上的概念（图8-1）。

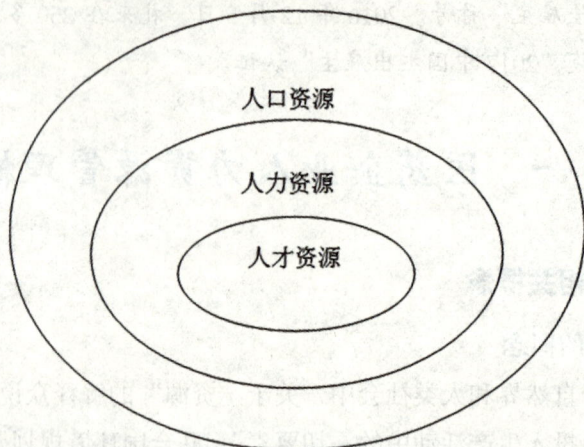

图8-1　人口资源、人力资源和人才资源的数量关系

二、医药企业人力资源管理相关概念

（一）人力资源管理的概念

自从出现"人力资源"的概念，国内外不同学者就从不同角度对"人力资源管理"（human resource management，HRM）提出了侧重点各不相同的解释，有的侧重于人力资源管理的目的，认为人力资源管理是根据企业发展战略要求，有计划、有目的地对组织所拥有的人力资源进行合理配置，通过招聘、培训、使用、考核、激励和调整等一系列活动，激发员工工作热情和潜能，为企业创造价值，确保企业战略目标的实现。有的侧重于人力资源管理的过程，认为人力资源管理是运用科学方法协调组织成员与各项事务间的关系，处理组织成员间的矛盾，充分发挥成员潜能，人尽其才、事得其人、人事相宜，以实现组织目标的活动过程。有的侧重于人力资源管理的职能，认为人力资源管理是通过招聘、培训、培养、发展组织成员，以使其在组织中更有效工作的管理职能。综合上述看法，我们认为人力资源管理是为了实现组织的既定目标，满足组织和成员发展需要而开展的人力资源规划、招聘调配、培训、开发、绩效考评及薪酬管理等一系列活动。

人力资源管理是组织的一项重要管理活动，适用于国民经济发展中的各种组织。随着市场竞争的日益激烈，越来越多的企业认识到"企业的竞争就是人才的竞争"，企业最重要的资源就是人才，人力资源已经成为企业管理的核心内容。

（二）医药企业人力资源管理的概念

医药企业人力资源管理就是医药企业通过人力资源规划、招聘调配、培训开发、绩效评估和薪酬管理等一系列手段达到提高员工工作效率，实现企业目标的一种管理行为。在以知识经济为主宰的新经济时代下，人力资源逐渐成为衡量医药企业整体竞争力的重要指标，需要医药企业不断更新观念，重视人力资源管理，发挥人力资源管理的优势，促进企业发展。

（三）医药企业人力资源管理的基本内容

1. 人力资源规划 根据医药企业总体发展战略制定人力资源的发展战略规划，进行人力资源分析，预测企业未来人力资源需求，确定人力资源发展计划，建立人力资源管理系统。

2. 员工招聘和调配 根据人力资源发展计划，确定岗位需求，制订招聘计划和标准，并招聘高质量员工，初步面试筛选候选人，向主管部门推荐；制订员工晋升计划，在员工中根据工作需要进行适当的岗位调配。

3. 员工培训和开发 根据企业发展和员工职业发展需要，制订培训计划，组织各种形式的培训活动，为员工未来的职业生涯发展提供动力，开发员工工作潜能，促进企业和员工个人共同进步。

4. 员工的绩效考评和薪酬管理 制定员工绩效考评方法和薪酬管理原则，定期对员工工作绩效进行考评，获得员工工作状况的反馈信息，确定恰当的薪酬水平，有针对性地采取激励措施，提供员工满意的福利保障，发挥员工的主观能动性，确保企业总体目标的实现。

5. 劳动关系管理 处理员工和企业间劳动关系订立、履行、变更、解除和终止等过程中的劳动合同、保险缴交等事务，使企业和员工的合法权利得到保障。

三、现代人力资源管理的发展趋势

（一）传统人事管理和现代人力资源管理

传统人事管理时期，员工被看作企业的成本和负担，当其他部门岗位空缺需要新员工时，相关管理部门被动地负责招聘员工，进行简单的岗位技能培训，并负责员工劳动关系存续期间的合同管理、考勤、工资福利等事务，管理内容简单而枯燥，企业只是进行以"事"为中心的简单的档案式人事管理。

现代的人力资源管理部门开始主动参与企业战略决策中，与其他部门一起制定企业的战略规划，根据企业总体战略确定人力资源部门的职能战略，规划企业招聘计划，制定员工晋升制度，为员工量身定做职业发展规划和完善的培训课程，激发员工工作潜能，通过绩效考评和薪酬制度，调动员工工作积极性。传统人事管理和现代人力资源管理的对比（表8-1）。

表 8-1　传统人事管理和现代人力资源管理对比

项目	传统人事管理	现代人力资源管理
管理理念	员工是企业的成本负担	员工是企业的重要资源
管理中心	以事为中心	以人为中心
管理目的	保证企业短期目标实现	满足员工自我发展需要，保证企业长远利益
管理性质	战术执行层	战略决策层
管理内容	传统而简单	复杂且具有扩展性
管理模式	被动式强制指令	主动式尊重开发

（二）现代人力资源管理发展趋势的新类型

随着人力资源在企业发展中重要性的日益凸显，人力资源管理作为企业管理中的核心组成也出现了一些新的发展趋势。

1. 全局性职能战略发展趋势　企业战略规划的各要素都需要人员参与，企业战略规划必须获得人力资源管理部门的支持才能实现。越来越多的企业开始在企业战略规划过程中邀请人力资源管理部门人员参与并同期制定配套人力资源发展战略规划，实现人力资源管理与企业战略规划的一体化。人力资源发展战略开始与研发战略、成本战略、产品战略、营销战略等一样，成为企业不可缺少的一种全局性的职能战略。

2. 数据化发展趋势　随着大数据时代的来临，人力资源管理开始出现越来越多的数据化管理方式。基于算法的精确匹配已波及企业招聘、培训、绩效考评、薪酬等各领域，开始出现人力资源会计学等通过成本收益分析评价人力资源管理活动的管理方式。

3. 信息化发展趋势　互联网信息技术的发展，为人力资源管理带来了新的管理模式——电子人力资源管理（e-human resource，e-HR）。这是一种基于先进的互联网信息技术的全新人力资源管理模式，其中的 e 既代表"electronic"电子化，又含有"efficiency"高效之意。在先进的管理软件信息系统和大容量高速硬件基础上，将人力资源管理工作流程实现网络化、电子化，提高工作效率、降低成本、改进员工的服务模式，加强企业内不同层级不同部门员工间沟通。

📚 案例导入

三九医药的 e-HR 系统

三九医药的 e-HR 系统根据员工角色区分设置不同的薪资管理解决方案，设计全新的绩效考评流程，方便绩效追踪和岗位能力评估，并设计员工参与式培训管理解决方案，由员工自主决定将要参加的培训项目和时间，并在培训前后进行及时交流，了解员工想法，检验培训成果，实现了集中管理和全员参与相结合，人性化与安全相结合，提高了人力资源管理部门的工作效率和员工满意度。

项目二　医药企业人力资源招聘、培训与开发

一、医药企业人力资源的招聘

（一）医药企业人力资源招聘的概念和意义

1. 医药企业人力资源招聘的概念　医药企业人力资源招聘是为了实现企业既定目标，根据人力资源规划提出企业人力资源数量和质量的要求，通过各种途径选聘所需人才的活动过程。

知 识 链 接

美国管理学家哈罗德·孔茨（Harold Koontz）认为"招聘就是招收人员补充组织结构中的空缺职位"。人力资源专家 E·麦克纳和 N·比奇认为"招聘就是企业与内部或外部人力资源的一种有计划的交接活动"。

2. 医药企业人力资源招聘的意义　①成功的招聘活动可以帮助企业找到合适的人才，为企业带入新鲜的血液或为现有员工提供晋升转岗的机会，激发员工工作热情，改善现有员工结构，维持企业工作的正常运转，保持企业的竞争优势。②在招聘活动中企业可以了解到应聘人员的工作动机和价值理念，从中选择与企业文化相契合的员工，有利于员工个人和企业共同发展，降低企业工作中的沟通协调成本。③通过招聘活动的对外宣传机会，树立良好的医药企业形象，达到扩大企业知名度的作用。④为后续的培训、开发、绩效考评和薪酬管理等人力资源管理活动打下良好的基础。

（二）医药企业人力资源招聘的原则

医药企业人力资源招聘工作是培训、开发、绩效考评和薪酬管理等工作的基础，需要遵循一定的原则开展。

1. 适用性原则　适用性是指招聘标准适用于岗位，受聘人员适用于招聘标准。企业应根据岗位实际工作需要制定招聘标准，尤其对于医药企业的特定岗位应该符合法律法规的要求，招聘标准过高，容易出现大材小用，造成企业人力成本的浪费，受聘人员也会缺乏动力，失去工作热情，或导致人才流失；招聘标准过低，容易出现低才高就现象，企业正

常工作无法开展，受聘人员失去工作信心，甚至使企业蒙受损失。

2. 因岗招人原则　医药企业应根据岗位分析结果，为空缺岗位招聘合适人才，即因岗招人而不应出现因人设岗，为某个人员设置岗位容易造成企业人力成本过高，组织机构不合理的现象，影响企业工作效率和员工潜能发挥。

3. 规范性原则　医药企业人力资源招聘工作应做到规范化、程序化。按照企业既定的招聘工作程序，规范招聘流程，坚持公平、公正、公开，做到透明化招聘过程，严格遵照招聘标准客观选用人才，全面考核评价应聘人员，不因招聘人员个人喜好而影响招聘结果。

（三）医药企业人力资源招聘的渠道

医药企业人力资源招聘的渠道即人才来源主要包括内部和外部两方面。

1. 内部招聘　内部招聘即从医药企业现有员工中通过晋升或转岗填补空缺岗位。内部招聘的优点在于：①为企业现有员工提供晋升空间，激发员工的工作积极性和进取心，减少人才流失，提高员工忠诚度，吸引优秀人才；②企业在现有员工以往的工作中，已经对其品质和能力有一定了解，可减少招聘风险，降低误用或错用概率；③现有员工了解公司情况，熟悉企业文化，能较快融入岗位，理解岗位要求，减少不必要的沟通成本和时间成本。缺点在于：①容易导致近亲繁殖，在企业内形成"小团体""小帮派"，不利于企业团结和工作推进；②容易导致企业思想陈旧固化，不利于工作创新。

2. 外部招聘　外部招聘是从医药企业外部通过人才招聘会、媒体公告（网络、报纸等媒体）、校园招聘、中介、猎头、自荐、员工推荐等形式吸引现有员工以外的人员前来应聘。外部招聘的优点在于：①为企业注入新鲜血液，新员工可以引入新的管理思想和方法，有利于医药企业开拓创新；②员工来源多元化，选择范围广，可有效避免企业内出现"近亲繁殖"现象；③发挥鲶鱼效应，激发现有员工的工作斗志。缺点在于：①企业因不了解应聘人员，可能出现误用、错用，具有一定风险性；②新来员工需要较长时间融入新环境，不利于公司业务开展；③影响现有员工士气，打击现有员工工作进取心。

知 识 链 接

鲶鱼效应

　　为了保持沙丁鱼的新鲜度，渔民常在装满沙丁鱼的鱼槽里放进一条以鱼为主要食物的鲶鱼。沙丁鱼为了不被鲶鱼吃掉，必须左冲右突，四处躲避，加速游动，从而保持活力。这就是著名的"鲶鱼效应"。虽然有人指出，鲶鱼属于淡水鱼类，沙丁鱼属于海鱼类，鲶鱼放入沙丁鱼槽的海水中将导致鲶鱼死亡，根本不会出现两种鱼共生并相互影响的现象，但这个故事中所体现出的"在企业中，管理者需要引入鲶鱼型人才，以此来改变企业相对一潭死水的状况"却是真正在企业发生并得到验证的。员工必须保持不断向上的进取心和斗志，才能获得员工个人和公司的长远发展。

（四）医药企业人力资源招聘的程序

医药企业人力资源的招聘是一项复杂而庞大的程序化工作过程，也影响着企业的正常运营和未来经营目标的实现。为了招聘到企业满意的员工，需要按照既定程序规范操作，医药企业一般按照以下程序开展招聘工作（图8-2）。

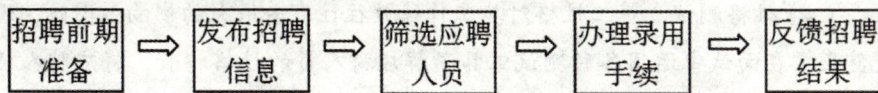

招聘前期准备 ⇒ 发布招聘信息 ⇒ 筛选应聘人员 ⇒ 办理录用手续 ⇒ 反馈招聘结果

图 8-2 医药企业人力资源招聘的程序

1. 招聘前期准备 前期准备工作主要包括制订招聘计划和组建招聘人员。招聘计划是对未来招聘工作的总体规划，主要包括：①空缺岗位的数量、具体岗位工作描述及各岗位所需人员的基本能力、素质要求；②招聘渠道和范围；③招聘信息发布的时间、方式和范围；④招聘工作的时间和面试人员安排；⑤应聘人员筛选过程和方法；⑥招聘预算。

招聘计划确定之后，还需要按照计划组建招聘组织。招聘组织通常由人力资源管理部门人员负责，其他用人部门人员共同参与，必要时可以邀请人力测评专家等参与，保证招聘结果满足公司和用人部门需要。

2. 发布招聘信息 招聘信息是应聘人员了解企业招聘需求的重要途径，医药企业人力资源管理部门应根据招聘渠道的不同，选择合适的招聘信息公布方式，如招聘网站、企业官方网站、企业内部网站、报纸、杂志、海报等，将招聘信息告知招聘对象。招聘信息通常包括招聘岗位、招聘人数、岗位要求、招聘时间、招聘地点、企业联系人、联系方式及应聘注意事项等。

3. 筛选应聘人员 筛选应聘人员是招聘过程中最为关键的阶段，也是整个招聘工作的重心，招聘人员需要从大量的应聘人员中运用科学的评价方法和手段筛选出合适的应聘人员充实到空缺岗位上。筛选过程一般包括资格审查和初选、面试、体检、核实个人资料。

知 识 链 接

面试中的测试

不同企业因其所处行业的不同、企业文化的不同等原因，在面试中采用的测试方法形形色色，常用的测试方法有以下几种：

（1）专业知识和技能的测试　常见于专业性较强的行业，这种行业对岗位专业知识和能力有较高的要求，如医药行业。通过笔试或设置模拟场景，对某技能实践操作能力进行当场测试，了解应聘人员的专业水平是否符合岗位要求，也可以测试应聘人员的临场应变能力和抗压能力。

（2）一般认知能力测试　借助于智力测试对一般认知能力和反应能力进行测试，了解应聘人员的基本认知情况。

（3）特殊认知能力测试　特殊认知能力主要包括逻辑推理能力、记忆能力和数字反应能力等。

（4）性格测试　员工性格对其工作绩效往往有着很大的影响，因此，现代企业常在面试中运用各种测试工具了解应聘人员的性格特长，将应聘人员的性格特质与招聘岗位进行比对，选出合适的员工，促进企业发展的同时发挥员工个人所长。

4. 办理录用手续　通过层层筛选的应聘者在正式进入工作岗位前，还需要办理录用手续，包括签订劳动合同、接受新员工岗前培训等。如果存在试用期，还应签订试用期劳动合同，保证应聘人员和企业的合法权益。新员工岗前培训的主要目的是帮助其尽快熟悉企业状况，了解企业的发展历史、企业文化和规章制度，学习岗位所需的专业知识和技能，尽早融入新的企业和新的环境，从"社会人"变成"企业人"。

5. 反馈招聘结果　应聘人员进入工作岗位后并不意味着招聘工作的结束。人力资源管理部门人员还需要对整个招聘过程进行评价，并在后续工作中跟进应聘人员的工作表现，进一步评价招聘人员的工作效果，验证应聘人员与工作岗位是否匹配，是否达到招聘目的，总结其中的经验教训，检验招聘流程是否完善，是否符合企业长远发展的要求，有利于提高招聘工作的质量，降低招聘成本，调动招聘人员的工作积极性。

（五）医药企业人力资源招聘的注意事项

1. 医药企业筛选应聘人员过程中，除了对应聘人员专业知识和技能、基本能力等针对岗位招聘要求的考查之外，还应考察应聘人员以下方面：

（1）应聘者的工作经历　一个人的工作经历也就是他的成长经历，可能有成功的经验，也可能有失败的教训，但都对其今后的工作态度、工作业绩有这样那样的影响，如跳槽多的人员往往会心态不稳定，也会把现在的工作当成跳板，经历相对简单的员工对企业的忠诚度较高，责任感更强；而操作规范的医药企业中的员工，工作程序更符合国家法规要求，具有较强的法律意识和合规意识。企业需要在其经历中寻找最符合岗位需求的特质。

（2）应聘者的价值观和职业操守　一个工作能力很强，但是价值观与企业文化不符，没有职业操守的员工，短时间内可能为企业带来好的影响，甚至推动企业发展，但长远看来对企业发展存在难以预估的隐患；企业在考察工作能力之余，也要重视应聘者的价值观与本企业企业文化的契合度，考量其职业操守、道德品质，尤其是对于员工职业道德标准要求较高的医药行业，更应如此。

（3）应聘者的人际关系　人际关系的好坏一定程度上也决定了员工与团队的合作能力。人际关系不好会影响团队的整体工作绩效，提高了团队的沟通成本，降低工作效率。企业要慎用人际关系不好的人员。

2. 医药企业人力资源招聘中应避免出现以下现象：

（1）光环效应：因为应聘人员某个方面的突出表现而掩盖其他特质，从而影响招聘人员的客观判断。医药企业招聘人员应全面考察应聘人员并综合多个招聘人员的看法做出决策，避免光环效应带来的误用、错用、因人设岗等现象。

（2）评价标准不统一：面对不同应聘人员，采用不同评价标准，在评价过程中加入招聘人员个人感情色彩，如对招聘人员的朋友或同学放宽标准。

（3）某些严重的歧视或偏见，如性别歧视、地域歧视、属相歧视等。

二、医药企业人力资源的培训

（一）医药企业人力资源培训的概念与意义

1. 医药企业人力资源培训的概念　医药企业根据企业发展和实际工作需要，为提高企业管理者的管理水平和员工素质、岗位技能而对其实施的一系列培养和训练活动。

2. 医药企业人力资源培训的意义

（1）提高员工素质和技能　医药市场环境复杂多变，不管是专业技术，还是消费者的需求，都处在发展变化中，持续的培训可以不断提高员工素质和技能，保持其知识技能与岗位发展的一致性，提高工作绩效，推动企业发展。

（2）提升员工工作满意度　员工职业发展中存在自我提升的需要，企业提供的各项培训活动可以满足员工自我能力提升的要求，激励员工，为企业吸引人才、留住人才。

（3）增加员工对企业的认同　通过培训活动，向员工传递企业使命、价值观，统一认识，增加员工认同感，建立优秀的企业文化团队，提升医药企业整体绩效，促进企业持续发展。

（二）医药企业人力资源培训的原则和内容

1. 医药企业人力资源培训的原则

（1）目的性原则　企业任何工作开展之前都要设置明确的工作目标，培训目标的确定，不仅可以使受训员工明确方向，针对性地开展学习，也有助于培训结束之后的培训效果考评，有助于提高培训的效果。培训目标应清晰、明确，不产生歧义，且与每个人的具体工作相联系。

（2）差异化原则　不同岗位、不同级别，岗位要求不同，绩效考评标准不同，培训目标各不相同，与此同时，不同学历背景、不同年龄层的员工间也各有差异，培训方式也应有所不同，因此，对员工的培训应充分考虑他们各自的特点，根据员工的不同学历背景、不同职务、不同要求及其他差异，区别对待，因材施教。

（3）实用性原则　培训是为了提升员工素质、技能，满足岗位要求和企业发展需要，因此，培训内容应以实用为主，围绕岗位需要和企业实际状况，针对性地开展培训，注重培训内容和培训成果的转化，并及时对培训效果进行考评反馈。

2. 医药企业人力资源培训的内容　不同企业在不同阶段针对不同岗位的培训内容都有所不同，一般包含下列内容：

（1）企业文化　员工要想完全融入企业氛围，尽快按照公司要求开展工作并取得成绩，首先得了解企业文化，顺应企业的价值观和经营理念。优秀的企业文化也会起到很好的凝聚和约束作用，规范员工行为，鼓舞员工士气，统一员工思想认知。

（2）职业道德操守和医药法律法规知识　医药产品关乎百姓生命安全，医药相关法律法规较多且严格，对从业人员的职业道德和法律素养有较高要求，因此职业道德操守和医药法律法规知识也是员工培训的一项重要内容。不仅可以提升员工的责任感、诚信意识和法律意识，有助于树立企业品牌形象，推动医药企业发展，而且在一定程度上也可以提高员工对企业的忠诚度，保证企业工作顺利开展。

（3）岗位职责和规章制度　员工进入岗位之前，得明白自己的工作职责是什么，需要做什么样的工作，哪些能做，哪些不能做，即明白岗位职责和相关的企业规章制度，这样才能按照医药企业要求有序开展工作。

（4）医药专业知识与技能　新进员工虽然在一定程度上是符合企业岗位要求才进入企业的，但也不乏一些刚刚走出校门的毕业生，需要在专业上给予针对性的指导。即使是已经对行业有一定熟悉度的员工，随着科学技术的不断进步，岗位工作方式和要求的不断改变，也需要员工不断更新知识系统，提升医药专业知识和工作技巧，实现企业整体效益的提高，这也是员工自我价值实现的需要。

（三）医药企业人力资源培训的方法

1. 根据培训对象及其是否在岗，可以划分为新员工培训、在岗培训和脱产培训。

（1）新员工培训　新员工培训是在新入职员工进入岗位开始正式工作之前的岗前培训，培训目的是使其了解企业和岗位工作环境，熟悉岗位职责和规章制度，尽快进入工作状况。内容着重于企业文化、岗位职责和规章制度。

（2）在岗培训　在岗培训是员工在岗工作期间，不离开自己的工作岗位，利用业余时间或少部分工作时间接受的各种培训。目的是提升员工工作技能和专业知识水平，使之与不断变化的工作要求相一致。内容着重于专业知识与技能、职业道德操守。在岗培训是企业培训中的一种常规培训，最为常见。

（3）脱产培训　脱产培训是员工离开工作岗位，采用脱产形式全身心投入所接受的各种培训。这种培训形式可以使员工集中精力投入培训，效果相对较好，但一定程度上会影响其本职工作，需要企业在培训开始之前安排好工作交接等事项。内容一般是岗位所需的专业知识和技能提升，通常在企业内部专门组织或到国内外专门的学校或培训机构进行，以企业外部专门的学校或培训机构居多。

2. 根据培训形式的不同，可以划分为集中讲授、轮岗、学徒式培训和情景模拟训练。

（1）集中讲授　集中讲授是将受训员工集中起来由讲师进行知识传授并当场解疑的培训方式，多用于新员工培训或受训人员较多的通用类知识或技能培训，这种培训方法可以在有限时间内集中、高效地传递知识，人均成本较低，但受讲师水平和受训员工积极性影响较大。

（2）轮岗　轮岗式的培训多见于对管理岗位或"全能型"受训者的培训，是一种有系统的定期换岗培训，目的是使员工了解不同岗位的工作要求和技能，丰富员工的工作经验，开发工作潜能，有助于员工全面了解企业运作过程，学会从全局角度看待工作，但容易造成受训者对每个岗位缺乏深入了解，不适合于专业特长型人才的培养。

（3）学徒式培训　学徒式培训是在工作中由师傅带徒弟，手把手传递岗位专业知识和技能的培训方式。比较适合于专业操作性较强的医药企业的技术岗位的新员工培训。师傅将长期工作中积累下来的专业知识、技能和工作经验直观传授给徒弟，徒弟在工作实践中可以将理论同实践结合在一起，获得较快成长。但这种培训方式受师傅的岗位技能、传授水平和传授意愿影响较大，不良的工作习惯也容易在培训中得以在徒弟身上"复制"。

（4）情景模拟训练　情景模拟训练是设置模拟工作场景，由受训员工模拟某个岗位角色进行训练的培训方式。由于医药行业的特殊性，错误的危害性较大，允许犯错误的机会很少，此种培训方式可以减少社会危害性。比如医药零售企业负责顾客接待服务的营业员岗位经常采取此种培训方式。受训员工在模拟场景中，比较容易掌握相关知识和技能，锻炼其临场应变能力和技巧运用能力，但由于需要事先设置模拟的工作场景，受训员工——演练，人均成本较高。

（四）医药企业人力资源培训的效果评估

医药企业人力资源培训的效果评估是在培训结束后通过搜集受训员工的反馈意见、培训表现和培训考核结果来对培训效果进行综合评判的过程，是医药企业人力资源培训中不可缺少的组成部分。通过效果评估，可以为下一次的培训积累经验教训，指导下次的培训过程，也可以为今后是否开展同类型、同内容的培训提出决策参考。一般常通过受训员工的学习评估、反应评估、行为评估和结果评估等方法对培训效果加以评估。

效果评估需要在培训活动开始前根据培训目标确定明确清晰的评价标准，并对受训员工进行先测，了解受训员工的原有水平，方便进行培训结束时的结果对比，了解员工的工作表现变化。

三、医药企业人力资源的开发

（一）医药企业人力资源开发的概念和意义

1. 医药企业人力资源开发的概念　人力资源开发（human resource development，HRD）是随着"以人为本"的管理思想深入而出现的，20 世纪 70 年代以来盛行于西方实践活动中。它是组织在现有的人力资源基础上，依据组织战略目标和组织结构的变化，对人力资源进行调查分析、规划和调整，提高组织现有人力资源管理水平的活动。

医药企业人力资源的开发是指企业以各种方式使员工具备完成现有岗位或未来工作所需要的知识和技能，改善工作业绩，最终实现医药企业整体效益提升的一种系统性、计划性的活动。

医药企业人力资源的培训与开发是一对密切联系而又有所区别的概念。两者都是企业人力资源管理部门的工作内容，多是针对员工开展的知识或技能传递过程，用以加强员工个人素质和岗位技能的提升。但培训主要侧重于向员工传授完成当前的岗位工作所需的知识和技能，满足当前工作需要，提高当前工作绩效，而开发则以未来为导向，拥有一个更长期的关注焦点，更加强调和关注于为未来工作任务做准备，侧重于帮助员工寻求个人发展路径。培训常带有一定的强制性，而开发更有助于提升员工自身素质和修养，对其未来职业成长有所帮助，因此员工具有一定的自主性。

2. 医药企业人力资源开发的意义

（1）维持企业正常运转　企业在经营过程中，不可避免地遇到新业务、新市场，甚至新的行业，员工需要熟悉、了解新业务和新市场，更新自己的知识系统。企业要维持正常运转，需要持续地进行人力资源开发，保证员工面对不断变化的市场有着充分的了解和应对能力。

（2）留住优秀人才　员工自身也有职业发展需要，恰当的人力资源开发，合理的晋升渠道，可以吸引员工留下来，避免企业人才流失，同时吸引新员工加入。

（3）适应经济全球化挑战　人力资源开发有助于提高企业产品质量和服务质量，有助于企业经营管理能力和技术水平的提高，可有效应对不断变化的全球化经济挑战。

（二）医药企业人力资源开发的方法

1. 企业内部开发方法

（1）在职开发法　主要采用轮岗、学徒、实践学习等形式对人力资源进行开发。比如实践学习是被开发员工用全部时间全身心投入地分析和解决企业内外存在的某项具体实际问题。

（2）脱岗开发法　被开发员工离开工作岗位，通过脱产学习、研讨会、周期性带薪休假等形式提升自我。比如周期性带薪休假是企业提供给员工一定的带薪休假时间，缓解工作压力，保持工作热情，增进员工的归属感。

2. 企业外部开发方法

（1）招聘　企业通过专业招聘网络、企业官方网站、报纸、杂志等媒体公布招聘信息，招收相关人员、开发新员工的一种形式，包括针对校园毕业生、实习生的校园招聘。

（2）主动引进　企业主动出击开发人才，即主动引进，由企业内部人力资源管理部门自己主动寻找或交由"猎头公司"帮忙寻找人才，通常需要企业提供丰厚的待遇条件吸引人才，吸纳对象基本上都是具有丰富经验的资深专家或某些专长的中高层管理人员和技术人员，可以帮助企业快速改善现有经营状况。

📚 案例导入

诺华中国大学

作为全球知名医药公司，诺华一直在《财富》杂志评出的世界500强医药榜中名列前茅。在人力资源管理方面，诺华同样表现突出，建立了企业与员工全方位的沟通机制，确立"以人为本"的员工差别激励原则，在中国设立了诺华中国领导力发展中心。通过与国内外知名院校合作，为公司各事业部挑选出有发展潜力的人才，搭建独具中国市场特色的领导力课程体系，培养其工作技巧，给予受训员工一个机会去思考、得到新的观念和知识，有利于员工未来职业发展。2009年将诺华中国领导力发展中心升级为"诺华中国大学"，形成了一整套人才发展的阶梯课程，确保受训员工不断成长，建立了一个人才培养开发的快速通道，即"人才输送管线"。2011年诺华成为 *Barron's* 周刊"2011年度世界最受尊重企业"中制药或生物技术类别排名最高的公司，连续三年荣获《财富》杂志全球"最受尊敬企业"殊荣，被评为"2013怡安翰威特最佳雇主"和"优信咨询全球最受工科学生欢迎医药行业雇主10强"。

项目三　医药企业人力资源绩效考评及薪酬管理

一、绩效考评概述

（一）绩效的含义

绩效是指团队或个人在一定时期内投入产出的效率与效果。对企业来说，"绩效"是指企业在一定时间段内围绕自身的经营责任所达到的阶段性的经营结果及在经营过程中表现出来的营运效率。对员工来说，"绩效"是指员工在一定时间段内围绕各自的岗位职责所达到的阶段性工作成果及在工作过程中的表现。

（二）绩效管理

绩效管理是指企业各级管理者为了确定和实现绩效目标，与员工共同参与制订绩效计划、持续进行绩效反馈与辅导、定期进行绩效考核评价，使企业绩效持续提升，员工和部门达到绩效目标，促进员工取得优秀绩效水平的管理过程。

绩效管理是员工管理和企业发展的基本工具，其目的是持续提升各个层面的绩效水平。绩效管理围绕着企业目标，通过计划制订、反馈辅导、分析考评、结果应用四个方面形成了一个周期性循环过程。在这个过程中，计划制订是前提，没有合理的绩效计划，绩效管理就无从谈起；反馈辅导是绩效管理的基础；分析考评是绩效管理的核心；结果应用是绩效管理的目标。

（三）绩效考评

绩效考评是人力资源管理的一项核心职能，简单地说，就是绩效考核和评估的总称。绩效考评是按照一定的标准和程序，运用科学、有效的方法对员工绩效进行客观的描述和评价。评价往往以员工对企业和部门目标实现的贡献程度为依据，通过这种反复的评价、修正过程，最终促进员工的行为能够得以改善，以更好地为实现企业目标服务。绩效考评是作为员工晋升、奖惩、发放工资、进修培训等的依据。

二、绩效考评方法概述

（一）绩效考评应遵循的原则

1. 客观公平　公平是员工绩效考评的前提。客观是指在绩效考评中考评者要实事求是，排除一切干扰，全面、真实地进行考评。企业应当提前制定出各种考评标准、考评程序和考评责任，在考评的过程中严格遵守这些规定，才能使员工对考评工作产生信任感，并理解、接受考评结果。

2. 公开与开放　绩效考评的标准和程序首先是公开和开放的，这样才能取得全体员工的认同。而整个考评过程也应当是公开透明的。企业坚持考评的公开性和开放性，对考评工作是非常重要的。

3. 反馈与修改 绩效考评的结果一定要如实反馈给被考评者本人，否则就达不到考评的目的，更不能促进员工绩效的改进。现代的绩效考评必须构建起反馈系统。

4. 可行性和适用性 在制订考评方案时，要根据绩效目标合理设计方案，并对潜在的问题认真进行分析，要预测到考评过程中可能会发生的问题，对其进行可行性分析。而适用性则包括两个方面的含义：一是指考评工具和方法是否有助于企业目标的实现；二是所设计的考评方法和手段能否适应相应的岗位及考评的目的。

5. 定期化与制度化 绩效考评是一种连续性的管理过程，既是对员工工作能力与态度、工作业绩的评价，也是真正了解员工的潜能，对他们实行激励措施的重要手段。因此定期化、制度化地进行绩效考评，才能发现企业中的问题，从而有利于企业的有效管理。

6. 时效性原则 绩效考评是对一定时期内的成果形成综合的评价，而不是将该时期以外的行为和成绩强加于这个时期的考评结果中，这就要求绩效数据与考评时段相吻合。

7. 可靠性与准确性 可靠性也称为信度，绩效考评的信度是指绩效考评方法能保证收集到的工作能力、工作态度、工作成绩等信息的一致性，它强调不同评价者对同一个人评价的一致性。准确性也称为效度，绩效考评的效度是指考评方法测量人的能力与绩效内容的准确性程度，强调的是内容效度。

（二）绩效考评的方法

根据不同的考评标准，绩效考评的方法分类也不同。如果按照考评的相对性和绝对性来区分，可以分为相对考评和绝对考评。相对考评通常是对员工的绩效进行相互比较，从而取得考评分数，这种方法往往适合于群体考评。绝对考评是对考评的项目确定一个客观的标准，然后将员工在某一时期内的绩效与该标准进行对比而获得考评结果，这种考评方法往往适合于个人考评。如果按照考评内容进行区分，则可以分为特征导向考评、行为导向考评和结果导向考评。在具体的绩效考评中，一般采取以下的几种方法：

1. 排序法 排序法是一种相对考评方法，是指直接比较员工绩效相对的优劣程度，确定员工的相对等级或名次的方法，也称为分级法。这种方法可以为全体员工的绩效进行排序，在具体操作中又可分为直接排序法、交替排序法、配对比较法、强制分布法等。

2. 量表法 量表法是使用较为普遍的绩效考评方法，也是较简单的方法。通常是用一些图表列举出绩效构成要素，并将考评指标的定义、尺度及权重等设计成表格以便用于考评。

3. 关键事件法 关键事件指的是对企业效益产生重大的积极或消极影响的事件，这种方法往往由考评主体把员工在考评期间内所有的关键事件以书面记录，并根据记录来讨论员工的绩效。该方法一般不能独立运用，主要是对其他考评方法的一种补充。

4. 行为对照表法 这种方法主要是在考评前事先设计出描述员工规范工作行为的表格，考评主体将员工的工作行为与对照表进行对照，以便准确描述员工具体的工作行为，形成评语。

5. 行为等级评价法 这种方法实际上是对特定行为进行描述，考评主体根据给定的行为锚定等级标准对员工的能力、技能进行评价的一种方法。

6. 叙述法 叙述法是考评主体用一段简洁的文字来描述员工的业绩，这种考评方法产生的结果往往受到考评主体的主观意愿和文字水平的影响，并且由于没有统一的考评标准，不同员工的考评结果难以进行比较。

7. 目标管理法 目标管理法是根据事先设置的绩效标准制定目标，然后依据员工的目标完成情况，定期进行考评。

三、医药企业薪酬设计的核心问题和原则

薪酬是指员工作为企业在岗职工所获得的一切货币和非货币形式的劳动报酬。薪酬既包括经济性的货币报酬，如工资、奖金等，也包括非经济性的非货币报酬，如良好的工作环境、具有挑战性的工作、固定假期等。医药企业合理恰当的薪酬设计，可以使员工能够获得的物质利益、精神奖励和其劳动成果联系起来，从而焕发出更高的劳动热情，进而促进企业实现更高的绩效目标。

（一）医药企业薪酬设计的核心问题

1. 内部一致性和薪酬结构 根据对企业或是部门绩效目标所做出的贡献为依据，同一企业不同岗位之间或不同技能水平的员工之间会有薪酬的比较，这是在薪酬设计中需要考虑的内部一致性问题。薪酬结构则是指企业员工的薪酬差异性。薪酬差异性包括不同级别员工的薪酬差别、同一级别不同岗位员工的薪酬差别、同一岗位不同人员的薪酬差别等层面。

2. 外部竞争性和薪酬水平 医药企业可以参照竞争对手的薪酬水平定位自己企业的薪酬水平，这就是外部竞争性，企业可以通过薪酬调查来解决薪酬外部竞争性问题。

3. 员工贡献度和薪酬构成 企业要重视员工的绩效，绩效水平越高的员工获得的重视和激励程度将直接影响到员工的工作态度和行为。同时，企业需要根据实际情况实行自身发展的基本工资制度，而不同的工资制度就有不同的薪酬构成元素，员工工资收入可分为固定薪酬部分和浮动薪酬部分，在企业薪酬设计中，是固定薪酬部分占主体还是浮动薪酬部分占主体是非常关键的问题。

（二）医药企业薪酬设计的原则

医药企业的薪酬设计应考虑上述几个核心问题。在制定的过程中，要注意以下几个原则：

1. 物质利益原则 医药企业在组织生产和经营活动时，应当考虑利用物质利益来调动员工的积极性，在兼顾国家、企业和员工三者利益的情况下使员工的劳动报酬同其个人绩效水平挂钩，但应注意避免员工因过于追求劳动报酬而出现违规操作，违反职业道德。

2. 竞争性原则 医药企业在制定薪酬时，必须要考虑医药企业所在地区的平均薪酬水平、竞争企业的薪酬水平，结合医药企业在经济市场中所处的地位、内部人力资源储备及盈利情况，综合考虑薪酬水平，使医药企业的薪酬水平具有较强的市场竞争力。

3. 激励性原则 在制定薪酬时医药企业应该增强工资的浮动部分。一方面，通过绩效考评，使员工的劳动报酬与企业绩效结合起来，从而激发员工积极性。另一方面，在重视物质利益激励作用的同时，也要对员工有足够的精神激励，甚至是让不同岗位的员工有同等的晋级机会。只有真正实现激励作用，员工绩效和企业绩效才能得以提升。

4. 公平性原则 薪酬的制定应该建立在合理、统一的规则下，通过对员工的绩效考评决定员工的薪酬待遇水平。公平主要包括结果公平、过程公平和机会公平。

5. 经济性原则 医药企业在发展的过程中，要保证人工成本的增长幅度低于企业利润的增长幅度，在薪酬设计时企业必须考虑支付能力，要提前科学、合理地进行人工成本测算，把人工成本的增长控制在一个合理范围内。

6. 合法性原则 医药企业薪酬设计必须要遵守国家的法律、法规和当地的相关政策，这是最基本的要求。比如最低工资制度、加班工资规定、员工社会保障、医疗保险等规定。

四、薪酬制度

医药企业应建立公平合理的薪酬制度，以利于调动员工的工作积极性，从而为企业获得更好的绩效，创造更大的利润。

（一）薪酬体系结构

简单地说，医药企业薪酬体系一般由保健因素薪酬和激励因素薪酬构成。保健因素主要是指企业的工作环境，如企业政策、工资制度、人际关系和工作条件等。对应的保健因素薪酬主要是固定工资、津贴补贴和部分福利等。激励因素主要指的是员工的责任感、工作能力、绩效水平及自身的成长和发展。激励因素薪酬又分为短期激励薪酬和长期激励薪酬。短期激励薪酬包括绩效工资和奖金等，长期激励薪酬主要是现金和股权。

赫茨伯格的双因素理论

美国心理学家赫茨伯格于1959年提出了著名的双因素理论。该理论认为引发员工工作动机的因素主要有两个：一是保健因素，二是激励因素。保健因素只能消除员工的不满，但不会带来满意感，如工资报酬、工作条件、劳动保护、人际关系等。而只有激励因素才能够给员工带来满意感，如工作表现机会、工作带来的愉快和成就感等。

（二）薪酬制度的类型

1. 结构工资制 结构工资制又称为分解工资制或是组合工资制，这种工资制度是我国企业工资制度改革以来使用较普遍的一种工资制度。结构工资制是指把若干项具有不同功能并且能够体现不同劳动因素的工资部分组合成工资总额，采用这种工资制度进行薪酬设计时，要考虑各工资单元的结构系数，才能更好地体现薪酬分配的公平性原则。

结构工资一般又分为以下几个组成部分：

（1）基础工资 基础工资也称为基本工资，是保障员工基本生活需求的最低工资。只要是在岗的职工都应有基础工资。这部分工资主要采用两种形式来确定和发放，一种形式是无论员工身份，规定统一数额，因此也叫作按绝对数额办法确定。另一种形式是按照系数办法确定，即根据员工岗位、职务的不同，在相应基数的基础上用系数的办法来确定。

（2）岗位工资 岗位工资也称为职务工资或技能工资，这部分工资是根据不同岗位或职务的技能要求、责任大小、劳动条件及工作繁重程度等因素来确定的。一般来说，岗位工资是结构工资里面最主要的一项，因此在结构工资中占的比重也最大。它发挥着激励员工努力提升自身工作能力和业务水平的主要作用，一般有两种具体形式：一种是采取岗位等级工资形式，岗内分级，一岗几薪，另一种是一岗一薪形式。

（3）年功工资 年功工资又称为工龄工资，是根据员工参加工作的年限，按照一定的标准计算的工资部分。年功工资是对企业员工逐年积累的劳动贡献的承认和鼓励。一般来说，员工工作时间越长，年功工资就越多。

（4）效益工资 效益工资是企业根据经济效益和员工完成实际工作的数量和质量所支付的一部分工资，这部分工资往往没有固定的工资标准，一般采取奖金或提成的形式发放。也称这部分工资为浮动工资或奖励工资，这部分工资有利于调动企业员工工作的积极性和主动性，也有利于引入竞争机制，促进员工素质的提高，进而带动企业利润的增长。

2. 岗位绩效工资制 岗位绩效工资制是指企业以固定的考核周期对员工进行绩效考评，其薪酬的发放与考核周期内员工的绩效水平紧密挂钩。

3. 津贴制度 津贴制度主要是按劳分配形式的一种补充，是在特殊劳动条件和工作环境下产生额外劳动消耗的一种辅助工资形式，各个企业生产技术条件和工作环境不同，实行的津贴制度项目内容也不尽相同。但一般来说分为岗位性津贴、地区性津贴、保证生活性津贴等，如夜班津贴、高温津贴、取暖补贴、兼职岗位津贴等。

4. 奖金制度 奖金制度是奖励员工超额工作劳动报酬的一种形式，也是一种辅助工资的形式，奖金具有灵活性、针对性和及时性的特点，能更好地发挥薪酬分配的各种作用。常见的奖金形式有综合奖、单项奖、超额奖及其他奖金形式。

5. 特殊工资制度

（1）年薪制 这种工资制度是对员工的工作业绩以一年为一个考核周期进行绩效考评，薪酬发放的数额与其绩效考评结果紧密挂钩。

（2）专家高薪制 这种工资是企业高层领导根据实际情况灵活确定，对那些工作能力强，为企业带来巨大收益的技术专家、管理专家而设置的一种工资形式。

（3）销售提成工资制 这种工资形式适用于医药企业一线销售类员工，以一个固定周期对员工的工作绩效进行考评，其薪酬的发放与考核周期内的绩效表现紧密挂钩。

（4）协议工资制 这种工资形式往往适用于企业返聘与外聘的员工，可以根据聘用的岗位性质与企业协商工资。

（三）福利制度

福利制度是企业在合法范围内为员工提供的尽可能提高生活质量的一种社会保障制度。福利是员工工资的重要补充，也是员工物质利益中的一个重要内容。

企业员工福利的内容很多，一般包含以下几个内容：

1. 生活福利 生活福利是企业为了方便和丰富员工个人和家庭生活而提供的福利项目，包括企业为员工提供法律服务、心理咨询、贷款担保、子女教育费用、养老院等内容。

2. 个人福利 个人福利指的是企业根据自身的发展需要提供的可以与员工选择相结合的福利项目，包括交通补贴、退休金、养老金、工作餐等。

3. 带薪休假 带薪休假指的是企业为员工在非工作时间按照工作时间的标准发放工资福利，常见的有婚假、病假、产假、公休假等。

4. 公共福利 公共福利指的是按照法律规定，由政府提供支持，企业强制实施执行的一些保障性的项目，包括医疗保险、失业保险、养老保险、工伤保险、生育保险等。

复习思考

1. 简述医药企业人力资源招聘的渠道和程序。

2. 简述医药企业人力资源培训的原则和方法。

3. 简述医药企业薪酬制定的原则。

4. 简述医药企业薪酬制度的类型。

扫一扫，知答案

模 块 九

医药企业财务管理

扫一扫，看课件

【学习目标】

1. 掌握医药企业财务管理的目标、内容；货币时间价值及其计算方法，财务分析内容、方法和指标。

2. 熟悉医药企业产品成本的分类；医药企业利润分配顺序和财务基本报表分析。

3. 了解医药企业财务关系；产品成本费用控制的方法；医药企业利润构成和分配原则。

案例导入

三九医药集团的成与败

1985 年，在深圳城郊的笔架山上，43 岁的赵新先受命创办南方药厂（三九医药集团前身），将治疗胃病的中药配方开发成一个纯中药复方冲剂——"三九胃泰"。当年，南方药厂就拿下 1100 万元的销售收入。到 1988 年年底，南方药厂的产值就达到了 18 亿元，实现利税 4 亿元，成为当时国内知名度最高、盈利性最好的中药企业。1989 年前后，先后推出壮骨关节丸、正天丸、皮炎平等系列中药产品，销售收入都在 1 年内超过 1 亿元，成为 20 世纪 80 年代最成功的市场化企业之一。

1996 年，全国的国有企业改革进入最艰难的时刻，各地政府纷纷推出老企业改组和嫁接的新政策。在此形势下，三九医药集团拟定了大规模收购兼并的战略。

三九医药集团的第一次扩张非常成功。以 1700 万元并购的四川雅安制药厂1年后产值就达到了1亿元，实现利税2000多万元。

在第一次成功的刺激下，三九医药集团开始了更大规模的扩张，并从医药行业扩张到其他产业。但是第二次的扩张缺乏整合和深耕，并没有让三九医药集团实现决定性的飞跃。三九医药集团自1990年之后便再也没有开发出一个成功的中药产品，后来的10多年里，它一直靠三九胃泰及皮炎平等"老臣"支撑着天下。

2001年8月，证监会公开通报批评三九医药集团，称其在募集资本的使用上与招股说明书不符，大股东及关联方占用上市公司资金超过25亿元，占公司净资产96%，严重地侵占了广大中小投资者的利益，直接威胁到上市公司的资产安全。

受到战略失误和公开通报的影响，三九医药集团受到重创。根据年报数据显示，到2002年年底，三九医药集团的经营净利润只有2271.3万元，资产负债率高达92%，债务总额为191亿元，资产回报率仅为0.1%。

2003年，有媒体刊文《98亿贷款：银行逼债三九集团》，披露三九医药集团共欠银行贷款余额98亿元，已经陷入巨额财务危机。此文一出，"讨债大军"纷至沓来，三九医药集团总部一片混乱，一些性急的银行开始封存三九医药集团资产，冻结质押股权，并向法院提起了诉讼。

曾经风光无限的三九医药集团陷入了资不抵债的境地，生产经营难以为继，出现了财务危机。2006年12月，华润集团公司向有关部门提交了三九医药集团重组方案。2007年国资委批复同意三九医药集团资产债务重组。2008年1月，三九医药集团并入华润集团成为全资子公司。

三九医药集团是中国中药企业中唯一一个把产值做到将近100亿元的企业。它曾经构筑一个令人生畏的企业集群，它的产品曾经风靡全国，扩张业绩无人可及。但当它的冲锋最终疲软下来的时候，最终的结果也让人唏嘘不已。

思考：通过财务数据如何解读、剖析企业的经营情况？如何利用筹资、投资等财务管理手段规避财务风险，为企业发展服务？

项目一　医药企业财务管理概述

一、财务管理的目标

医药企业财务管理目标是医药企业组织财务活动、处理财务关系所要达到的根本目的，是医药企业一切财务管理工作的出发点和归宿，是评价企业财务活动是否合理的标准，决定着企业财务管理工作的基本方向。

医药企业财务管理的目标有两个层次：第一个层次是企业财务管理的整体目标，第二个层次是企业财务管理的分部目标。

（一）企业财务管理的整体目标

从本质上讲，医药企业财务管理的目标取决于医药企业目标和特定的社会经济模式，具有导向、激励、凝聚和考核作用。关于现代医药企业财务管理目标的观点很多，主要有利润最大化、股东财富最大化和企业价值最大化三种代表性观点。

1. 利润最大化　利润最大化目标是假定在投资预期收益确定的情况下，财务管理行为朝着有利于企业利润最大化的方向发展。这种观点认为，医药企业是营利性组织，利润是企业创造的价值，将其作为企业财务发展目标具有合理性。在这种目标导向下，医药企业应该尽可能地增加收入、降低成本，从而提高利润。这种观点避免了以前以产值最大化为目标的盲目生产与消耗，但忽视了时间价值和风险因素，片面追求利润最大化可能会使企业决策产生短视行为。

2. 股东财富最大化　股东财富最大化目标是指企业的财务管理以股东财富最大化为目标。在上市公司中，股东财富是由其所拥有的股票数量和股票市场价格两方面来决定的。在股票数量一定时，股票价格达到最高，股东财富就达到最大。与利润最大化目标相比，股东财富最大化的优点有：考虑了风险因素；在一定程度上能避免企业追求短期行为，因为不仅当期利润会影响股票价格，预期未来利润对股价同样会产生重大影响。但是以股东财富最大化为目标同样存在着问题。首先，只适用于上市公司；其次，由于股价受诸多外部因素影响，所以它并不能完全准确地反映企业的财务管理状况；最后，过多强调股东利益，本质上是对其他相关者利益的重视程度不够。

3. 企业价值最大化　企业价值是企业所拥有的全部资产的市场评价。企业价值最大化的财务管理目标反映了企业潜在的或者预期的获利能力和成长能力。其优点主要表现在：充分考虑了资金的时间价值和投资的风险；反映了企业资产保值增值的要求；有利于克服管理上的片面性和短期行为；既体现了股东的权益又兼顾了其他利益相关者的利益。但是实现这种目标的困难在于企业价值的评估比较抽象，在实际工作中难以操作。

（二）企业财务管理的分部目标

财务管理的分部目标取决于财务管理的具体内容。财务管理的具体内容有资金筹集管理、投资运营管理和收益分配管理。因此，医药企业财务管理的分部目标可以概括为如下几个方面：

1. 企业筹资管理的目标　医药企业为了保证生产的正常进行或扩大再生产的需要，必须有一定数量的资金。医药企业可以从多种渠道、多种方式来筹集资金，其可使用的时间长短、附加条款的限制和资金成本的大小都不相同。这就要求企业在筹资时不仅要从数量上满足生产经营的需要，而且要充分考虑各种筹资方式给企业带来的资金成本的高低。财务风险的大小以最低需要量为原则，选择最佳的筹资方式以实现财务管理的整体目标。

2. 企业投资管理的目标 医药企业筹集的资金在满足生产经营的情况下，可以用于投资活动，给企业带来更多的效益。但是，任何投资决策都会带来一定的风险性，在投资时要充分分析并进行可行性论证，以便在风险和报酬之间进行权衡，力求提高投资报酬、降低投资风险，从而不断提高企业价值，实现企业管理的财务目标。

3. 企业营运资金管理的目标 医药企业的营运资金是为了满足企业日常经营活动而使用的资本。营运资金的周转与生产经营周期具有一致性。在一定时期内资金周转越快，就越是可以利用相同数量的资金，生产更多的产品，取得更多的收入，获得更多的报酬。因此，加速资金周转是提高资金利用效果的重要措施。

4. 企业利润管理的目标 医药企业要进行生产经营活动，需要耗费生产资源，取得生产收益，获得经营利润。企业财务管理必须努力挖掘企业潜力，促使企业合理使用人力、财力、物力，以尽可能少的成本获取更多的收益，提高企业价值。企业的利润分配关系着国家、企业、企业所有者、企业职工及其他相关者的经济利益。在分配时，一定要从全局出发，正确对待和处理各利益团体之间可能发生的矛盾。

二、财务管理的基本内容

医药企业的财务管理内容包括企业财务活动和财务关系。前者是指企业生产经营过程中的资金运动，后者是指财务活动中体现的企业与各利益相关者的经济关系。

（一）企业财务管理活动

医药企业财务管理活动围绕着企业资金运动而产生，包括资金的筹集、投放、回收及利益分配等活动（图9-1）。

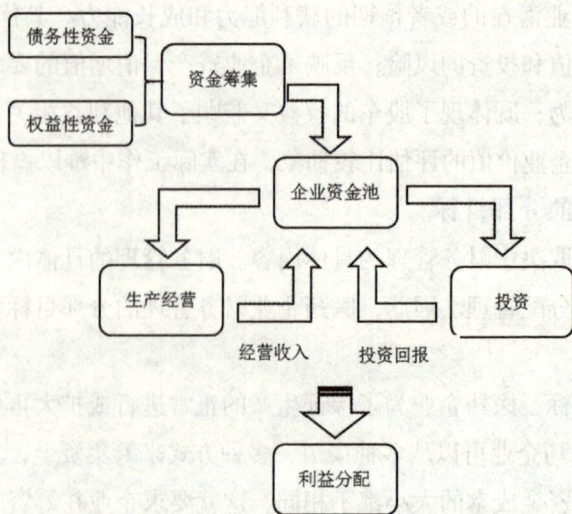

图9-1　医药企业资金运动和财务管理活动图

1. 企业筹资引起的财务活动 医药企业可以通过银行贷款、发行股票、发行债券、吸收直接投资等方式筹集资金，表现为企业资金的流入。企业偿还借款、支付利息、支付股利及付出各种筹资费用等，则表现为企业资金的流出。因此，资金筹集而产生资金的流入和流出，产生筹资财务活动。

2. 企业投资引起的财务活动 医药企业把筹集的资金用于企业内部投资如购置固定资产、无形资产等，就形成了企业的对内投资；企业将筹集的资金用于购买其他企业股票、债券或与其他企业进行联营投资等，便形成了企业的对外投资。对内和对外投资产生资金的流出。当企业变卖各种对内投资的资产或者收回其对外投资时，则会产生现金的流入。因资金内、外投资而产生资金的流入和流出，产生了投资财务活动。

3. 企业经营引起的财务活动 医药企业在正常的经营过程中，会产生一系列的资金收支。医药企业为了生产经营活动采购原材料或商品，支付工资和其他营业费用等，产生资金流出；企业在出售药品或者其他产品或商品时，可以获得收入，收回资金。企业由于经营产生资金的流入和流出，产生了经营财务活动。

4. 企业利润分配引起的财务活动 医药企业的利润要按照规定的程序进行分配。首先要依法纳税；其次如果有亏损要用于弥补亏损，有盈余要提取公积金、公益金等；最后向投资者分配利润。因利润分配而产生资金的流动引起利润分配活动。

（二）企业财务关系

医药企业的财务关系是指医药企业在进行各项财务活动的过程中，与各种利益相关者所发生的经济利益关系。

1. 医药企业与政府部门之间的财务关系 医药企业由于其医药产品属性的特殊性，相较于其他企业受政府部门的影响更大，政府的医药卫生政策对医药企业的经济运行产生重要影响。此外，政府行使行政职能，为企业提供公平竞争的经营环境和公共设施，企业必须按照税费要求依法缴纳各项税款，包括增值税、所得税、资源税等。可以说，医药企业与政府部门之间的财务关系具有强制性。

2. 医药企业与投资者之间的财务关系 主要指投资者向医药企业注入资金，医药企业向其支付投资报酬而形成的经济利益关系。医药企业的投资人主要有国家、法人和个人。医药企业和投资人风险共担、利益共享，体现的是所有权的性质，其经济利益的核心是以资本保值、增值为目的的剩余收益分配。

3. 医药企业与受资者之间的财务关系 指医药企业将生产经营中闲置下来的资金向外单位投资，按照合同、协议的规定履行出资义务后，以投资所占份额参与被投资企业经营管理和利润分配，投资形式有直接和间接两种。医药企业和受资人之间是一种所有权性质的投资和受资关系，也是一种风险与共的剩余收益分配关系。

4. 医药企业与债权人之间的财务关系　主要指医药企业向债权人借入资金，并按借款合同的规定按时还本付息所形成的经济利益关系。医药企业的债权人主要有银行等金融机构、企业债券的持有人、商业信用提供者和其他向企业出借资金的单位或个人。医药企业必须按照借款合同规定的用途使用所借资金，并履行到期还本付息的义务。债权人可按约定收回借款本金和利息，风险要小于投资人，但无权参与企业经营管理决策，不享有剩余利益的再分配权。这种关系在性质上属于建立在契约之上的债权债务关系。

5. 医药企业与债务人之间的财务关系　指企业将其资金以购买债权、提供贷款或商业信用等形式出借给其他单位或个人所形成的经济利益关系。医药企业将资金出借后，有权要求债务人按照约定的条件支付利息，归还本金。这种财务关系本质上是一种债权债务关系。

6. 医药企业与职工之间的财务关系　指企业向职工支付劳务报酬所形成的经济利益关系，职工自身提供的劳务作为参与收益分配的依据。这种关系是以权、责、劳、绩为依据的收益分配关系。

7. 医药企业与内部职能部门、下属分支机构之间的财务关系　指企业内部各职能部门之间在生产经营各环节中相互提供产品或劳务所形成的经济利益关系。他们之间的财务关系通过资金缴拨、利益分配形成，是一种内部资金使用中的权责利关系和内部结算关系。

三、财务管理的价值观念

正确的价值观念是医药企业财务管理工作成功的基础，在进行企业财务管理时会碰到很多问题，例如"明年公司要归还一笔贷款，从现在开始每个月要留有多少准备金""假如有两个投资项目，投资额和回报率都相同，应该如何选择呢"，回答这些问题涉及财务管理的两个基本价值观念：货币的时间价值观念和风险价值观念。

（一）资金的时间价值

时间价值是客观存在的经济范畴。任何企、事业单位的财务活动都是在特定的时空中进行的。离开了时间价值因素，就无法正确计算不同时期的财务收支。时间价值原理正确揭示了不同时间点上的资金之间的换算关系，是财务决策的基本依据。

货币的时间价值是指货币经历一定时间的投资和再投资所增加的价值，又称为资金时间价值。在商品经济中，即使在没有风险和通货膨胀的情况下，今天的1元钱其经济价值往往大于一年以后的1元钱的价值，因为现在的1元钱可以用于投资而得到利润，如将其存入银行，假设存款利率为10%，那么一年后可得到1.1元，这1元钱经过一年时间的投资增加了0.1元，这就是货币的时间价值。而且今天的1元钱能够直接用于流通，将来的1元钱则不能。

货币时间价值源于货币投入生产经营以后。劳动者借以生产新的产品，创造新的价值，而且周转使用的时间越长，速度越快，所获得的利润就越多，实现的增值就越大。因此，货币时间价值的实质是货币周转使用后的增值额。

1. 现金流量图及时间价值的相关概念 现金流量是指一定时期内各类资金的流入和流出，可以简单明了地用现金流量图来表示其发生的时间、大小（图9-2）。

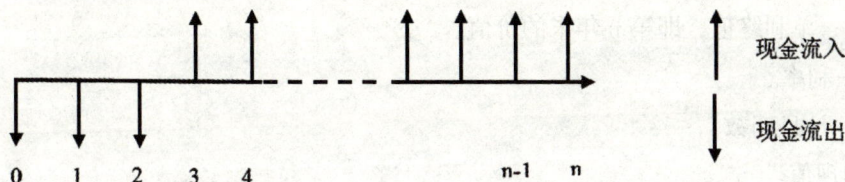

图 9-2　现金流量图

在现金流量图上，横轴表示时间序列，一般依据分析对象的时间长短而定。横轴上两个刻度之间为一个时间单位，时间单位通常以年表示，也可以半年、季度、月等表示，视现金流量的折算方式而定。当时间单位以年表示时，0点表示第1年的年初这一时间点，1表示第1年年末或者第2年年初这一时间点，在0和1之间的数轴段表示第1年这一时间段，依此类推。在相应时间点的垂直线表示该点的现金流量情况，向上表示现金流入，向下表示现金流出。

相关概念如下：

现值（present value，记为 P）：资金发生在（或折算为）某一时间序列起点时的价值。

终值（future value，记为 F）：资金发生在（或折算为）某一时间序列终点时的价值。

年金（annuity，记为 A）：指每隔一定相等的时期，收到或付出的相同数量的款项。年金按付款方式可分为普通年金（后付年金）、即付年金（先付年金）、延期年金和永续年金。本模块仅介绍普通年金（后付年金）。

2. 资金时间价值的计算

（1）单利终值和现值的计算　单利是计算利息的一种方法，在计算各期利息时，只以本金计算利息，所生利息不加入本金重复计算利息。

①单利终值

【例9-1】假如某企业将10万元存入银行，年利率为10%，从第1年到第5年，各年年末的终值可计算如下：

一年后 10 万元的终值 = 10 × （1+10%×1） = 11.00（万元）

两年后 10 万元的终值 = 10 × （1+10%×2） = 12.00（万元）

三年后 10 万元的终值 = 10 × （1+10%×3） = 13.00（万元）

四年后 10 万元的终值 = 10×（1+10%×4）= 14.00（万元）

五年后 10 万元的终值 = 10×（1+10%×5）= 15.00（万元）

以此类推，就可以得出单利终值的一般计算公式为：

$$F_n = P \times (1 + i \times n)$$ 公式 9-1

式中，P——单利现值，即 0 年（第 1 年初）的价值。

F_n——单利终值，即第 n 年末的价值。

i——利率。

n——计息期数。

②单利现值

【例 9-2】若年利率为 10%，从第 1 年到第 5 年，各年年末的 10 万元，其现值可计算如下：

一年后 10 万元的现值 $= \dfrac{10}{1+10\% \times 1} = 9.09$（万元）

两年后 10 万元的现值 $= \dfrac{10}{1+10\% \times 2} = 8.33$（万元）

三年后 10 万元的现值 $= \dfrac{10}{1+10\% \times 3} = 7.69$（万元）

四年后 10 万元的现值 $= \dfrac{10}{1+10\% \times 4} = 7.14$（万元）

五年后 10 万元的现值 $= \dfrac{10}{1+10\% \times 5} = 6.67$（万元）

以此类推，得出单利现值的一般计算公式为：

$$P_n = \frac{F_n}{1+i \times n}$$ 公式 9-2

（2）复利终值和现值的计算 复利是指每期不仅本金要计算利息，利息也要计算利息，即通常所说的"利滚利"。

①复利终值

【例 9-3】10 万元存入银行，年利率为 10%，从第 1 年到第 5 年，各年年末的终值可计算如下（按复利计算）：

一年后 10 万元的终值 = 10×（1+10%）= 11.00（万元）

两年后 10 万元的终值 = 11.00×（1+10%）= 12.10（万元）

三年后 10 万元的终值 = 12.10×（1+10%）= 13.31（万元）

四年后 10 万元的终值 = 13.31×（1+10%）= 14.64（万元）

五年后 10 万元的终值 = 14.64×（1+10%）= 16.10（万元）

以此类推，就可以得出复利终值的一般计算公式为：

$$F_n = P \times (1+i)^n \qquad\qquad\text{公式 9-3}$$

②复利现值

【例 9-4】若年利率为 10%，从第一年到第五年，各年年末的 10 万元，其现值可计算如下（按复利计算）：

$$\text{一年后 10 万元的现值} = \frac{10}{(1+10\%)^1} = 9.09\text{（万元）}$$

$$\text{两年后 10 万元的现值} = \frac{10}{(1+10\%)^2} = 8.26\text{（万元）}$$

$$\text{三年后 10 万元的现值} = \frac{10}{(1+10\%)^3} = 7.51\text{（万元）}$$

$$\text{四年后 10 万元的现值} = \frac{10}{(1+10\%)^4} = 6.83\text{（万元）}$$

$$\text{五年后 10 万元的现值} = \frac{10}{(1+10\%)^5} = 6.21\text{（万元）}$$

以此类推，可以得出复利现值的一般计算公式为：

$$P = \frac{F_n}{(1+i)^n} \qquad\qquad\text{公式 9-4}$$

$(1+i)^n$——复利终值系数，可表示为 $(F/P, i, n)$。

$\dfrac{1}{(1+i)^n}$——复利现值系数，可表示为 $(P/F, i, n)$。

在实际工作中，其数值可以查阅按不同利率和时期编成的复利终值表和复利现值表。

【例 9-5】某医药企业拟将 100000 元钱投入报酬率为 8% 的投资项目，问经过多少年才可使初始投资增加一倍？

解：$F_n = P \times (F/P, i, n)$

$200000 = 100000 \times (1+8\%)^n$

查复利终值系数表，得：

n ≈ 9（年）

答：经过约 9 年可使初始投资增加一倍。

（3）普通年金的计算

年金是指在某些特定时期内，每间隔相同时间（每期期末或期初）收付相等数额的款项。如保险金、分期付款赊购等。普通年金是每期期末收付款的年金，也称后付年金。

①年金终值

【例 9-6】某企业连续 5 年每年年末存入银行 10 万元，年利率为 10%，5 年后，年金终值如图 9-3 所示。

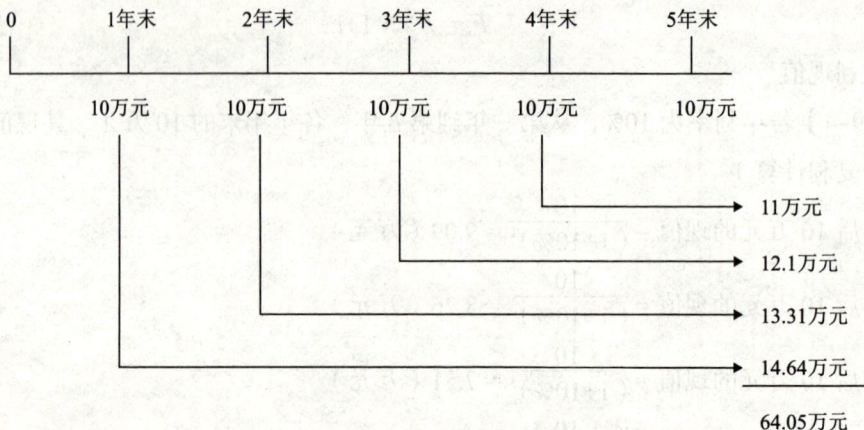

图 9-3 10万元年金 5年的终值

上例逐年的终值和年金终值，可计算如下：

10 万元一年的终值 = $10 \times (1+10\%)^0 = 10.00$（万元）

10 万元两年的终值 = $10 \times (1+10\%)^1 = 11.00$（万元）

10 万元三年的终值 = $10 \times (1+10\%)^2 = 12.10$（万元）

10 万元四年的终值 = $10 \times (1+10\%)^3 = 13.31$（万元）

10 万元五年的终值 = $10 \times (1+10\%)^4 = 14.64$（万元）

10 万元年金五年的终值 = 10.00+11.00+12.10+13.31+14.64 = 61.05（万元）

因此，后付年金的计算公式为：

$$FA_n = A \times (1+i)^0 + A \times (1+i)^1 + A \times (1+i)^2 + \cdots + A \times (1+i)^{n-2} + A \times (1+i)^{n-1}$$

$$= A \times \sum_{t=1}^{n} (1+i)^{t-1}$$

$$= A \times \frac{(1+i)^n - 1}{i} \qquad \text{公式 9-5}$$

式中，FA_n——年金终值。

A——每次收付款项的金额，即年金数额。

t——每笔收付款项的计息期数。

n——全部年金的计息期数。

$\sum_{t=1}^{n} (1+i)$——年金终值系数或年金复利系数，通常写作（F/A，i，n），则年金终值的计算公式可写成：

$$FA_n = A \times (F/A,\ i,\ n) \qquad \text{公式 9-6}$$

②年金现值

【例 9-7】某企业预计 5 年内每年年底取得收益 10 万元，年利率为 10%，年金现值如图 9-4 所示。

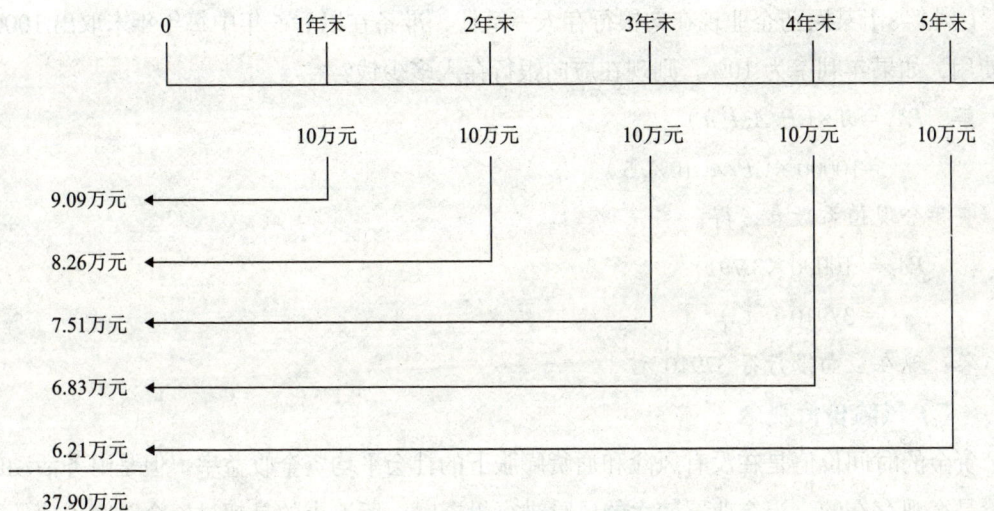

图 9-4　10万元年金 5年的现值

上例逐年的现值和年金现值，可计算如下：

一年 10 万元的现值 $= \dfrac{10}{(1+10\%)^1} = 9.09$（万元）

两年 10 万元的现值 $= \dfrac{10}{(1+10\%)^2} = 8.26$（万元）

三年 10 万元的现值 $= \dfrac{10}{(1+10\%)^3} = 7.51$（万元）

四年 10 万元的现值 $= \dfrac{10}{(1+10\%)^4} = 6.83$（万元）

五年 10 万元的现值 $= \dfrac{10}{(1+10\%)^5} = 6.21$（万元）

10 万元年金五年的现值 $= 9.09+8.26+7.51+6.83+6.21 = 37.9$（万元）

年金现值的一般计算公式为：

$$PA_n = A \times \frac{1}{(1+i)^1} + A \times \frac{1}{(1+i)^2} + \cdots + A \times \frac{1}{(1+i)^{n-1}} + A \times \frac{1}{(1+i)^n}$$

$$= A \times \sum_{t=1}^{n} \frac{1}{(1+i)^t}$$

$$= A \times \frac{1-(1+i)^{-n}}{i} \qquad\qquad 公式 9-7$$

$\displaystyle\sum_{t=1}^{n} \frac{1}{(1+i)^t}$ ——年金现值系数或年金贴现系数，可简写为（$P/A, i, n$），则后付年金现值的计算公式可写为：

$$PA_n = A \times (P/A, i, n) \qquad\qquad 公式 9-8$$

以上公式中，年金终值系数和年金现值系数即（$F/A, i, n$）和（$P/A, i, n$）的数值，可以查阅年金终值表和年金现值表获得。

【例9-8】某医药企业现在向银行存入一笔钱，准备在以后5年中每年年末取出10000元使用，如果年利率为10%，则现在应向银行存入多少钱？

解：$PA_n = A \times (P/A, i, n)$

$\qquad = 10000 \times (P/A, 10\%, 5)$

查年金现值系数表，得：

$\qquad PA_n = 10000 \times 3.791$

$\qquad\quad = 37910$（元）

答：现在应向银行存37910元。

（二）风险价值观念

资金的时间价值是在没有风险和通货膨胀下的社会平均资金收益率。但是财务活动的风险是客观存在的，当企业冒较大的风险进行投资时，所追求的是超过资金时间价值的额外收益，即投资风险价值。

风险是指在一定条件下和一定时期内可能发生的各种结果的变动程度，财务上所讲的风险是指从事某项财务活动而产生收益或者损失的可能性，其中一定条件是指风险事件本身的不确定性。风险无处不在，但是风险是具有价值的。

风险价值主要是投资者资金投入后所冒不确定性风险而得到的回报，可分为不可分散风险（如利率变化）和可分散风险（如公司经营风险），风险的衡量可以计算标准离差率。

如果公司需要投资500万的两个项目，一个没有风险，可以获利80万元；另一个项目成功概率只有50%，但是成功后可以获利200万，失败的结果是损失10万元，公司将选择哪个项目？这就涉及风险价值。

风险报酬是指投资者因承担风险而获得的超过时间价值的另一部分额外报酬。在上例中，第二个项目承担50%的风险，其获得120万元风险报酬。通常情况下，风险越高，相应所获风险的风险报酬越高。

$$风险报酬率 = 风险报酬 / 原投资额$$

不考虑通货膨胀因素，投资报酬率就是时间价值率与风险报酬率之和。财务管理的原则是在一定的风险下必须是收益达到较高的水平，在收益一定的情况下，风险维持在较低水平。

项目二 医药企业成本管理

一、产品成本构成与核算

（一）成本的含义

成本（cost）通常是指一个组织为了实现现在或未来企业经济利益的目标所支付的现

金或现金等价物。

人们要进行生产经营活动或达到一定的目的，就必须耗费一定的资源，包括人力、物力和财力，其所费资源的货币表现及其对象化称为成本。随着商品经济的不断发展，成本概念的内涵和外延都处于不断地变化发展之中。它具有以下几方面的含义：

1. 成本属于商品经济的价值范畴 即成本是构成商品价值的重要组成部分，是商品生产中生产要素耗费的货币表现。

2. 成本具有补偿的性质 它是为了保证企业再生产而应从销售收入中得到补偿的价值。

3. 成本本质上是一种价值牺牲 作为实现一定目的而付出资源的价值牺牲，可以是多种资源的价值牺牲，也可以是某些方面资源的价值牺牲，甚至从更广的含义看，成本是为达到一种目的而放弃另一种目的所牺牲的经济价值，在经营决策中所用的机会成本就有这种含义。

（二）成本的分类

成本的分类多种多样，不同的成本对象可以产生不同的成本类别。理论上，成本可以按照企业管理阶段进行分类，也可按照成本归集的对象进行分类。结合医药企业管理特点，本模块将成本按照成本习性、计入成本对象的方式和经济用途进行分类。

1. 按成本习性分类 按成本习性将成本划分为固定成本、变动成本和混合成本。

（1）固定成本 固定成本是指成本总额在一定时期和业务量范围内相对固定，不受业务量增减变动影响而能保持不变的成本。例如固定资产折旧费、房屋租金、行政人员工资、财产保险费、广告费、职工培训费、办公费、新产品研发费等均属于固定成本。固定成本的特征在于它在一定时间和业务量范围内其总额维持不变，但是，相对于单位业务量而言，单位业务量所分摊（负担）的固定成本与业务量的增减成反向变动。固定成本总额只有在一定时期和业务量范围内才是固定的，这就是说固定成本的固定性是有条件的。

固定资产折旧费、财产保险费、房屋租金、管理人员工资等固定成本是企业的生产能力已经形成就必然要发生的最低支出，即使生产中断也仍然要发生，是维持企业正常生产经营必不可少的成本，它最能反映固定成本的特征。降低这类成本的基本途径只能是合理利用企业现有的生产能力，提高生产效率，以便取得更大的经济效益。

广告费、新产品研发费等费用发生额取决于管理层的决策行动，关系企业的竞争能力，因此，想要降低这类固定成本，只有厉行节约、精打细算，编制可行预算，防止浪费和过度投资。

（2）变动成本 变动成本是指成本总额随着业务量的变动而成正比例变动的成本，如直接材料费、直接人工费、按销量支付的推销员佣金、装运费、包装费等，其特征是变动成本总额因业务量变动而成正比例变动，但单位变动成本（单位业务量负担的变动成本）不变。生产一盒药，需要包装材料、原料和辅料等，这种成本只要生产就必然发生，若不生产，其变动成本为零。按照销售收入的一定比例提取的销售佣金、技术转让费等，这类成本的特点是单位变动成本的发生额可由企业管理层决定。

（3）混合成本　从成本习性来看，固定成本和变动成本只是两种极端的类型。在现实经济生活中，大多数成本与业务量之间的关系处于两者之间，即混合成本。顾名思义，混合成本就是"混合"了固定成本和变动成本两种不同性质的成本。一方面，它们要随业务量的变化而变化；另一方面，它们的变化又不能与业务量的变化保持纯粹的正比例关系。

混合成本兼有固定与变动两种性质，可进一步将其细分为半变动成本、半固定成本、延期变动成本和曲线变动成本。在实际经济生活中，企业大量的费用项目属于混合成本，为了经营管理的需要，必须把混合成本分为固定与变动两个部分。混合成本的分解主要有高低点法、回归分析法、账户分析法、技术测定法和合同确认法等方法。

2. 按计入成本对象的方式分类　产品成本按照其计入成本对象的方式分为直接成本和间接成本。

（1）直接成本　指生产费用发生时，能直接计入某一成本计算对象的费用。某项费用是否属于直接计入成本，取决于该项费用能否确认与某一成本计算对象直接有关和是否便于直接计入该成本计算对象。企业生产经营过程中所消耗的原辅材料、外购半成品、生产工人计件工资等通常属于直接成本。

（2）间接成本　指生产费用发生时，不能或不便于直接计入某一成本计算对象，而需先按发生地点或用途加以归集，待月终选择一定的分配方法进行分配后才计入有关成本计算对象的费用。包括物业费、租赁费、修理费、水电费、办公费等，通常属于间接成本。

3. 按经济用途分类　成本按其经济用途可以分为生产成本、营业费用和管理费用三大类。

（1）生产成本　指生产过程中耗费的各项成本。包括原辅材料、直接人工、燃料和动力、制造费用等。

（2）营业费用　指生产完成后，在销售过程中发生的各类成本。包括营销成本、配送成本和客户服务成本等。

（3）管理费用　指为了生产、销售等所产生的管理费用。包括研究和开发成本、设计成本和行政管理成本等。

（三）成本开支范围

成本开支范围是由国家依据企业生产经营过程中所发生费用的不同性质，根据成本的内容和加强经济核算的要求，对计入产品成本的各项支出的内容所做的统一规定。按现行制度规定，应该计入成本的包括下列各项：

（1）生产经营过程中实际消耗的原材料、辅助材料、备品配件、外购半成品、燃料、动力、包装物及运输、装卸、整理等费用。

（2）企业直接从事产品生产人员的工资和提取的福利费。

（3）车间房屋建筑物和机器设备的折旧费、租赁费、修理费及低值易耗品的摊销费等。

（4）其他为组织、管理生产活动所发生的制造费用。

企业发生下列费用，不应计入成本：

（1）企业为组织、管理生产经营活动所发生的管理费用、财务费用、销售费用。

（2）购置和建造固定资产的支出、购入无形资产和其他资产的支出。

（3）对外界的投资及分配给投资者的利润。

（4）被没收的财物，违反法律而支付的各项滞纳金、罚款，以及企业自愿赞助、捐赠的支出。

（5）在公积金、公益金中开支的支出。

（6）国家法律、法规规定以外的各种付费。

（7）国家规定不得列入成本的其他支出。

成本开支范围是国家根据成本的客观经济内涵、国家的分配方针和企业实行独立经济核算要求而规定的。各企业必须严格遵守国家规定的成本开支范围，以保证成本计算的正确性、可比性。

（四）产品成本的核算

1. 产品成本的归集和分配

（1）原、辅材料费用的归集和分配　用于产品生产的原、辅材料，属于直接费用。

（2）人工费用的归集和分配　人工费用包括工资和福利费用。

（3）外购动力费用的归集和分配　动力费用应按用途和使用部门分配，也可以按仪表记录、生产工时、定额消耗量比例进行分配。

（4）制造费用的归集和分配　在生产一种产品的车间中，制造费用可直接计入其产品成本。在生产多种产品的车间中，就要采用各种既合理又简便的分配方法，将制造费用计入各种产品成本。

（5）待摊费用和预提费用的分配　指本月发生，但应由本月及以后各月产品成本或者期间费用共同负担的费用，按照费用的受益期限摊入各月成本、费用。

（6）辅助生产费用的归集和分配　企业的辅助生产主要是为基本生产服务的，不同的辅助生产费使用不同的核算科目进行核算。

2. 产品成本核算的一般程序　产品成本核算的一般程序大致可以归纳为：

（1）对生产费用进行审核和控制，确定计入产品成本的费用。

（2）将应计入本期产品成本的各种费用，在各种成本之间按照成本项目进行分配和归集，计算出各种产品成本。

（3）对既有完工产品又有在产品的产品，将月初在产品费用和本月生产费用之和在完工产品和月末在产品之间进行分配，计算出完工产品的总成本和单位成本。

（4）将完工产品成本转入"产成品"账户。

二、成本控制

成本控制是医药企业根据一定时期预先建立的成本管理目标，由成本控制主体在其职权范围内，在生产耗费发生以前和成本控制过程中，对各种影响成本的因素和条件采取的一系列预防和调节措施，以保证成本管理目标实现的管理行为。需要注意的是成本控制不是简单的降低成本，而是有效管理成本，使其价值最大化。

（一）成本控制的内容

1. 按成本形成过程划分

（1）产品投产前的控制　这部分控制内容主要包括产品设计成本、加工工艺成本、物资采购成本、生产组织方式、材料定额与劳动定额水平等。这些内容对成本的影响最大，可以说产品总成本的 60% 取决于这个阶段的成本控制工作的质量。这项控制工作属于事前控制方式，在控制活动实施时真实的成本还没有发生，但它决定了成本将会怎样发生，它基本上决定了产品的成本水平。

（2）制造过程中的控制　制造过程是成本实际形成的主要阶段。绝大部分的成本支出在这里发生，包括原材料、人工、能源动力、各种辅料的消耗、工序间物料运输费用、车间及其他管理部门的费用支出。投产前控制的种种方案设想、控制措施能否在制造过程中贯彻实施，大部分的控制目标能否实现和这阶段的控制活动紧密相关，它主要属于事中控制方式。由于成本控制的核算信息很难做到及时，会给事中控制带来很多困难。

（3）流通过程中的控制　包括产品包装、厂外运输、广告促销、销售机构开支和售后服务等费用。在目前强调加强企业市场管理职能的时候，很容易不顾成本地采取种种促销手段，反而抵消了利润增量，所以也要做定量分析。

2. 按成本费用的构成划分

（1）原材料成本控制　影响原材料成本的因素有采购、库存费用、生产消耗、回收利用等，所以控制活动可从采购、库存管理和消耗三个环节着手。

（2）工资费用控制　工资在成本中占有一定的比重，增加工资又被认为是不可逆转的。控制工资与效益同步增长，减少单位产品中工资的比重，对于降低成本有重要意义。控制工资成本的关键在于提高劳动生产率，它与劳动定额、工时消耗、工时利用率、工作效率、工人出勤率等因素有关。

（3）制造费用控制　制造费用开支项目很多，主要包括折旧费、修理费、辅助生产费用、车间管理人员工资等，虽然它在成本中所占比重不大，但因不引人注意，浪费现象十分普遍，是不可忽视的一项内容。

（4）企业管理费控制　企业管理费指为管理和组织生产所发生的各项费用，开支项目非常多，也是成本控制中不可忽视的内容。

上述这些都是绝对量的控制，即在产量固定的假设条件下使各种成本开支得到控制。在现实系统中还要达到控制单位成品成本的目标。

（二）成本控制的主体

成本控制主体从企业组织结构的层面认识，大体分为三种。

1. 决策主体　决策主体是决定企业成本发生方式和整体目标的高层管理者，他们负责对企业涉及成本控制的方案进行选择决断。

2. 组织主体　组织主体是负责根据成本决策结果组织、协调整个企业成本控制，落实具体实施步骤、职责分工和控制要求，处理成本控制信息、考核成本控制结果等的控制主体。

3. 执行主体　执行主体是对各部门、环节、阶段、岗位发生的成本实施控制的主体。凡是涉及成本、费用发生的环节和方面，都有执行层面的控制主体。

成本控制的执行主体与企业的职能部门设置、职责分工、层级划分、岗位设置、规模大小、管理体制等相关。总体来讲，成本控制执行主体主要为控制生产要素规模的相关部门及人员。由于生产要素是企业产品成本、期间费用及其他各项耗费发生的基础，因此这类主体对成本控制的效果产生决定性影响。

（三）成本控制的方法

1. 目标成本管理　目标成本管理是一种以市场为主、以顾客需求为导向，在产品规划、设计阶段就着手努力，运用价值工程，进行功能成本分析，达到不断降低成本，增强竞争能力的一种成本管理方法。

目标成本是在产品生产准备前下达给技术、生产等职能部门的产品成本控制目标，即产品在市场上可能接受的销售价格减去合理利润和税金后所能允许发生成本的最大限额。

2. 责任成本控制　责任成本是指特定的责任中心（如某一部门、单位或个人）在其所承担的责任范围内所发生的各种耗费。从实质上来说，责任成本制度是企业内部的一种管理制度。具体说，就是要按照企业生产经营组织系统，建立责任成本中心，按成本责任的归属进行成本信息的归集、控制和考核，从而将经济责任落实到各部门、各单位和具体执行人。

（四）标准成本控制

标准成本控制亦称标准成本系统、标准成本会计，是指围绕标准成本的相关指标而设计的，将成本的前馈控制、反馈控制及核算功能有机结合而形成的一种成本控制系统。标准成本系统最初产生于20世纪20年代的美国，随着其内容的不断发展和完善，被西方国家广为采用，目前已成为企业成本管理中应用最为普遍和有效的一种控制手段。

标准成本控制具有以下特点：以产品成本为对象，融成本计划、成本核算、成本控制为一体，突出成本控制在系统中的核心地位；成本差异揭示及时，按管理区域分类计算、分析和控制各种差异，责任分明；不强调计算产品的实际成本，反映成本差异旨在改进管理，降低消耗。

项目三　医药企业利润分配

一、利润构成

利润是指企业在一定会计期间的经营成果。利润分配是将企业实现的净利润按照国家财务制度规定的分配形式和分配顺序，在企业和投资者之间进行分配。利润分配的过程与结果关系到所有者的合法权益能否得到保护，企业能否长期、稳定发展的重要问题，为此，企业必须加强利润分配的管理和核算。

企业的利润总额包括营业利润、投资净收益及营业外收支净额，利润净额为所得税后利润。

利润总额 = 营业利润 + 投资净收益 + 营业外收支净额

利润净额 = 利润总额 − 所得税

1. 营业利润

营业利润 =（营业收入 − 营业成本）− 营业税金及附加 −（销售费用 + 管理费用 + 财务费用）− 资产减值损失 + 公允价值变动收益（− 公允价值变动损失）+ 投资收益（− 投资损失）

其中，营业收入是指企业经营业务所确认的收入总额，包括主营业务收入和其他业务收入。

2. 投资净收益

投资净收益 = 投资收益 − 投资损失

3. 营业外收支净额

营业外收支净额 = 营业外收入 − 营业外支出

二、利润分配的原则和顺序

（一）利润分配的原则

1. 依法分配原则　利润分配必须依法进行。

2. 分配与累积并重原则　利润分配既要保证企业再生产的持续进行，又要不断积累企业扩大再生产的财力。

3. 兼顾各方利益原则　利润分配要充分考虑国家、企业股东、债权人、职工等相关利益团体的利益。

4. 投资与收益对等原则　利润分配应体现"谁投资谁受益"、收益大小与投资比例相对等的原则。

（二）利润分配的顺序

1. 弥补以前年度亏损　企业发生的年度亏损可以用下一年度的税前利润弥补，下一年度利润不足弥补的，可以在 5 年内延续弥补，5 年内不足弥补的，改用企业的税后利润弥补。以前年度亏损未弥补完，不得提取法定盈余公积金。

2. 按弥补亏损后的利润总额缴纳企业所得税　弥补以前年度亏损后，按规定计算缴纳企业所得税。

3. 净利润弥补　5 年仍未弥补完的以前年度亏损从亏损年度算起，5 年以内赢利可以税前弥补，超过 5 年不允许税前弥补。

4. 提取法定盈余公积金　股份制企业按当年税后利润（扣除 5 年后的亏损弥补）的 10% 提取法定盈余公积金，其他企业可以按需要确定提取比例，但至少不低于 10%。

5. 提取任意盈余公积金　根据董事会的决定确定是否提取及提取比例。

6. 向投资者分配利润　企业以前年度未分配的利润可以并入本年度参加利润分配，本年度未分配的利润可以并入以后年度参加利润分配。

项目四　医药企业财务分析

一、医药企业财务分析的内容与方法

医药企业财务分析是以会计核算和报表资料及其他相关资料为依据，采用一系列专门的分析技术和方法，对医药企业等经济组织过去和现在有关筹资活动、投资活动、经营活动、分配活动的盈利能力、营运能力、偿债能力和增长能力状况等进行分析与评价的经济管理活动。它为企业的投资者、债权人、经营者及其他关心企业的组织或个人了解企业过去、评价企业现状、预测企业未来做出正确决策提供信息或依据。财务分析是会计核算与财务管理的桥梁，在理财循环中起到承上启下的作用，它既可以评价企业的过去，又可以预测和指导企业的未来。

（一）医药企业财务分析的内容

财务分析的主体不同、目的不同，则财务分析的侧重点不同，概况而言，财务分析的基本内容主要有以下几个方面：

1. 医药企业偿债能力分析　偿债能力分析按偿债期限长短分为长期偿债能力分析和短期偿债能力分析，两种分析的目标及运用的技术指标有所不同，但也有某些共同的特点，如医药企业资本结构的合理性、营运资金占用的合理性、医药企业的财务状况等。通过偿债能力的分析，能对医药企业债务利用程度进行分析评价，了解企业财务风险的现状，以便为企业进行外部投资决策和筹资决策提供信息依据。

2. 医药企业营运能力分析　营运能力分析主要包括企业资产占用结构的合理性和资产周转使用情况。

3. 医药企业盈利能力分析　盈利能力分析主要包括医药企业利润计划或目标的完成情况及影响因素的分析，以及对投资者获利水平的影响，通过对比和分析各年度利润指标的趋势变动情况，预测企业的盈利前景。

4. 医药企业总体财务状况的评价分析　在专项分析的基础上，全面综合地对医药企业的财务状况和运营状况进行互相联系的分析，揭示理财工作中的优势和薄弱环节。

（二）医药企业财务分析的方法

1. 比较分析法　比较分析法是通过对比两期或连续数期财务报告中的相同指标，确定其增减变动的方向、数额和幅度，来说明企业财务状况或经营成果变动趋势的一种方法。

采用比较分析法时，应当注意以下问题：①用于对比的各个时期的指标，其计算口径必须保持一致；②应剔除偶发性项目的影响，使分析所利用的数据能反映正常的生产经营状况；③对某项有显著变动的指标做重点分析时应运用例外原则。

利用比较分析法对财务数据进行分析时，一般可以进行如下方面的对比：

（1）实际情况同计划或目标比较　比较结果可以揭示实际执行情况与计划或目标值之间的差距，了解该项指标的计划或目标的完成情况。

（2）实际同上期或历史最好水平比较　比较结果可以反映企业不同时期有关指标的差异和变化情况，了解企业财务状况和经营成果的发展趋势及管理工作的改进状况，该分析在财务报表分析中占有重要的地位。

（3）实际同国内、外先进水平比较　同国内、外先进水平相比，可以找出本企业与先进企业之间的差距，以便不断推动管理水平提高。

2.比率分析法 比率分析法是通过计算各种比率指标来确定财务活动变动程度的方法。比率指标的类型主要有构成比率、效率比率和相关比率三类。

（1）构成比率 构成比率又称结构比率，是某项财务指标的各组成部分数值占总体数值的百分比，反映部分与总体的关系。

（2）效率比率 效率比率是某项财务活动中所费与所得的比率，反映投入与产出的关系。

（3）相关比率 相关比率是以某个项目和与其有关但又不同的项目加以对比所得的比率，反映有关经济活动的相互关系。

3.因素分析法 因素分析法是依据分析指标与其影响因素之间的关系，从数量上来确定几种相互联系的因素对分析对象影响程度的一种分析方法。一项指标的变动一般来讲受到多种因素的影响，因素分析法就是研究各项因素变动对指标影响程度的大小，以便了解原因，分清责任，评价企业的经营工作。

二、医药企业财务指标分析

（一）医药企业偿债能力分析

1.短期偿债能力分析

（1）流动比率

流动比率 = 流动资产 / 流动负债

流动比率体现企业短期内偿还债务的能力。流动资产越多，短期负债越少，则流动比率越大，企业的偿债能力越强。如果流动比率偏低，则反映企业不能按时支付贷款、工资、税费，无法以现金分配利润。流动比率下降可能是医药企业财务状况出现困难的一个信号。一般该比率以 2:1 为宜。对于医药企业来说，一般的医药企业板块均有较高的流动比率，尤其是制药企业，而运行良好的医药商业企业流动比率一般也不少于 100%。

（2）速动比率

速动比率 = （流动资产 – 存货）/ 流动负债

保守速动比率 = （流动资产 – 存货 – 待摊费用 – 待处理流动资产损失 – 预付款项）/ 流动负债

因为流动资产中存在变现速度慢或者贬值等项目，因此扣除存货等再与流动负债对比，相比于流动比率更能体现企业短期内偿还债务的能力。一般该比率以 1:1 为宜。对于医药流通企业，其存货周转较快，应付账款较多，日常营业中所需货币可以满足企业对现金的要求，所以一般认为速动比率维持在 50% 的水平上，就具备了较好的短期偿债能力。

由于速动比率剔除了变现能力更差的资产，因此能够比流动比率更加准确可靠地评价医药企业的短期偿债能力和资产的流动性。

知 识 链 接

资产、流动资产和非流动性资产的内涵

资产是指由企业过去经营交易或各项事项形成的，由企业拥有或控制的，预期会给企业带来经济利益的资源。资产包括流动资产和非流动性资产。

流动资产是指企业可以在一年或者超过一年的一个营业周期内变现或者运用的资产，是企业资产中必不可少的组成部分。主要包括货币资金、短期投资、应收及预付款项、存货等。

非流动性资产是指不能在一年或者超过一年的一个营业周期内变现或者耗用的资产。主要包括长期应收款、长期股权投资、固定资产、在建工程、无形资产、长期待摊费用、可供出售金融资产等。

2. 长期偿债能力分析

（1）资产负债率

资产负债率 = 总负债 / 总资产 × 100%

资产负债率反映每百元的资产有多少是通过举债而来，反映企业的资产中借债筹资的比重，是负债总额与资产总额的比率，它是衡量医药企业利用负债进行营运的能力；资产负债率是衡量负债水平及其风险程度的重要判断标准。该指标不论对投资人还是债权人都十分重要。适度的资产负债率既能表明投资人、债权人的投资风险较小，又能表明企业的经营安全、稳健、有效，具有较强的筹资能力。

（2）产权比率

产权比率 = 总负债 / 总权益

产权比率反映企业的资本结构是否合理、稳定，表明债权人投入资本受到股东权益的保障程度。产权比率高是高风险、高报酬的财务结构；产权比率低是低风险、低报酬的财务结构。

（3）已获利息倍数

已获利息倍数 = 息税前利润 / 利息费用

息税前利润是指利润表中的未扣除利息与所得税之前的利润，可以用利润总额加利息费用来计算。利息费用是指企业本期发生的全部应付利息。

已获利息倍数反映企业偿付长期借款利息的能力，也叫利息保障倍数。已获利息倍数越大，企业越有充足的偿债能力。

（二）营运能力分析

1. 存货周转率

存货周转率 = 销售成本 / 平均存货

平均存货 =（期初存货 + 期末存货）/2

存货周转天数 =360 天 / 存货周转率

一般来说，存货周转率越高，周转天数越短，说明医药企业存货转为现金或应收账款的速度越快，但是对于医药流通企业而言，需要将存货周转率和周转天数维持在合理的控制范围之内，存货周转天数过大，会形成大量的效期药品，存货周转天数过小，会造成大量的医药商品的缺断货，影响医药企业的正常经营和发展。

2. 应收账款周转率

应收账款周转率 = 销售收入 / 平均应收账款

平均应收账款 =（期初应收账款 + 期末应收账款）/2

应收账款周转天数 =360 天 / 应收账款周转率

应收账款的周转率越高，说明其账款收回越快。反之，说明营运资金过多呆滞在应收账款上，影响正常资金周转和偿债能力。

3. 总资产周转率

总资产周转率 = 销售收入 / 平均总资产

平均总资产 =（期初总资产 + 期末总资产）/2

总资产周转率反映总资产的周转速度，周转率越大，周转越快，说明销售能力越强。一般来说，企业可以通过薄利多销的方式来提高总资产周转率，带来利润绝对值的增加。

（三）盈利能力分析

1. 资产净利率　　资产净利率又称资产报酬率。

资产净利率 = 净利润 / 平均总资产 ×100%

平均总资产 =（期初总资产 + 期末总资产）/2

资产净利率反映企业资产的综合利用效果。资产净利率越高，表明资产的利用效率越高，说明企业在增加收入和节约资金等方面取得的效果越好。

资产净利率是一个综合指标。产品的价格、单位产品成本的高低、产品的产量和销售数量、资金占用量的大小等都是影响资产净利率高低的重要因素。而净利的多少与企业资产的多少、资产结构、经营管理水平等均有密切关系。该指标可以结合杜邦分析体系来分析经营中存在的问题。

2. 销售毛利率　　销售毛利率也称毛利率，是企业的销售毛利与营业收入净额的比率，

其公式为：

销售毛利率 = 销售毛利 / 营业收入净额 × 100%

= （营业收入净额 – 营业成本）/ 营业收入净额 × 100%

营业收入净额是指营业收入扣除销售退回和销售折扣后的净额。销售毛利率反映了医药企业的营业成本和营业收入的比例关系，销售毛利率越大说明在营业收入净额中营业成本所占的比例越小，企业获取销售利润的能力就越强。

3. 销售净利率　销售净利率是企业净利润与营业收入净额的比率，其计算公式为：

销售净利率 = 净利润 / 销售收入 × 100%

销售净利率反映每百元销售收入能带来多少的净利润。销售净利率越大，企业盈利能力越强。

4. 成本费用净利率　成本费用净利率是医药企业净利润与成本费用总额的比率。它反映企业生产经营过程中发生的耗费与获得的报酬之间的比率。其计算公式为：

成本费用净利率 = 净利润 / 成本费用总额 × 100%

成本费用净利率越高，说明企业获取报酬所付出的代价越小，盈利能力越强。企业可以通过这个指标评价盈利能力的高低。

5. 权益净利率　权益净利率又称权益报酬率。

权益净利率 = 净利润 / 平均所有者权益 × 100%

平均所有者权益 = （期初所有者权益 + 期末所有者权益）/2

权益净利率同样是一个综合指标，是企业所有者最关注的指标，它反映公司所有者权益的投资报酬率。杜邦分析体系将这一指标分解为相互联系的多种因素，进行企业财务的综合分析。

（四）医药企业财务综合分析

企业财务综合分析有多种方法，最常用的是杜邦分析法。杜邦分析法最先是由美国杜邦公司采用的财务分析方法，并以此命名，它是利用几种主要的财务比率之间的关系来综合分析企业财务状况的一种方法。杜邦财务分析体系是一种分解财务比率的方法，从评价企业绩效最具综合性和代表性的净资产收益率指标出发，利用各主要财务比率指标间的内在有机联系，对企业财务状况及经济效益进行综合系统分析评价。该体系以净资产收益率为龙头，以资产净利率和权益乘数为核心，重点揭示企业获利能力及权益乘数对净资产收益率的影响，以及各相关指标间的相互影响作用关系。该体系层层分解至企业最基本生产要素的使用、成本与费用的构成和企业风险，揭示指标变动的原因和趋势，满足经营者通过财务分析进行绩效评价的需要，在经营目标发生异动时能及时查明原因并加以修正，为企业经营决策和投资决策指明方向。杜邦分析法最直观的方式是采用杜邦分析图（图 9-5）。

权益净利率

资产净利率　　权益乘数

1÷1(1-资产负债率)

销售净利率　×　资产周转率

利润　÷　销售收入　　销售收入　÷　资产总额

销售收入-全部成本+其他-所得税　　长期资产÷流动资产

制造成本　　期间费用

其他流动资产　　现金和有价证券　　应收账款　　存货

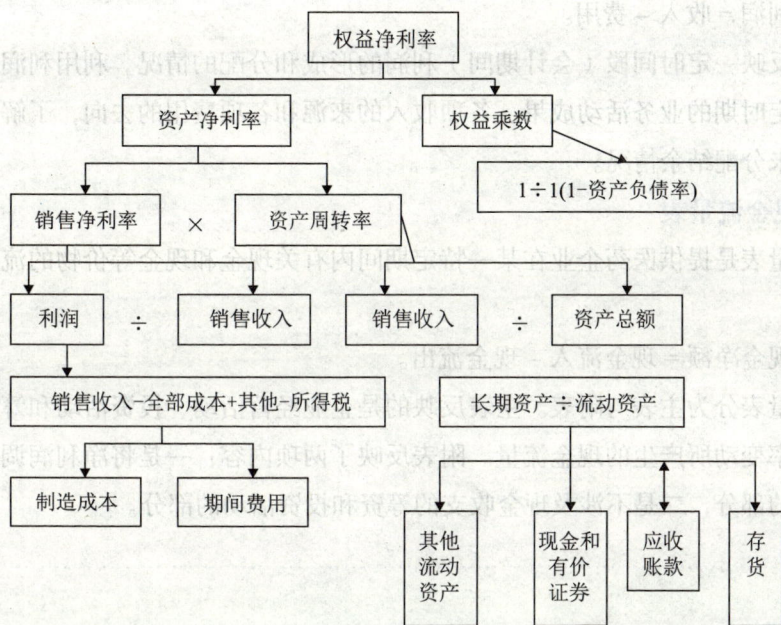

图 9-5　杜邦分析图

三、医药企业财务报表分析

医药企业基本财务报表包括资产负债表、利润表和现金流量表。

（一）资产负债表

资产负债表是提供企业在某一时点所拥有的全部资产、负债和所有者权益的存量及其结构的报表。

原理：资产＝负债＋所有者权益。

资产负债表反映的是在一定时点（会计期末），医药企业全部资产、负债和所有者权益情况的报表，反映的是医药企业在某一特定日期的财务状况。资产负债表左方反映的是资产总额和构成，右方反映的是负债与所有者权益总额，也是资产的来源。

资产各项目按其流动性由强到弱顺序依次排列，包括流动资产和非流动性资产；负债各项目按其到期日的远近或者偿付的紧迫程度顺序依次排列，包括流动负债和非流动负债；所有者权益按照项目内容排列。资产负债表左右双方平衡，即资产总计恒等于负债和净资产总计。

一般说来，在资产总额中，如果负债形成的资产所占的比重较高，说明医药企业资产主要靠负债而来；如果在资产总额中权益所占比重较高，则说明医药企业主要资产靠资本投入或积累形成。

（二）利润表

利润表是指提供医药企业在某一特定期间所实现的利润或发生的亏损数量的报表。

原理：利润 = 收入 – 费用。

利润表反映一定时间段（会计期间）利润的形成和分配的情况。利用利润表可以了解医药企业一定时期的业务活动成果、各项收入的来源和各项费用的去向，了解收支结余的分配去向及未分配结余情况。

（三）现金流量表

现金流量表是提供医药企业在某一特定期间内有关现金和现金等价物的流入与流出信息的报表。

原理：现金净额 = 现金流入 – 现金流出。

现金流量表分为主表与附表。主表反映的是企业经营活动、投资活动和筹资活动的现金流量及汇率变动所产生的现金流量。附表反映了两项内容：一是将净利润调节为经营活动现金流量的部分，二是不涉及现金收支的筹资和投资活动的部分。

复习思考

1. 思考财务管理在医药企业管理中的作用和地位。如何更好地利用财务管理内容实现企业目标？

2. 结合开篇案例思考财务数据如何体现经营成果。应从哪些角度分析财务数据？如何有效发挥财务的监督职能，降低经营风险？

扫一扫，知答案

模 块 十

医药企业供应链管理

【学习目标】

1. 掌握供应链、供应链管理的相关概念；医药企业供应链的特征。
2. 熟悉供应链的功能；医药企业冷链物流现状。
3. 了解供应链的类型；供应链管理的内容；企业物流与供应链管理的关系。

项目一　供应链及供应链管理概述

案例导入

2017 年 10 月 13 日，国务院办公厅发布了《关于积极推进供应链创新与应用的指导意见》，首次将供应链的应用与创新上升为国家战略层次，这是一直强调降成本增效的物流业获得跨越式发展的机遇。

2012 年，美国发布了《全球供应链国家安全战略》，率先将供应链发展上升为国家战略层次。《全球供应链国家安全战略》的发布，标志着现代物流开始进入供应链管理时代。英国学者马丁·克里斯多夫提出 "21 世纪的竞争不是企业和企业之间的竞争，而是供应链和供应链之间的竞争"，各个国家已经越来越重视供应链管理，而供应链平台的竞争也成为各国竞争的焦点。

我国将供应链的应用与创新上升为国家战略正是大势所趋：既能利用我国的经济和市场的优势，构建全球供应链新布局，又能利用全球供应链优势企业带动国内相关企业的发展，达到资源整合、流程优化和协作共赢的效果；既能推进相关产业转型升级和上下游产业融合发展，又能实现生产到消费等各环节的有效对接，从而减少资源浪费、降低成本及推动企业发展。可见，供应链已逐步成为推动社会进步和产业变革的重要力量。

一、供应链的功能及类型

（一）供应链的概念

供应链（supply chain）是现代物流理论中的一个概念，是指产品在生产和流通过程中所涉及的原料供应商、生产商、分销商、零售商及最终消费者等成员组成的网链结构，即由物料获取、加工，并将成品送到顾客手中这一过程中所涉及的所有企业和部门组成的一个网络。

供应链的概念是从社会化大生产概念发展来的，它将企业的生产经营活动进行了前后延伸。它不仅将执行不同程序、任务的各个环节进行整合，还控制不同环节之间持续不断的信息流、产品流和资金流，是一个有机动态的系统。

（二）供应链的功能

从供应链的概念出发，供应链具有如下功能：

1. **降低成本的功能** 首先，在市场经济中，每个企业都含有"供""需"的双重含义，供应链的存在将相关企业链接成一个首尾相连的整体，企业的采购、运输、销售等行为不再是分散、孤立的，而是互相合作、互惠共赢，使链上企业经营成本降低。其次，供应链上的企业通过资源、信息等的共享，能准确掌握市场需求及存货信息，因此无需保持较高的库存水平，从而降低库存成本。最后，供应链上的每一个成员负责某项专门工作，能够不断地提升工作效率，减少管理跨度，以降低企业的成本，提高经济效益。

2. **市场中介的功能** 合理的供应链能将产品分配到满足用户需求的市场，也能通过对市场的快速反应对未预知的需求做出预测，降低产品过时或失效的风险，提升用户的满意度。

3. **客户需求的功能** 供应链以市场组织化程度高、规模化经营的优势，有机地结合生产和消费，根据最终用户的喜好或潮流的引导，去调整产品内容与形式来满足市场需求，对生产和流通有着直接的导向作用。

（三）供应链的类型

从不同的角度出发，按不同的标准，可以将供应链划分为不同的类型。

1. **根据供应链的范围划分** 供应链可以分为内部供应链和外部供应链。内部供应链是指企业内部产品生产和流通过程中所涉及的各个部门所组成的网络，如采购部门、生产部门、仓储部门、销售部门等。而外部供应链则是指企业外部的，与企业相关的产品生产和流通过程中涉及成员所组成的供需网络，包括原材料供应商、生产厂商、储运商、零售商、最终消费者等。可以说，内部供应链是外部供应链的缩小化，外部供应链相对于内部供应链来说涉及范围更大，涉及企业更多，企业间的协调更困难。两者共同构成了企业产品从原材料到成品到用户的供应链。

2. 根据供应链容量与用户需求的关系划分 供应链可以划分为平衡供应链和倾斜供应链。一个供应链一般具有一定的、相对稳定的设备容量和生产能力，但用户的需求是不断变化的，当供应链的容量能够满足用户的需求时，供应链即处于平衡状态。平衡的供应链可以实现各主要职能，如采购、生产、分销、市场之间的均衡；而当市场变化加剧，造成供应链成本、库存、浪费等增加时，企业不是处在最优状态下，供应链则处于倾斜状态。

3. 根据供应链的功能模式划分 供应链可以分为效率型供应链、反应型供应链和创新型供应链三类。效率型供应链主要体现供应链降低成本的功能，即在原材料转化成零部件、半成品、产品及运输等方面尽可能降低成本。反应型供应链是指对市场需求做出快速反应的供应链，能对未知需求做出快速预测，从而把产品分配到满足用户需要的市场，体现了供应链的市场中介功能。创新型供应链是指以经营创新型产品为主的供应链，凭借响应速度快、柔性程度高的优势满足不断变化的市场需求，体现了供应链的客户需求功能。

4. 根据供应链存在的稳定性划分 供应链分为稳定型供应链和动态型供应链。稳定型供应链是指由相对稳定、单一的市场需求组成的供应链，构成供应链的节点企业关系也相对稳定。当市场的所有需求相对稳定，或供应链中的核心企业对其他成员企业具有很强的影响力和吸引力，且经过长期合作形成了较强的系统性的情况下，供应链稳定性会较强。动态型供应链是指由频繁变化、复杂的市场需求组成的供应链，构成供应链的节点企业之间关系不紧密。在实际管理运作中，需要根据不断变化的需求，相应地调整供应链的组成。

二、供应链管理的概念及内容

（一）供应链管理的概念

供应链管理（supply chain management） 是指利用管理的计划、组织、领导、控制等手段，对产品生产和流通过程中各环节的产品流、信息流、资金流、价值流及业务流等进行合理调控，以优化资源结构、提高效率、降低成本和保证产品质量安全来满足客户的需求。

供应链管理是在现代科技高速发展、产品极其丰富的背景下发展起来的管理理念，它涉及各类企业及企业管理的各个层面，是一种跨行业的管理。在这种管理理念之下，供应链上企业之间作为贸易伙伴，为追求互利共赢而共同做出努力。

（二）供应链管理的内容

企业供应链管理是运用供应链管理思想对生产过程中的物流、管理过程中的信息流及决策协调过程中的商流、资金流等进行调控。因而供应链管理的主要内容可以归纳为：

1. 计划 这是供应链管理的策略性部分。企业的各项资源需要在一个整体的策略指导下进行管理，以满足客户对企业产品的需求。供应链在合理的计划之下建立并受其监控，能够有效、低成本地为用户传递高质量和高价值的产品或服务。供应链计划的管理主要包括需求预测、库存计划和补库计划等内容。

2. 采购 供应链上各个成员之间是一种战略伙伴关系，采购一般是在非常友好合作的环境中进行的。在互利共赢的理念下，企业和供应商建立一套价格、配送和付款流程并优化管理方式，使企业能长久稳定地以更低的价格采购到更优的产品和服务。采购管理的内容主要有提货、核实货单、转运货物到相关部门并批准对供应商的付款等。

3. 制造 制造管理主要是对生产安排、测试、打包和准备送货等内容的管理，是供应链中计算测量内容最多的部分，包括质量、产量和生产效率等的测量。

4. 配送 配送管理可以理解为狭义的"物流"，内容主要有整理统计用户的订单收据、建立仓储网络、派送货人员提货并准时准确地送货到用户手中、建立货品计价系统、接收付款。

5. 退货 建立网络管理企业已采购但验收不合格的原材料和零部件等的退货，以及对企业已售出但客户退回的次品和多余产品的运输、验收、保管等相关内容的管理，并在客户应用产品出问题时提供支持。这是供应链中的问题处理部分。

项目二　医药企业供应链管理概述

📚 案例导入

近年来，我国现代医药物流建设呈快速上升趋势，作为医药物流的重点疫苗行业已成为公众瞩目的朝阳产业。随着医药流通领域法规日益严格，疫苗的流通安全也更加受到重视。我国《疫苗流通和预防接种管理条例》中说明，冷链是指为保证疫苗从疫苗生产企业到接种单位运转过程中的质量而装备的储存、运输的冷藏设施、设备及疫苗分发管理系统。

2016年3月，山东警方破获一起非法疫苗案，疫苗未经严格冷链存储运输销往24个省市，涉案金额高达5.7亿元。疫苗含25种儿童、成人用二类疫苗。这一案件将疫苗的流通安全问题推到了风口浪尖，也暴露出了二类疫苗冷链的乱象，甚至影响了国家法规的修订。

一、企业物流管理与供应链管理的关系

企业物流管理是社会再生产过程中，依据物流的规律，在管理的基本原理和科学方法的指导下，对物流活动进行计划、组织、领导和控制，协调、优化各项物流活动，以达成降低物流成本，提高物流效率和经济效益的目标。而企业物流管理与供应链管理之间既有联系，又有区别。

（一）企业物流管理与供应链管理的联系

供应链管理与企业物流管理之间存在着不可分割的关系，它是企业物流管理由内部一体化向外部一体化发展过程中产生的一种管理思想。供应链管理实质上就是通过物流将企业内部各部门及供应链各成员企业链接起来。由此可见，物流管理是供应链管理的重要组成部分，且始终贯穿整个供应链的运作之中，供应链管理战略的成功实施也必然以成功的企业内部物流管理为基础。

（二）企业物流管理与供应链管理的区别

供应链管理虽源于企业物流管理，但却有别于物流管理，与传统的企业内部的一体化的物流管理有着根本区别。

1. 管理范围不同　物流管理作为供应链管理的一个部分，两者意义并非相同。企业物流管理基本把注意力集中在企业内部，而供应链管理则把重点放在生产和流通产品的整个链条，合作互利是其基本理念，通过分享信息和共同计划使整体物流效率得到提升。供应链管理是对物流所有流程的整体管理，从这个意义上讲，供应链管理包含了物流管理。

2. 研究重点不同　物流管理的研究重点在各种有利于改善物流效率的物流管理技术和方法上。而供应链管理则把产品生产和流通过程每个环节、各个方面都考虑在内，不仅研究技术方法，还更加注重包括供应商、制造工厂、仓库、配送中心、零售商、客户等在内各个方面的"合作""双赢"的管理理念的研究。

3. 管理目标不同　供应链管理的目的在于追求效率和降低整个链条的费用，通过了解最终顾客的需求、注重产品最终成本的方法，去提高整个供应链的竞争力，实现企业的最大价值。而企业物流管理的目标只是降低成本。

二、医药企业供应链的特征

在市场竞争日益激烈的环境之下，供应链管理成为众多医药企业关注的热点、焦点，通过学习、吸收、运用供应链管理的思想、战略来规划指导经营活动已成为一种趋势。由于医药行业的特殊性，医药企业供应链也呈现出如下特征：

（一）医药企业供应链运作受众多法律法规的严格规范与控制

由于医药产品属于特殊商品，医药供应链担负着保障人民健康与生命安全的重任，因

而会受到众多法律法规的严格规范与监管，管理要求覆盖整个供应链，并深入到具体的医药产品品种、规格、批号。目前与医药企业供应链运行活动有关的监管法律法规有《药品经营质量管理规范》及其实施细则、《药品管理法》及其实施条例、《药品说明书和标签管理规定》、《危险品运输管理条例》、《中华人民共和国产品质量法》、《麻醉药品和精神药品管理条例》、《放射性药品管理办法》、《医疗用毒性药品管理办法》、交通运输管理相关法规等。

（二）医药产品来源复杂

医药产品来源多样，类别、品种、规格繁多，品种、规格更新速度快，法律法规监管多且严格，监管深入到每一品种、规格、批号，致使企业供应链作业活动纷繁复杂。

（三）供应链上医药企业要求高

医药企业市场准入门槛高、运营成本高。构成供应链的医药供应、生产、销售、流通等企业的设立，必须按照法律法规管理要求，配备保障药品质量的硬件和软件并通过药品监督管理部门的审核，符合要求方能设立与运营；甚至许多类别的医药产品的生产与流通活动还是专营的，如国家免疫规划用疫苗由我国疾病预防控制机构专营。整个供应链运行过程为保障药品的质量，成本会比一般商品高。

（四）供应链上从业人员职业能力要求高

由于医药产品品种繁多、物流活动规范要求多且监管严格、供应链作业活动复杂，因此对从事医药企业供应链的从业人员职业能力要求比较高。作为复合型人才，医药企业供应链从业人员首先必须做到遵纪守法，保持高度的诚信和职业道德水准。同时，明确各类医药管理法律法规对医药相关活动的管理规范与要求。还需要熟悉医药产品的分类、编码、标识、包装、质量特征及物流的特点，保证医药产品在生产和流通中质量的稳定。而且，对医药企业组织构架与供应链运作流程的了解也是必不可少的。另外，还需掌握相关设施设备的使用与维护，能应用现代物流技术和供应链管理方法完成医药企业供应链作业，并提高效率、降低成本。

三、医药企业物流发展趋势

随着我国医药行业的快速发展，医药产品贸易规模的不断扩大，对医药物流活动的效率、反应速度及信息化程度都提出了更高的要求。医药企业必须在掌握物流配送趋势的基础上不断改进和优化企业的经营模式，有针对性地优化物流作业，以适应市场的变化，提高企业的竞争力。

（一）经营管理集约化、规模化

在我国医药市场日益整合、规范的环境下，众多效益低下、管理运作落后的医药商业企业逐渐被淘汰。通过 GSP 认证达标的系统改进，医药商业企业的管理体制将日趋完善。

特别是一些大型医药企业通过体制改革，将逐步朝企业集团化、管理现代化的方向发展。

医药物流的规模经济特征明显，对物流功能、要素进行整合是增强医药物流企业核心竞争力的重要手段，也是发展现代医药物流的关键所在。通过整合，一批跨地区、跨行业、跨所有制的大型医药物流公司将会形成，这不仅能够提高医药物流市场的集中度，而且可以逐步增强企业的核心竞争力。

（二）医药企业供应链日益发展，链上企业合作日益加强

医药流通领域逐渐形成构建物流产业链，上下游企业互相合作发展的趋势。医药流通企业与医药生产企业合作，流通企业能利用自身的物流信息资源，为生产企业提供建设性的建议，帮助生产企业了解市场需求情况及对竞争品种进行准确、全面的分析，与生产企业一起构建整体营销网络。同时，上游企业和下游客户形成合作，不断优化服务质量为客户创造更大的价值，生产和流通企业的收益也会随之大幅提升。

（三）医药物流技术信息化、标准化

在我国，医药物流信息技术的应用尚处于起步阶段，大多医药物流企业缺乏物流信息系统，信息链接和共享不足，达不到物流运作所要求的信息化水平。通过建立现代化的与GSP要求相符的信息管理系统，来降低差错率、提高劳动效率以实现物流配送的自动化、高效化，是医药物流发展的大势所趋。

物流标准的不统一已成为制约医药物流走向规范化、高效化及国际化的一大障碍。为避免在转移中出错，提高运作效率，医药物流必须严格执行一套完善的技术标准、名称、质量体系等。同时，统一医药物流标准还能促进医药物流信息化，因此加快推进医药物流标准化的建设刻不容缓，政府主管部门应尽快建立并完善适合我国医药行业特点并能与国际接轨的医药物流标准。

（四）第三方物流快速发展

随着市场和物流行业的迅猛发展，第三方物流也呈现快速发展的趋势。第三方物流对企业物流成本的降低起到了不可忽视的作用，据统计，第三方物流为企业物流节约了12%左右的成本，同时，使物流企业的存货总量也降低了10%。可以看出，第三方物流优势明显，因此医药物流配送也十分有必要向第三方物流转变。第三方物流作为联结厂家和批发商、零售商的桥梁，通过专业化分工，专注于自己的业务，更有可能降低成本，提高服务质量。而且使用第三方物流是国际上的惯例，我国的有关政策也预示着第三方物流在医药行业将会有大的发展，形成社会物流与医药物流的共同竞争。

（五）电子商务在医药物流配送中的应用

随着电子商务的优势日益凸显，电子商务受到了我国物流企业界的高度重视，使得电子商务在短短的几年中得以快速发展，这也为医药行业电子商务的发展提供了无限商机。

2014 年 5 月 28 日，国家食品药品监督管理总局（现国家市场监督管理总局）发布《互联网食品药品经营监督管理办法征求意见稿》，明确指向开放处方药网上销售，这被业界普遍视为医药电商大跨步前进的号角。电子商务平台把商流、信息流和资金流整合为一体，将成为整个医药行业的交易中心和信息中心。电子商务下的物流配送，是信息化、现代化、社会化的物流和配送，通过电子商务，将促进医药物流配送的一体化。电子商务下的物流和配送的业务流程由 Internet 连接，大部分工作都是由高度自动化计算机系统完成，提高了物流配送的准确性、可靠性，同时降低了物流配送成本。

四、医药企业冷链物流现状

医药冷链物流是指冷藏冷冻类、易腐类医药产品在生产、流通和使用的一系列过程中，始终处于特定的温度范围之内，以保证医药产品质量，同时降低储运损耗、控制时间、节约成本的一项复杂的系统工程。2016 年新修订的 GSP 及其附录对于储存、运输冷藏、冷冻药品的企业的设施设备要求做出了严格的规定，这大大增加了医药冷链物流成本。疫苗类制品、注射针剂、酊剂、口服药品、外用药品、血液制品等需要低温条件下储运的药品的流通都属于医药冷链物流的范畴。目前我国的医药冷链物流发展还存在许多问题，常常出现"断链"现象，而近年来医药冷链物流安全事件频发，也使得医药冷链处于社会和舆论监督的风口浪尖上。

（一）管理参差不齐

目前，绝大多数的冷链药品是由医药商业企业自行负责运输流通的，很少依靠专业的第三方冷链物流企业。因此，冷链物流管理以企业、行业自律为主，管理力度、监管水平参差不齐，形成监管的一大难点。此外，冷藏药品的配送环节设计不合理，效率低下，容易出现事故。

（二）冷链设施、设备、技术基础薄弱

现阶段，我国冷链流通率较低，冷库资源结构不合理，技术上也落后于其他发达国家。冷藏车市场也存在非法改装、二手海柜横行的不良现象。而且在欠发达的中小城市，物流市场落后，具备冷藏品运输条件的物流企业更是寥寥无几，很多医药企业被迫规定冷藏药品不得托运。同时，由于冷链技术条件限制，医药产品在各流通节点并没有实现完全联网，难以实现信息共享，无法对医药产品实现全程温度调控和监测。多数物流公司还在采用人工计温的方法，实行简单的冷链管理，无法实现温控数据的连续性、准确性。

（三）冷链标准不统一

GSP 中有对冷链要求的明确规定，但各省市的解读不一样，部分企业自律性差，并没有完全按照国家的标准来执行。同时，涉及冷链的国家标准、地方标准众多，药品、器械冷链标准也各自出台，导致互相衔接不足的情况发生，从而加剧了标准的不统一。而且，

由于地区差异，欠发达地区标准执行难度相对较大。

（四）专业人才短缺

近年来中国物流产业发展迅速，专业物流人才的培养速度与之发展并不匹配，而对于需要高素质复合型人才的医药冷链物流，人才缺乏问题则更加突出。

医药冷藏品具有高时效、高价值、容易变质的特性，这就要求员工具有较强的专业水平，需要掌握医药、物流、管理等多方面的专业知识，目前大多专业院校并没有专门设置兼容医药与物流两方面内容的专业，往往企业需在招聘物流或医药方面的人才后对其进行后续培养，否则岗位任务将无法顺利完成。这也成为了制约医药冷链物流发展的主要瓶颈。

医药产品安全直接关系到社会民生和稳定，因而对我国的物流供应链特别是冷链物流提出更高的要求。随着冷链医药产品市场日益扩大，医药冷链物流质量管理面临着前所未有的挑战，医药企业冷链物流发展任重而道远。

复习思考

1. 简述供应链的概念及特征。
2. 简述供应链管理的主要内容。
3. 简述企业物流管理与供应链管理的区别。
4. 简述医药企业供应链的特点。
5. 根据我国医药冷链物流的现状，结合所学知识提出几点冷链物流的发展建议。

扫一扫，知答案

医药企业营销管理

扫一扫，看课件

【学习目标】

1. 掌握医药生产、批发和零售企业营销管理模式和医药产品的 4P 营销策略。

2. 熟悉医药企业市场营销管理的过程和医药市场营销的相关概念。

3. 了解医药营销观念及医药企业营销发展现状和方向。

项目一　医药企业营销管理概述

案例导入

宛西制药厂是河南省宛西制药股份有限公司的前称，该企业位于河南宛西县，当年既无独特优势又无地域品牌优势。2000 年以前，产品还主要依靠低价进行销售，工厂生存困难，一度陷入困境。2000 年以后，该厂通过市场调查后将企业资源转移到传统中药六味地黄丸的市场上，并利用一系列的营销方法在短时间内将该厂生产的六味地黄丸打造成国内知名品牌。

宛西制药厂通过市场调研发现，六味地黄丸作为一种极其普通的中成药，在全国市场销售非常广泛而且生产厂家众多，初步调查就有超过 500 家医药企业生产该药品。但是这些六味地黄丸却大多集中在低端市场，拥有知名品牌的几乎没有。在了解到这一市场情况后，宛西制药厂重新制定了差异化的市场营销策略，放弃大批发模式，大幅度提高了产品的零售价格，将产品定位于高端市场。并利用医圣张仲景的故乡恰恰是宛西的背景，专门申请注册了"仲景"商标，重新设计差异化的产品包装，让消费者从包装上就清晰地辨别出宛西制药厂生产的六味地黄丸，提高了产品的识别度。同时宛西制药厂还根据市场上这一产品同质化现象严重、竞争激烈的实际情况，提出了"药材好，药才好"的概念。并以此作为该厂生产的六味地黄丸的宣传口号和标识，并从 2001 年开始在央视、凤凰卫视等全国性媒体上大量投放广告，让消费者一提起六味地黄丸就想到"药材好，药才好"的"仲景"六味地黄丸。不仅如此，宛西制药厂还针对当时大多数中药企业都走流通、不做终端的状况，强化了对终端的管理和控制，仅上海市场，其业务员就多达 30 余人。

由于产品定位明确、概念清晰、广告到位、重视终端，到 2003 年，"仲景牌六味地黄丸"已成长为六味地黄丸第一品牌，同时宛西制药厂以"仲景"为品牌，推出了一系列产品，通过统一品牌策略，促使该厂的其他产品借助"仲景"六味地黄丸的东风，顺利进入消费者的视野。而"仲景"品牌通过杰出的市场判断和营销创新能力在高度同质化的市场中从低端到高端不断蜕变，也为医药企业的营销管理提供了丰富的经验和借鉴。

一、医药市场与医药市场营销

（一）市场与医药市场

市场是商品经济的范畴，自从有了社会分工和商品生产、商品交换以后，就有了与之相应的市场。

1. 市场的含义　一般来说，市场有广义和狭义之分。狭义的市场指的是买卖双方聚集在一起交换产品、劳务和服务的场所。广义的市场不仅仅是一个具体场所，而是包括了所有买方和卖方实现商品让渡关系的总和。

在市场营销学中，市场的含义与以上两个市场的含义都不同。营销学之父——美国市场营销学家菲利普·科特勒认为"市场是某类产品现实需求和潜在需求的集合"。在这里，市场主要是站在卖方的角度，从研究如何适应买方需求来理解"市场"。"市场"往往等同于需求。因此，市场营销学中的市场是指对某种或某类产品现实和潜在需求的总和。

从营销学的角度来看，市场一般包含三个要素：对产品有需求的人、满足这种需求的购买欲望和购买力。公式表示如下：

市场 = 人口 + 购买欲望 + 购买力

这三个要素缺一不可。人口是构成市场的基本要素；购买欲望是购买力实现的前提条件；购买力是购买欲望变成现实的物质基础。只有三者结合起来，才能构成现实的市场，如果产品不能调动人们的购买欲望或者人们缺乏相应的购买能力，对卖方来说就只是潜在的市场。

2. 医药市场的含义　医药市场是指个人和组织对医药产品现实和潜在需求的总和，即医药市场体现的是在一定的时间和地点对某种或某类医药产品的消费。由于医药产品是关系到人们的健康和生命安全的特殊商品，因此，医药市场也有一定的特点，包括市场需求的不稳定性和被动性，产品供应的及时性及要受到国家市场监督管理总局的特殊管理和约束。

（二）市场营销与医药市场营销

1. 市场营销　人类对市场营销活动的认识是不断发展的，各学者对市场营销的定义呈现多样化。如有的学者认为营销活动是一种经济活动过程；有的学者认为营销活动是一种为促进产品生产后而进行的管理行为。总之，他们认为营销活动是局限于流通领域的活动，而实际上，企业的营销活动并不仅仅局限于流通领域，还包括生产前和售后的一系列经营活动。因此，美国市场营销协会对市场营销做了如下定义：市场营销是对思想、产品和劳务进行设计、定价、促销及分销的计划和实施的过程，从而产生满足个人和组织目标的交换。

2. 医药市场营销　医药市场营销是个人和医药组织运用各种科学的市场营销经营策略与他人交换医药产品和服务，尽可能满足他们的需求，进而满足自身需求的一种社会管理过程。医药市场营销活动的实施主体包括一切面向市场的个人和医药组织。在医药市场营销活动中，提供给市场的是医药产品和服务，而非其他的商品和服务。医药市场营销活动是通过满足他人的需求交换获得满足自身需求的活动过程。

二、医药市场营销管理环节

医药市场营销是从营销策划开始，直到营销目标完成的完整过程。医药企业为了完成营销目标，需要通过营销组织对企业市场进行分析，选择目标市场，制定市场营销组合策略，执行和控制市场营销计划。

（一）医药市场营销分析

医药市场营销分析是指医药企业通过开展市场调研、预测等方式对市场机会和市场威胁进行识别，找出市场上尚未被满足的需求，发现并利用市场机会进行有针对性的营销活动，促使企业得到发展。医药市场营销分析主要包括市场营销环境分析和消费者购买行为分析。它是企业进行营销活动最基本的前提和出发点。

医药市场营销分析主要可以通过市场营销调研和预测等途径来实现。医药企业进行市场营销分析的过程其实就是识别市场机会和市场威胁的过程。市场机会是市场上未满足的需求，也是企业有利可图的机会；市场威胁是企业营销过程中所要面临的挑战和不利因素。医药企业营销管理人员在进行市场营销分析过程中，要结合本企业的经营目标和企业自身资源对市场机会和市场威胁进行分析、评估，找出企业可以利用的市场机会，并利用企业自身优势尽可能采取适宜的规避措施，避免市场威胁。

（二）医药目标市场选择

经过对医药市场的分析评估，医药企业还需要选择正确的目标市场。由于医药市场的庞大、复杂及医药企业自身资源的有限性，医药企业在进行医药市场营销分析后，还要结合本企业的营销目标和自身资源，选出本企业准备为之服务的目标市场。

随着经济的蓬勃发展，消费者的需求也呈现多样化、复杂化特性。由于消费者消费心理、购买习惯、收入水平等方面存在一定的差异，不同消费者对同一产品的需求也不尽相同。而受自身资源所限，任何一家医药企业都难以满足消费者的全部需求，因此企业就需要在市场营销分析的基础上，根据消费者需求的异质性进行市场细分，确定准确的目标市场，根据企业优势进行医药产品的市场定位。

（三）医药市场营销组合制定

医药企业选定正确的目标市场后，根据企业的实力、财务状况和目标市场的特点进一步决定以何种营销组合实现营销目标。企业经营成功与否很大程度上取决于企业能否制定正确的市场营销组合。

医药市场营销组合是指医药企业可以控制的，用来影响医药市场需求的各种市场营销因素和手段的综合运用与最佳组合。一般来说，医药企业在制定营销组合时必须考虑医药产品以什么样的形式进入市场，包括选择正确的医药产品包装策略和品牌策略，设计合理的产品组合策略等；要考虑医药产品的定价及货币单位的选择，包括有可能影响到医药产品价格的各方面因素；还要考虑医药产品分销渠道的选择和促销方式的选择等。

（四）医药市场营销计划执行和控制

医药企业制定正确的医药营销组合后，还要制订详细的行动方案，建立健全奖惩责任制度，严格执行市场营销计划，并根据市场营销环境的变化和计划执行情况进行适时的控制和调整，保证营销目标的实现。

任何市场都可能发生各种变化。医药市场营销计划的执行和控制是市场营销组合方案顺利实施的保证。对于医药企业来说，执行、控制营销计划首先需要设置与企业营销目标相适应的营销组织和规章制度，对企业的人、财、物等进行调配，保证营销活动各环节的有序进行，保证企业营销目标的实现。但由于医药市场的复杂多变，在执行市场营销计划的过程中，难免会遇到各种难以预料的情况，这就需要不断对市场营销活动进行监督和评估，控制其发展方向。并根据市场新变化，不断对原计划进行适当修正，改进营销管理效果。

三、医药市场营销观念的发展方向

市场营销活动作为一种有意识的社会管理活动，企业在进行市场营销的过程中总会反映出企业指导市场营销活动的基本经营思想，即市场营销观念。企业的市场营销观念不同必然会影响企业营销实践的各个方面，自然市场营销的效果也会不同。总体而言，以西方企业为代表的企业在营销实践中，大致经历了以下几个发展阶段：

（一）传统营销观念

1. 生产观念　以生产为导向的营销观念是一种古老的经营观念。它形成于卖方市场的条件下。这种营销观念可以简单概括为"企业生产什么产品就销售什么产品"。在20世纪初，以美国为代表的西方企业普遍奉行这种营销理念。因此，当时的企业管理的关键在于能否降低成本，扩大产量，增加销量，提供廉价的产品。这种营销观念的产生主要是由于当时的经济和技术相对比较落后，生产满足不了消费者的需求，产品供不应求。在这种观念的指导下，企业的经营活动是以生产为中心而非市场为中心。

2. 产品观念　产品观念形成于卖方市场向买方市场转变的过程中。这种观念和生产观念的相同之处都在于以生产为中心，但产品观念比生产观念还是有所进步，产品观念认为消费者喜欢质量好、价格合理的产品，企业应该努力生产和追求质量好的产品。这种观念的产生主要是由于当时人们的生活水平有了较大的提高，消费者开始追求产品在质量、功能等方面的差异性。因此，当时的企业把追求产品的高质量当成了企业经营活动的重点。

3. 推销观念　推销观念形成于卖方市场向买方市场过渡期间。这种观念认为产品的销量是企业生存、发展的关键所在，企业必须努力进行销售，否则消费者就不会大量购买本企业的产品。从1920年到1945年，由于科技的进步和科学管理方式的运用，生产力得到了极大提高，市场上出现了某些产品供大于求的现象，再加上1929~1933年爆发的世界经济大危机，降低了人们的消费能力，加剧了卖方市场的竞争。因此，当时的企业想获得生存和发展，开始注重并加强产品的推销。推销观念虽然继续以生产为中心，但同时加强了产品的推销工作，开始开拓市场、扩大销量，在当时是属于一种进步。

（二）现代营销观念

1. 市场营销观念　市场营销观念是一种全新的经营哲学。这种观念的主要核心思想是"顾客需要什么，我们就生产、销售什么""顾客是上帝"等。企业的经营思想从过去的"一切从企业出发"转变为"一切从顾客出发"。第二次世界大战结束后，世界各国经济得到迅速恢复和发展，消费需求不断扩大。随着20世纪50年代新的科技革命的兴起，社会产品的供应迅速增加，市场竞争日益激烈，买方市场逐步形成。企业面临激烈的市场竞争环境，并认识到市场的需求不再是从既有的生产出发，向顾客推销自己生产的产品，而应该是从市场的需求出发，以满足消费者需求而进行生产。

2. 社会市场营销观念 社会市场营销观念是随着社会经济环境的不断变化而形成的，也是对市场营销观念的补充和修正。这种观念是以社会利益为导向，提倡企业在满足消费者的需求和愿望，实现企业的经营目标的同时，更要以维护和促进全社会的整体利益与发展为最高目标，要维护社会的整体利益和长远利益。自 20 世纪 70 年代以来，随着全球经济的快速发展，社会经济环境发生了巨大变化，尤其是随着全球自然环境恶化、资源短缺、人口爆炸等问题的日益突出，人们认识到单纯强调市场营销观念会损害全社会的整体利益和长远利益。因此，社会市场营销观念提出要将消费者需求、社会利益和企业利益有机统一起来，使三方利益的共同实现。

（三）市场营销观念的新发展

随着社会经济不断发展，人们生活水平有了很大的提高，社会需求也日益多变。市场营销观念也出现了新的发展。

1. 整合营销观念 随着医药企业的组织机构日益复杂，包括营销部门在内的各职能部门活动日益专业化，从而导致医药企业资源的内部竞争，且各职能部门的独立性和目标的不一致性，往往会降低企业绩效，影响竞争力，因此进行整合就显得尤为重要。整合营销观念是一种对各种营销工具和手段的系统化结合，根据环境不断进行即时性动态修正，以使交换双方在交换中实现价值增值的营销理念和方法。整合营销观念的工作思路主要是企业以消费者需求为中心，把企业所有资源综合利用，统一调配企业资源，进行系统化管理，协调企业内部各环节、各部门及企业与外部环境的一致性，形成统一竞争优势。

2. 关系营销观念 关系营销的本质是综合反映了企业在营销过程中符合社会发展要求的指导思想和经营理念。关系营销就是把营销活动看作是一个企业与消费者、供应商、竞争者、政府机构及其他社会公众进行互动的过程。在这个过程中，企业在实现经营目标的基础上，秉承"信誉第一，顾客至上"的原则，在营销过程中重视企业的声誉和形象，并通过双向沟通，使企业充分了解市场和客户的需求，又把企业和产品的信息清楚地传递给消费者，从而构建互惠互利、协同发展的合作关系，并把平等互利作为处理各种关系的行为准则，实现买卖双方在交往和合作过程中的共同获益、共同发展。同时由于在现代企业发展中，企业和社会环境之间的关系越来越复杂，也越来越容易受到内外部各种环境因素的影响，企业也需要通过开展各种社会活动，协调各种关系，做好企业内部各部门、企业利益和社会利益、长远发展与近期利益等各方面的统筹兼顾工作。

3. 事件营销 事件营销指的是企业通过策划、组织和利用具有新闻价值、社会影响和名人效应的人物、事件，吸引媒体、社会团体和消费者的兴趣和关注，以求提高企业或产品的知名度、美誉度，树立良好的企业形象和品牌形象，并最终促成产品或服务销售的手段和方式。由于事件营销具有传播面广、传播速度快、突发性强、社会影响大等特点，在事件营销过程中要注意一定的营销技巧、营销导向的积极性和企业的诚意体现。

4. 绿色营销　绿色营销观念是指企业在营销活动中体现的社会价值观、伦理道德观充分考虑了社会效益，自觉维护生态平衡。既要充分满足消费者需求，实现企业的经营目标，又要考虑经济与生态环境的协调发展。绿色营销是一种以满足消费者和营销者共同利益为目的、以保护环境为宗旨的营销模式。实施绿色营销的企业，对产品的创意、设计、生产、定价及促销的策划和实施都是以考虑经济与生态环境协调发展为前提的。绿色营销是实现可持续发展战略的有效途径，也是当代企业营销的必然选择。

5. 网络营销　随着互联网技术的飞速发展和应用，网络营销观念应运而生。网络营销是企业以互联网为基础，利用数字化信息技术手段和软件工具的功能进行营销，实现营销目标的一种新型营销活动。随着互联网影响的进一步扩大，越来越多的企业通过网络进行营销推广，网络营销也成为企业营销活动必不可少的营销手段。常见的网络营销可以分为搜索引擎营销、E-mail 营销、数据库营销、信息发布、网上商店、网络品牌、在线客服、微博营销、微信营销等类型。

6. 学术营销　学术营销就是要以处方药产品特性和临床价值为核心，提炼富有竞争力的产品卖点，通过多渠道和目标受众沟通，实现客户价值最大化，实现产品推广销售，并最终实现品牌忠诚的营销模式。学术营销的目的是建立一个成熟、高效、权威的营销体系，通过整合研发资源、学术资源、人力资源、渠道资源等，快速而有效地把新产品推向市场。学术营销与以往的处方药营销模式相比，更加注重长期效应，以持久盈利为目标，方式以推拉结合，注重短期销售和品牌效应的积累，更注重整合性。常见的学术营销可分为媒体性学术活动、会议性学术活动、人员学术活动和临床学术活动四类。

项目二　医药市场营销策略

案例导入

　　西安杨森制药有限公司是中国最大的合资制药企业，美国强生公司在华最大的子公司，成立于 1985 年，在中国享有较高的知名度。旗下的达克宁、多潘立酮、氟桂利嗪等都是各自领域里比较成功的品牌。多年来，在中国消费者心目中形成了很高的品牌忠诚度。探究产品成功的背后，人们会发现在品牌传播时，西安杨森有意将企业信息同时传达给消费者。与其他品牌关系相比，达克宁、多潘立酮、氟桂利嗪等品牌与西安杨森之间的关系似乎比较松散。比如在包装上，"西安杨森"字样并不突出，但总是出现在一个固定的位置上；每一个产品在电视广告的结尾，都会掷地有声地出现"西安杨森"的字母或声效。潜移默化中，人们只要提起这些产品，一般都会马上想到：哦，这是西安杨森出品的。由此可见，西安杨森采取了品牌担保策略，主要是想向消费者保证这些产品一定会带来所承诺的优点。因为这个品牌的背后是一个成功的企业，它有条件、有能力生产出优质的产品。产品是市场营销活动的载体，是企业生产活动的中心，而产品策略作为市场营销策略中的重要构成部分又是医药市场营销活动的支柱和基石。西安杨森的成功恰恰就在于灵活巧妙地运用各种营销策略，成功树立了良好的企业形象和品牌形象。

一、产品策略

（一）医药产品整体概念

要制定正确的产品策略，必须首先明确产品的概念。一般来说，产品可以分为狭义的产品和广义的产品。狭义的产品是指能满足人们某种需求和欲望的具有特定物质形状和用途的物品。广义的产品是指向市场提供的能满足人们某种需求和欲望的物品的总和，既包括有形的产品，也包括无形的服务。产品种类非常丰富，从产品的实体、规格、品牌到免费送货、产品咨询、市场声誉等。在市场营销学中，一般从广义的角度对产品进行理解，产品包括了能够满足人们某种需求和欲望的一切事物。

从市场营销学的角度来说，医药产品是指医药企业向目标市场提供的能满足消费者预防疾病、治疗、保健等方面需求和欲望的产品，它包括有形产品和无形服务。即：

医药产品 = 有形产品 + 无形服务

这就是医药产品的整体概念。不仅包括药品实体及与之相关的品种、规格、质量、包装等，还包括了医药企业的经营理念、价值观等，都属于医药产品的范畴。现代市场营销学把医药产品概念分为三个层次：核心产品、形式产品和附加产品。

1. 核心产品　核心产品是医药产品最基本和最主要的层次。它是指医药消费者购买医药产品所追求的最本质的东西，是消费者购买医药产品的目的所在。消费者在进行医药产品购买的时候并不仅仅是为了占有或获得某种医药产品，而是希望获得该医药产品满足消费者预防、诊断、治疗疾病，有目的地调节人的生理机能的功能。

2. 形式产品　形式产品是核心产品借以实现的形式，是医药企业向市场提供的医药产品实体或服务。包括医药产品的外观、质量、规格、品牌、包装等。形式产品向人们展示的是产品的外部特征，是实现核心利益的媒介，消费者在购买医药产品时，不仅仅会考虑产品的核心利益，还会考虑产品的外观、质量、品牌、规格等。因此，医药企业在进行医药产品设计的时候，除了考虑产品的核心利益外，还要考虑消费者对形式产品的不同需求。

3. 附加产品 附加产品也称延伸产品，是指消费者在购买产品后，除了能获得形式产品所产生的基本利益外，还可以获得随同形式产品提供的各种附加利益。如消费者在购买医药产品后，获得的医院或者药店提供的免费送货、用药指导、免费咨询等服务。随着市场竞争日益激烈，附加产品已经成为医药企业竞争的重要手段和关键。

（二）医药产品组合

随着技术的发展和竞争的加剧，很少有医药企业只经营某单一品种产品，也没有任何一家医药企业能够提供市场所需的所有产品。为了充分利用医药企业资源，抓住市场机会，规避市场威胁，医药企业往往需要合理确定医药产品种类、数量及产品组合的方式。将多个产品合理组合起来即产品组合。

医药产品组合也叫医药产品搭配，是指医药企业所生产或经营的全部产品的组合和结构，即医药企业的业务范围。医药企业为了实现营销目标，满足目标市场需求，必须设计科学合理的产品组合。产品组合的变化受到多方面因素的影响，主要有产品组合的深度、长度、宽度及产品组合的关联性。随着医药企业内外部环境的不断变化，企业往往根据市场竞争状态和自身资源优势，对医药产品组合的深度、长度、宽度和关联性进行优化组合和适当调整，常见的产品组合策略包括扩大产品组合策略、缩减产品组合策略和产品延伸策略。

（三）医药产品生命周期

一般来说，一个完整的产品生命周期包括四个阶段：导入期、成长期、成熟期和衰退期。

1. 导入期的营销策略 导入期是指产品首次正式上市的最初销售时期。在这个阶段，医药企业常采取的营销手段主要有以下几种：

（1）快速掠夺策略 快速掠夺策略即高价高促销策略。这种策略主要通过采取高价格的同时配合大量的宣传活动，吸引消费者的注意，让产品迅速占领市场，以期尽快收回成本、获得利润。

（2）缓慢掠夺策略 缓慢掠夺策略即高价低促销策略。这种策略在采取高价格的同时并不进行大规模高成本的促销活动，高价格和低促销的结合主要也是为了获取更多的利润。

（3）快速渗透策略 快速渗透策略即低价高促销策略。这种策略主要用较低的价格和较高的促销费用推出新产品，在制定低价格的同时通过大规模高成本的促销使产品迅速进入市场，获得较高的市场占有率。

（4）缓慢渗透策略　缓慢渗透策略即低价低促销策略。这种策略主要是采取低价格低促销方式推出新产品，低价使消费者易于接受新产品，低促销又能节约成本，获得更多利润。

2. 成长期的营销策略　成长期是产品生命周期中的关键阶段。在这一阶段，医药企业为了保持市场占有率可以采取以下几种策略：

（1）产品策略　即改变产品的品质。医药企业可以根据市场消费者需求的新变化，一方面提高产品的质量，完善产品的性能；另一方面开发新剂型、新品种、新包装等，从而提高产品的竞争能力。

（2）价格策略　即选择恰当的时机对价格进行调整。医药企业可以通过研究竞争者的价格策略及企业营销目标的变化，对产品价格适当进行调整，刺激对价格比较敏感的那部分消费者的购买欲望，吸引更多消费者。

（3）渠道策略　即巩固原有渠道，开辟新的渠道。医药企业可以通过市场细分，找到新的市场，开辟新的销售渠道，扩大销量。

（4）品牌策略　即树立产品品牌，培养消费者消费偏好。医药企业可以通过加强促销环节，将广告宣传由导入期的以产品宣传为主转变为成长期的产品品牌树立，培养消费者的消费偏好，增加其品牌忠诚度。

3. 成熟期的营销策略　成熟期阶段，同类产品不断进入市场，市场竞争激烈。这个阶段是医药企业获取利润的黄金时期。主要采取的营销策略有以下几种：

（1）市场改良策略　即开发新的细分市场，寻求新客户，确保市场占有率。或改变宣传方式，从广度和深度上开拓新的市场。

（2）产品改良策略　即以产品自身的改良来满足消费者的不同需求。医药产品的整体概念中的不同产品都可以通过改良的方式来满足消费者的新需求。

（3）营销组合改良策略　即通过改变定价、产品、渠道、促销等方式刺激消费者的购买兴趣，延长产品的成熟期。

4. 衰退期的营销策略　衰退期是指医药产品销售不断下降的趋势增强和利润不断下降的时期。在这个阶段，医药企业可以采取以下几种策略：

（1）维持策略　即医药企业继续沿用过去的策略，在目标市场、价格、渠道等方面保持现状。在衰退期，由于消费者需求出现转移，一部分不具备竞争优势的企业被纷纷淘汰出局，对于优势企业来说可以暂时维持现状，并不一定就会立刻减少销量和利润。

（2）集中策略　即医药企业缩减产品营销战线，把企业资源集中在一个或几个最有利的细分市场上，尽可能获得较多利润，而且还可以降低一定的营销成本，增加利润。

（3）转移策略　即医药企业当机立断，把目标市场从这一地区转移到其他地区；或放弃当前经营的老旧产品，开发新的产品。

二、定价策略

（一）医药产品价格及其体系

医药产品的价格是医药产品价值的货币体现。医药产品价格构成是组成价格的各要素及其在价格中的组成情况。在我国，医药产品价格的具体构成包括生产成本、流通费用、国家税金和企业利润四个方面。

医药产品从生产企业出厂后往往要经历批发、零售等环节才能到达消费者手中，每一个环节都形成一次买卖，也就形成一次价格形式。因此，医药产品的价格体系主要包括出厂价、批发价和零售价。医药产品出厂价是医药生产企业向医药产品批发企业或零售企业销售时的价格。医药产品批发价是医药批发企业向零售药店或医疗单位销售时的价格。医药产品零售价是零售药店或医疗机构向消费者销售时的价格。

（二）影响医药产品价格的因素

在我国，除了部分医药产品实行政府指导定价或政府定价，大部分医药产品由医药生产经营企业根据市场供求关系自行定价。但在定价时，企业必须综合考虑各种影响医药产品定价的内外因素。

首先，医药产品的产品成本是影响价格的最基本因素，主要包括医药产品在生产过程和流通过程中发生的各项支出和费用。在实际定价中，医药企业首先要考虑的就是产品成本，它是产品定价的基础。其次，医药企业的定价目标是影响企业定价的一个重要内部因素。一般来说，企业在不同的发展阶段，产品的定价目标也有所不同，如医药企业在面临激烈市场竞争或产能过剩、产品滞销时会以维持企业生存为定价目标；为了提供更好的产品或服务会以医药产品质量领先为定价目标。再次，在市场经济条件下，医药产品价格的高低还要受到医药产品状况因素的影响。如市场供求状况与产品的价格是相互影响的，市场结构与市场竞争状况是影响产品价格不可忽视的因素等。最后，医药产品的价格还会受到国家法律法规与政策因素的影响。如"两票制"的实施必然会影响医药产品的零售价格。

（三）医药产品定价策略

1. 医药新产品定价策略　新产品的定价是医药企业价格策略的一个重要环节，是新产品能否顺利进入市场，占领市场，给企业带来预期利润的关键。常用的新产品定价策略有撇脂定价策略、渗透定价策略和中间价格策略三种。撇脂定价策略又称高价厚利策略，即在新产品上市之初，产品的价格定得较高，以便在短期内获得最大利润。渗透定价策略又称薄利多销策略，即医药企业将新产品的价格定得相对较低，形成价格优势，迅速打开市场，提高市场占有率。中间价格策略又称满意定价策略，即介于撇脂定价策略和渗透定价策略之间的一种定价策略，即为新产品确定一个适中的价格，消费者比较满意，生产者也能获得正当利润，兼顾两者利益，使双方都能满意。

2. 医药产品心理定价策略 心理定价策略是指医药生产企业根据消费者购买产品时的心理需要和心理感受，制定产品价格，有意识诱导消费者增加购买量的定价策略。针对消费者心理的不同，常见的心理定价策略包括尾数定价策略、整数定价策略、习惯定价策略、声望定价策略和招徕定价策略。

3. 医药产品折扣定价策略 折扣定价策略是医药企业为了吸引顾客大量购买或尽快付款，在原有价格上予以一定优惠的定价策略。这种定价策略一般都会根据交易的具体内容和条件，直接或间接降低价格来吸引顾客，扩大销量。常见的折扣定价策略包括数量折扣策略、现金折扣策略、季节折扣策略、交易折扣策略及价格折让策略。

4. 医药产品差别定价策略 差别定价策略又称需求差异定价策略，是医药企业在给产品定价时根据不同消费者的需求强度、购买力、购买地点和购买时间等方面的不同，制定不同的价格。由于医药产品的价格制定受到医药市场内外各因素的影响，导致医药产品在价格上呈现一定的差异化，这既体现了定价的灵活性，也验证了医药产品价格受多种因素的影响。常见的差别定价策略主要包括以顾客为基础的差别定价策略、以时间为基础的差别定价策略、以产品式样为基础的差别定价策略和以地点为基础的差别定价策略等。

三、分销渠道策略

（一）分销渠道的概念及类型

医药分销渠道是指医药产品从医药生产厂家向消费者转移过程中取得这种医药产品的所有权或帮助转移其所有权的所有企业和个人。医药企业必须对分销渠道进行科学分析才能做出正确决策，进行恰当应用。

根据分销渠道的类型和特点，可以将其分为以下几种：

1. 直接渠道和间接渠道 按照医药产品从生产厂家到达消费者手中的过程所经过中间商类型的多少来分类，可以分为直接渠道和间接渠道。直接渠道是指医药产品从生产者到消费者手中的过程中不经过任何中间商的分销渠道。它是所有分销渠道中最短的一种。间接渠道是指医药产品从生产者到消费者手中的过程中经过至少一层以上的中间商的过程。

2. 长渠道和短渠道 医药产品从生产者到消费者手中的过程中，每经过一个对产品拥有所有权或者负有销售责任的机构，称之为一个"层次"。经过层次多的分销渠道称为长渠道，经过层次少的渠道称为短渠道。长渠道的优点在于渠道长、分布广、能最大范围覆盖目标市场，提高销量；短渠道的优点在于渠道短，相对成本低，生产厂家易于把握市场动态，及时调整价格和服务质量，提高营销效果。

3. 宽渠道和窄渠道　医药产品分销渠道的宽度是指一个分销渠道的每一个层次中，使用同类型中间商数目的多少。如果医药企业使用的同类中间商数目多就称为宽渠道；如果医药企业在每一个流通环节只使用一个中间商来销售自己的产品就称为窄渠道。宽渠道的优点在于能够使产品迅速进入流通领域，覆盖面广；而窄渠道的优点在于生产厂家和中间商协作关系比较紧密，生产厂家对中间商的管理程度相对较高。

（二）分销渠道的选择和管理

医药企业若想在激烈的市场竞争中实现营销目标，就必须对分销渠道进行科学合理地选择和管理，这就是分销渠道策略。常见的分销渠道策略主要包括以下几个方面：

1. 分销渠道的选择　分销渠道的选择就是根据医药企业的渠道目标选择最佳的分销渠道，包括选择直接或间接的分销渠道，选择分销渠道的长短及宽窄。同时在分销渠道的选择中还要考虑选择哪种类型的中间商，如批发商、零售商、经销商、代理商的选择等；以及选择多少中间商为佳。不同的医药产品选择分销渠道有所不同。如由于处方药需要专业人员进行指导用药，一般不采取直接渠道，而部分保健品则选择这种直接渠道进行销售。

2. 分销渠道的管理　医药企业在选择了适合本企业的分销渠道后，还要在营销活动中对分销渠道即所有的商业客户进行管理。由于分销渠道涉及生产者、中间商、消费者等多方面的利益，每一个渠道成员都有自己的利益诉求，因此，在营销活动中必然会发生各种利益冲突。医药企业在进行分销渠道管理的过程中就要对渠道成员进行考察和评估，采取适宜的激励措施或惩罚措施，尽量协调生产者、中间商和消费者之间的关系，并及时根据实际情况进行修正，促使分销渠道的良性运行。

四、促销策略

（一）医药促销的概念及分类

医药促销是指医药企业通过各种方式将医药产品或服务的信息传递给目标市场，促使消费者对医药企业及其产品或服务产生兴趣，进而使消费者最终实现购买的活动。常见的医药促销方式主要包括以下几种：

1. 人员推销　人员推销是指医药企业通过派出推销人员与潜在客户交谈，进行口头陈述来推销产品，以达到销售产品的目的。人员推销是一种古老的推销方式，也是医药产品营销中重要的促销方式之一。

2. 广告　广告是指医药企业通过付费的方式在一定的媒体上对医药产品、服务或观念进行宣传展示和促销的方式。由于医药产品的特殊性，在我国，针对医药产品进行广告促销有着严格的规定。

3. 公共关系　公共关系是指医药企业通过处理好与消费者、供应商、政府、中间商、公众等之间的关系，树立企业在社会公众中的良好形象。由于医药企业在营销活动中受到企业内外各种环境因素的影响，因此建立和保持良好的企业形象就非常重要，这是一种以长期目标为主的间接促销手段。

4. 营业推广 营业推广又称销售促进，是指医药企业通过多种刺激工具，如有奖销售、减价、免费试用等，刺激消费者需求，吸引消费者多次、快速购买某种产品或服务的促销手段。

医药企业在进行促销方式选择时并不仅仅局限于使用某一种促销方式，而是根据实际情况进行促销组合。所谓促销组合即医药企业将人员推销、广告、公共关系、营业推广四种促销方式有机结合成一个策略系统，使企业的全部促销活动相互配合、协调一致，最大限度地发挥促销整体效果，实现企业营销目标。

（二）医药企业促销策略

医药企业促销策略可以分为推式策略、拉式策略和推拉式策略三种。

1. 推式策略 推式策略是指医药生产企业通过各种促销方式将医药产品推销给中间商，由批发商或代理商将医药产品推入销售系统，最后由医疗机构或药店将医药产品推销给消费者，形成消费的策略。推式策略适用于分销渠道较短、市场较集中、销售人员素质较高及单位产品价格较高或专业性较强的企业。

2. 拉式策略 拉式策略是指医药生产企业通过各种促销方式将产品信息直接传递给最终消费者，使消费者对产品产生兴趣，刺激他们向医疗机构或药店进行询问并购买，进而刺激中间商向生产企业求购，拉动医药产品在整个销售渠道流动的策略。拉式策略一般适用于产品容量较大、方便使用的产品，如非处方药。

3. 推拉式策略 推拉式策略即推式策略和拉式策略相结合，属综合运用的策略。推拉式策略可以综合运用人员推销、广告、营业推广等方式，可以更灵活有效地吸引消费者，增进销售。如医药企业在发布广告的同时可以派出推销人员进行上门推销等。因为医药企业和消费者之间的信息是双向流动的，因此，医药企业采取推拉式策略既可以有效提高营销效果，又可以及时获取消费者信息反馈，提高企业服务水平。

项目三　医药生产企业销售管理

案例导入

中国最大的医药销售企业——国药控股有限公司宣布与德国 Boehringer Ingelheim（勃林格殷格翰）公司合作，成功尝试外资企业药品的内资总经销模式。德国 Boehringer Ingelheim（勃林格殷格翰）公司是国内销量领先的咳嗽药类药物沐舒坦等产品的生产企业，该公司产品还覆盖呼吸、心血管、中枢神经等重要领域。

"这是中国医药供应链体系中的创新尝试。"国药控股COO（首席运营官）介绍说，去年以来的新医改政策逐渐为医药企业发展指明新方向，"中国政府前所未有地重视医药市场的发展，药品降价导致相关企业运营成本控制空间有限，盈利空间下降。我们能做的是适应降价，寻找整合优势。"

而对于在中国市场发展时间不长的外资药品生产企业来说，借助内资销售平台是实现成本控制和提高效率的新方式。对于外资医药生产企业来说，选择国内大型销售网络，可以得到分销、物流、市场准入、数据平台、政府事务等方面的服务。

后医改时代的另一个趋势是垄断性医药分销巨头的出现。资料显示，2002年至2005年，我国医药分销企业已经从13000家减少到7000家。目前全国三大医药分销企业为国药控股、九州通和上海医药。至于未来国药控股是否会通过并购方式合并更多销售企业，国药控股相关高层称"公司一直在进行有序并购"，并通过内外整合实现渠道总成本最低，以不断加大市场占有份额。

一、医药生产企业销售模式的概念和分类

（一）医药生产企业销售模式的概念

销售模式是指把商品通过某种方式或手段，送到消费者手中的方式。任何生产企业生产出的产品只有通过流通领域的流转到达消费者手中，实现最终销售，才能实现产品价值。销售环节是企业正常运营，实现经营目标的关键所在，任何企业都要在产品进入销售环节之前选择合适的销售方式。医药生产企业的销售模式则是医药生产企业在产品进入销售环节之前，已经根据医药市场特点和企业自身资源确定的产品进入市场的方式。

（二）医药生产企业销售模式的分类

由于医药产品的特殊性，目前，我国医药生产企业常使用的销售模式有以下几种：

1. 自营办事处销售模式 医药生产企业自营办事处销售模式是指医药生产企业通过注册自己的销售公司或营销部门后，在全国或部分地区成立办事处，组建自己的销售队伍，建立自己的营销网络进行产品销售的模式。企业通过组建自营办事处，能够有针对性地培养自己的销售人员，并通过他们第一时间掌握目标市场动态，了解消费者需求变化，并把自己的企业信息和产品信息迅速传达给消费者，帮助消费者培养消费偏好，树立良好的企业形象和产品形象。

2. 全国总代理和总经销模式 全国总代理和总经销模式是指医药生产企业通过具有相应资质的商业公司或个人在中国境内全权代理或经销本企业生产的某个或某几个种类的医药产品的销售模式。由于医药产品的特殊性，医药产品流通领域相比较其他产品来说更为复杂和严格。医药生产企业采取这种销售模式可以借助经销商或代理商销售网络迅速打开市场，占领市场份额并降低经营风险，也是当前大多数医药生产企业采用的主要销售模式。但代理和经销是不同的概念，代理商没有商品所有权，只是促成交易并从中赚取佣金；经销商拥有产品实际所有权并通过自己的经营获得利润。对于医药生产企业来说，选择代理商和经销商同样需要谨慎，优秀的合作伙伴会带来双赢的局面，反之则会严重影响企业和产品品牌形象。

3. 区域总代理和总经销模式 区域总代理和总经销模式是指医药生产企业通过具有资质的商业公司或个人获得该公司某个产品或某几个产品在某个或某几个区域的销售权进行产品销售的模式。采取这种销售模式可以使医药生产企业迅速适应本地销售环境，进入本地销售环节，从而进入市场，实现营销目标。但由于各区域代理商或经销商水平不一，企业对这些中间商的管理存在一定的难度。且采取这种模式的医药企业大多是中小型生产企业，自身缺乏相对完善的营销网络，而对实力雄厚的大代理商或大经销商来说又不具备选择优势。

二、售后管理

医药生产企业将医药产品销售出去后并不代表销售活动已经结束。对于企业来说，寻找优质客户资源，建立稳定、良好的分销渠道是企业节约成本、持续发展的重要途径。为了与客户保持长久良好的合作关系，做好售后管理就显得尤为重要。

（一）售后服务跟进

售后服务就是医药生产企业在医药产品出售以后提供的各种服务活动。售后服务是售后重要的环节，也是企业保持和扩大市场份额的要件。售后服务的优劣不仅影响消费者的满意程度，也会影响与各中间商的合作关系。

从服务体系来说，医药产品的售后服务，既有生产企业直接提供的，也有经销商提供的，但更多的是以厂家、商家合作的方式展现给消费者的。因此，医药生产企业除了直接为消费者提供售后服务外，还要及时对经销商的售后服务能力提供培训、指导等帮助，提升其服务消费者的水平。尤其是在新医药产品的推广、销售期间，很多信息如医药产品的不良反应、新的主治功能等信息，很多客户是不熟悉甚至不知情的。这就需要医药企业派专人负责定期与客户沟通，进行产品售后服务跟进，增强客户的信任感，促进双方的合作关系，形成良性循环。

（二）客户档案管理

客户档案是指医药生产企业在与客户交往过程中形成的客户资料、企业自行制作的客户信用分析报告，能够全面反映医药生产企业客户资信状况的综合性档案材料。客户档案的管理是企业营销管理的重要内容，是营销管理的基础。

1. 客户档案的建立　建立科学、完善的客户档案是医药生产企业档案管理的起点，也是营销工作的基础。客户档案的建立并不仅仅是对客户资料的收集、整理和存档，而是在科学分析的前提下，对企业过去、现在、未来的直接客户、间接客户经过精准分析把他们纳入企业的客户管理系统的过程及其应用。一般来说，客户档案的建立，不仅要包括老客户、新客户和未来客户，还应该包括与客户的交易情况记录、客户的性质分析情况及交易的数量和市场地位等。总之，不同的企业在客户档案建立时都有不同的特点，管理方法也不尽相同，形成了各具特色的客户档案管理体系。

2. 客户档案的管理　客户档案管理是对客户资料进行整理、分析，形成文案并不断更新，以便更好地满足客户需求，促进和客户合作的综合工作过程。由于客户的资料具有多样性，医药生产企业的客户档案管理的内容也是复杂多样的，但总体而言，一般客户档案管理的基本内容都包括客户的基础资料，如客户名称、地址、电话，以及经营管理者、法人、企业组织形式等；客户特征，如销售能力、发展潜力、经营特点、企业规模等；业务状况，如业务人员素质、与本企业合作态度即业务联系等；客户交易活动现状，如客户的信用状况、交易条件、企业信誉与形象等。一般情况下，医药企业对客户档案的管理都有一套行之有效的管理制度或管理办法，有专门部门或专人负责进行管理。

（三）客户关系维护

交易的结束并不意味着客户关系的结束，在售后环节还要与客户保持联系，以确保他们的满足感持续下去。良好的客户关系是医药企业销售成功的关键，也是售后管理的重要内容。因此，与每一位客户建立良好的互动关系非常重要。

常见的客户关系维护可以分为以下几个步骤：

1. 老客户维护　即老客户营销，医药企业用情感维护客户关系，注重与客户的感情沟通，把客户视为企业的自己人，与他们做朋友，让客户感受到温暖，愿意与企业做朋友，愿意再次进行消费并介绍其他客户进行消费。

2. 个性化服务　即特殊化营销，医药企业在进行客户关系维护的过程中还有一个从标准化服务到个性化服务的转变过程。每个人都希望有被重视的感觉，都希望在别人心中是独一无二的，客户也是如此。除了享受企业的标准化服务以外，客户也希望能够得到企业的个性化服务。这也就要求企业需要更加全面地了解客户各方面情况，提供个性化定制服务。

3. 着眼建立长期合作关系，提高客户对企业的忠诚度　进行客户关系维护的目的是培养客户的忠诚度，建立长期互惠互利的合作关系。忠诚的客户是企业长期发展的基础，也只有忠诚的客户才会多次购买企业的产品和服务，对企业未来的发展起着重要的作用，尤其是随着客户实力的增强，其购买力也会进一步增强。因此，做好客户关系维护还要着眼于建立长期合作关系，培养客户的忠诚度。

项目四　医药批发企业营销管理

案例导入

2008 年下半年，曾创造了健胃消食片单品销量神话的江中制药集团突然出现了多家合作十几年的商业客户解约的情况。江中集团对这种情况调查分析后发现，集团一直采取现款现货的销售方式，对渠道缺乏有效的管理和维护，导致渠道混乱，串货乱价，产品利润被消弭殆尽。有些经销商销售 8000 万元的江中产品，利润竟然不到 80 万元，甚至更低。而终端零售药店也普遍存在低价销售、负推荐的现象。而江中集团给各个经销商、分销商签订的高额任务目标更是加剧了串货乱价的乱象。对此，江中集团经过评估，将之前的 400多家经销商、分销商缩减为 23 家，并取消了高额的任务目标，实行了防止市场串货的产品代码制度，同时公司还建立了专门的督查队伍，进行全国巡查。制定了对经销商和市场人员的奖惩制度，保证管理的有效性。江中集团采取的这些措施不仅使串货、低价等问题迎刃而解，更使公司销售额显著增长。变革 3 年，江中集团的销售量增长了 10.2 亿元，年均增幅 25%；客户业绩成倍增长，利润由原来的 0~1% 增长至 5%~8%，客户满意度大幅提高，而江中集团在 2010 年的广告投入则大幅减少。

一、医药批发企业分类

医药批发企业是指从医药生产企业或其他医药批发企业购进医药产品，供应给零售企业、医疗单位和医药批发企业用于转售，或供应给医药生产企业用于生产的医药经营企业。医药批发企业是社会分工和商品经济发展的产物，有助于解决生产和消费在时间、地点、空间等方面的矛盾，它是医药产品流通环节中必不可少的环节。

（一）医药批发企业类型

1. 医药经销商　医药经销商是拥有一定资金、场地、人员的法人，在其经营中通过购进和销售医药产品实现商品所有权的转移，获得一定的经营利润。医药经销商有独立的经营机构，拥有对医药产品的所有权。医药产品经过医药经销商进入医疗单位和药店，医药经销商对满足人们用药需求起着至关重要的作用。医药经销商与医药生产企业相比，在经营、资金、设备、信息和地缘上具有明显的优势。

2. 医药代理商　医药代理商是指由医药商业公司或个人组成的，受委托人委托替其采购或销售医药产品并收取一定佣金的一种中间商。一般来说，医药代理商不拥有对代理产品的所有权。常见的医药代理商可以分为以下几类：

（1）产品代理　产品代理可以分为采购代理和销售代理。采购代理一般为委托人提供进货、验货、仓储、送货等一系列服务。销售代理则是帮助医药生产企业销售全部或部分医药产品，在授权范围内，对价格、付款和其他销售条件等方面有较大的权力。

（2）区域代理　区域代理可以分为全国总代理和地区总代理。由于代理范围不同，他们的权利和义务也不尽相同。一般来说，实力比较雄厚的医药商业公司更倾向于做全国总代理商，全权负责医药产品的市场开拓、销售等工作，在价格制定、产品配送、汇款方式等方面都由代理商承担。而对于一些实力较弱的商业公司来说，限于自身实力的限制则更倾向于选择承担一定地区的代理工作。

（二）医药批发企业的经营模式

我国现阶段的医药批发企业主要的经营模式有：

1. 以跨地域物流配送为主要经营模式　企业客户网络广泛，覆盖包括医院、商业调拨、药店终端等，企业的资金实力雄厚、品种齐全，配送能力强。如国药集团、九州通等企业。

2. 医药"快批"模式　面向零售企业、农村市场、乡镇卫生院及诊所等，其特点是低成本、低毛利、现款、现货、现价。

3. 区域性销售模式　这类经营模式的企业一般规模不大，主要在区域内配送，在区域内有良好的客户关系。

4. 新药代理模式　一般这类经营模式的企业有专业学术推广队伍或非处方药营销队伍，且有比较强的市场开拓能力。

（三）医药批发企业的组织管理架构

医药批发企业的组织管理架构是指医药批发企业的组织管理模式和企业领导制度的表现形式。目前，医药批发企业的组织管理架构模式主要有以下三种：直线制、职能制和直线职能制。

1. 直线制　直线制组织结构是企业发展早期的一种管理机构形式，也是最简单的组织形式。它是由企业经理直接领导工作人员，从上到下实行垂直领导，不设专门的职能机构（图11-1）。

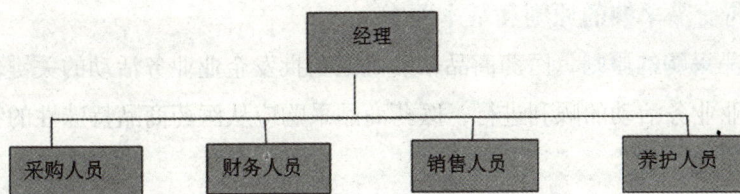

图 11-1 直线制组织结构

这种企业管理组织机构形式的优点在于领导从属关系简单，权责明确，指挥统一，决策迅速，工作效率高。但却存在一定的缺点，由于没有职能部门，企业经理要去行使大部分的管理职能，当企业发展达到一定规模时，经理个人的能力和精力往往难以兼顾多方面的管理工作。

2. 职能制　职能制组织结构是企业内部按照专业分工设置若干个管理部门。在经理的领导下，各职能部门按其分工主管范围，直接领导企业各经营业务部门的有关经营活动。职能制的优点在于管理工作分工较细，各管理职能都有部门和专人负责，减轻了经理的工作压力，能够适应现代企业管理复杂化的要求。但缺点也比较明显，由于实行多头管理，令出多门，不利于责任制的建立和工作效率的提高。因此，大多现代企业不采用职能制。

3. 直线职能制　直线职能制是在直线制和职能制的实践基础上总结出来的。这种组织结构是以经理对业务部门的直线领导为直线，同时建立职能部门，发挥职能部门指导参谋作用的管理组织形式（图 11-2）。

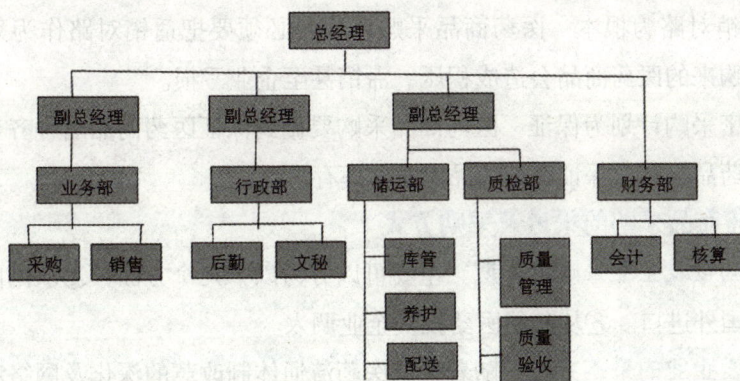

图 11-2 直线职能制组织结构

二、医药批发企业采购管理

医药商品采购是指医药商品采购人员在购进医药商品的过程中所进行的业务活动的总称。医药商品采购是医药批发企业医药商品供应的基础，是医药商品流通的开始。

（一）医药商品采购的原则和基本要求

1. 医药商品采购的原则　医药商品采购是医药批发企业业务活动的关键环节，为了保证医药批发企业业务活动的顺利进行，医药商品采购应从医药商品特殊性的特点出发，遵循一定的采购原则。

（1）以需定购原则　以需定购原则也称"以销定购"，即医药商品采购要以需求为前提，采购足够数量、质量高、规格全、品种对路、价格适宜的商品。这是医药商品采购最基本的原则。

（2）注重质量原则　医药商品作为直接关系到人们身体健康甚至生命的特殊商品，医药企业进行商品采购必须要把好质量关，注重医药商品的质量。这是由医药商品的特殊性决定的。

（3）注重效益原则　医药经营企业作为独立核算、自负盈亏的经济实体，也必须考虑企业的经济效益。医药企业在进行医药商品采购的时候要注意经济核算，以适宜的价格进行采购并注意降低成本，增加效益。

（4）互惠互利原则　医药商品采购的过程中不仅涉及医药批发企业的利益，还涉及医药生产企业和医药零售企业等方面的利益。医药批发企业在医药产品采购中要注意考虑经营关系中各方面的利益，做到互惠互利。

2. 医药商品采购的基本要求

（1）以市场调查为前提　做好周密的医药市场调查，收集医药企业需要的情报、信息资料，是医药商品采购的前提条件。

（2）以适销对路为根本　医药商品采购环节，必须要把适销对路作为采购的根本要求。否则，采购来的医药商品会造成积压、滞销甚至企业亏损。

（3）以周密采购计划为保证　医药商品采购要做到保证医药商品品种齐全、医药商品质量符合国家药品标准及保证医药商品的正常库存。

（二）医药商品采购的渠道及采购方式

1. 我国医药批发企业采购的渠道　主要可以分为以下几个方面：①从国内医药生产企业购进。②从国外进口。③从其他医药批发企业调入。

2. 医药批发企业的采购方式　随着我国医药流通体制改革的深化及网络和电子商务的迅速发展，不论是医药流通方式还是采购方式都发生了巨大的变化。常见的医药商品采购方式主要有以下几个方面：

（1）订购和选购　这是根据医药商品质量和市场需要组织进货的一种方式。采购医药商品是由医药批发企业自己选择，采购的数量、品种是由医药批发企业根据市场需求和本企业自身实力提出来的。这种方式有利于医药批发企业根据市场需求进行商品购进。

（2）代批代销　这种采购方式是医药批发企业受医药生产企业或其他医药批发企业的委托办理的一种销售业务。在这种采购方式中，由于医药商品销售之前的所有权属于委托单位，在医药商品销售出去后结算货款，是属于一种赊销行为，因此，代批代销不占用医药批发企业的流动资金。

（3）代理　医药批发企业在自愿的原则上，通过合同或契约的形式建立一种医药商品进入流通领域并由医药批发企业在一定区域内施行垄断或独家经营的方式。这种方式具有"风险共担，利益共享"的特点。这种代理方式又可分为独家代理、一般代理和总代理。

（4）招标采购　这种方式以医药批发企业通过将医药商品需求信息发布出去，通知医药生产企业或其他医药批发企业来进行投标，而选择合适的合作单位进行采购的方式。医药批发企业可以通过这种方式获得价格最低、质量最优的商品。

（5）网上采购　这种采购方式是伴随着电子商务的发展应运而生的，是医药批发企业直接在网上进行医药商品采购的方式。这种采购方式可以节约时间，有效降低交易成本和流通成本，提高经济效益。

（三）医药批发企业采购部门的设置和主要工作内容

1. 医药采购经理　医药采购经理主管医药商品的采购工作，必须具备药学或相关专业知识，具有库存分析能力和采购规划能力。医药采购经理主要负责收集、处理本企业和市场价格信息，统筹整个医药企业的医药购进，管理公司库存，及时处理接近有效期的药品，减少公司损失，调整公司药品结构，保证无人为缺货。

医药采购经理的主要工作内容：①确定医药采购方式。②选择供应商。③对首营单位和首营品种按照审核程序和审核内容进行审核。④对采购人员进行考核培训。⑤协调采购和其他各部门的关系。

2. 医药采购员　医药采购员是指医药批发企业中从事医药采购工作的人员，根据企业实际情况负责维护正常的库存和新品种的引进，保证所经营医药商品不缺货、不断档。

医药采购员的主要工作内容：①编制医药采购计划。②确定采购渠道和供应商。③签订购销合同。④开单。⑤医药商品交货。⑥货款结算。⑦清产索赔。⑧建立购销记录。⑨合同管理。

三、医药批发企业销售管理

（一）医药商品销售的概念及基本原则

医药商品销售是指医药批发企业根据自身经营目标和范围，通过一定渠道途径将医药产品从医药生产企业流通到消费者手中的经济活动。医药商品销售既具有一般商品销售的特点，又由于医药产品的特殊性而具有不同于一般商品销售的特点。如医药商品销售的产品是特殊的商品——医药产品，医药商品销售环境和市场比较特殊；由于医药商品的特殊性，各个国家对医药商品都制定了严格的生产、销售环境要求等。

由于医药商品的特殊性，医药商品销售必须遵守一定的基本原则：

1. 合法性原则　医药批发企业进行医药商品销售必须遵守国家有关的法律法规，向具有法律法规规定的相应资质的生产企业或批发企业进行采购，并将医药商品销售给有合法资格的单位和个人。

2. 安全性原则　医药批发企业进行国家特殊管理的医药商品销售时，还必须按照国家相关法律法规规定，保证特殊医药商品的销售环节的安全性。

3. 真实性原则　医药批发企业的销售人员在进行医药商品销售时，必须正确介绍医药商品的性能、疗效、用途、用法、用量、禁忌和注意事项等，不得诱导和误导客户。

4. 有效性原则　医药批发企业在进行医药商品的销售时要保证所销售医药商品必须符合有关法律法规及其质量标准所规定的各有关性能、效用、时效性等要求。

5. 经济性原则　虽然医药商品是特殊的商品，但医药批发企业作为独立核算、自负盈亏的经济实体，在进行医药商品销售时也要考虑企业的经济效益。

6. 稳定性原则　医药商品销售要保障医药消费者对医药商品的需求。

7. 适用性原则　医药批发企业进行医药商品销售时，销售的医药商品不仅要满足消费者的需求，而且开展的消费活动也要根据消费者和医药商品特点进行。

（二）医药批发企业销售岗位设置和主要工作内容

1. 医药销售经理　医药销售经理主管医药商品的销售工作，主要负责医药批发企业销售指标的制定和分解、营销队伍的建设和培训、客户关系的维护管理等工作，确保辖区营销目标的完成。此外，医药销售经理还要负责和企业内部其他部门及工商、税务等政府部门的协调工作。

医药销售经理的主要工作内容包括以下几个方面：

（1）客户的确定和开发　医药销售经理对客户的确定和开发要从本企业的经营范围和自身实力出发，确定客户类型，兼顾本地销售市场与外地销售市场及当前销售市场和长期销售市场的利益。

（2）销售计划的制订和分解　制订、分解销售计划是医药销售经理的重点工作之一。销售经理经过分析确定下一期的销售目标，在目标的基础上制定销售策略，结合企业自身优势和医药产品特点评价并选择最适宜的销售策略，编制、执行销售计划并对计划进行考核与评价。一般来说，销售计划是把各部门计划汇集起来的综合性计划，因此，销售计划还要进行适当的分解，包括销售总值、类值指标的分解，医药商品品种的分解，以及销售数量目标的分解等方面。

（3）销售市场的建设　销售市场的建设也是医药销售经理的重点工作之一。销售市场的建设一般包括销售渠道的建立和维护、销售品种结构的确定、销售终端的开发和维护、销售人员的聘用与配置及营造宽松和谐的销售环境等几个方面。总之，医药销售经理对销售市场的建设不仅局限于企业内部资源的调配，还要充分利用外部环境的各有利因素。

2. 医药销售员 医药销售员一般是指医药批发企业中直接从事医药批发业务的工作人员。从事医药批发销售工作的人员，应经岗位培训和地市级以上药品监督部门考试合格后，取得岗位合格证书，方可上岗。医药销售员不仅要具备良好的职业道德观、积极进取的心态、良好的信誉等基本素质，还要具备微观市场分析能力、市场开发和管理能力等专业能力。医药销售员的主要工作内容包括以下几个方面：

（1）市场开拓 市场开拓是医药销售员的重点工作之一。主要包括医疗市场开拓和零售市场开拓。其中医疗市场开拓中，医药销售员按照医药商品从医药生产企业进入医疗机构的三种情况可以分为三类：一种是医药生产企业已经做好前期开拓工作，只是利用医药批发企业进行物流配送；一种是对于普药等药品，医院主动向医药批发企业要货或销售员与医院采购部门联系，销售员不仅负责送货还要负责回款；一种是医药生产企业授权医药批发企业做代理，由销售员做市场开拓。对于零售市场开拓也可以分为连锁药店和单体药店两种。

（2）终端维护 所谓终端是指一切能够直接面对消费者，能够形成直接销售的单位。医药销售员对终端市场的维护可以分为政策维护、人员维护两个方面。

（3）售后服务 医药销售员在销售工作完成后，还要注意售后服务工作。主要包括向客户提供药品使用、保管等方法的服务，定期进行回访服务，退换货、急送服务，以及提供医师进修学习机会等方面的服务。

项目五 医药零售企业营销管理

📚 案例导入

海王星辰是一家全国性的连锁药店，是目前国内直营门店数最多的跨区域连锁药店。它的第一家药店于1996年在深圳成立。20世纪90年代中期，"连锁"的概念注入中国的商业零售领域。1995年6月28日，深圳市海王星辰医药有限公司成立，瞄准了空白的中国医药连锁零售领域。在中国医药零售行业，海王星辰率先引进国外先进的医药连锁经营管理技术，积极研究与开拓医药、健康等产品的终端零售市场，创立了适合中国国情的现代零售药店海王星辰健康药房。

多年来，海王星辰凭借自身丰富的市场营销经验、企业战略管理和人才优势，致力于推进中国现代医药零售事业的健康发展。海王星辰连锁药店已成为目前中国大陆直营门店数最多的药店连锁，分布在全国 12 个省的 70 多个城市及 3 个直辖市。在 2006~2009 年，海王星辰连续 3 年直营门店数排名全国第一，2008~2009 年公司营业额同时荣登行业首位。2000 年，海王星辰开始跨省经营，逐渐在广东省及长江三角洲、环渤海地区、西南地区的重点城市取得领导地位。目前，海王星辰在深圳、杭州、宁波、苏州、大连、潍坊等城市拥有较高的市场占有率。2007 年，中国海王星辰连锁药店在纽约证券交易所成功上市，成为中国连锁药店行业首家境外上市公司，募集资金超过 3.8 亿美元。海王星辰连锁药店平均面积 120m²，立足社区，主要服务对象为城市社区家庭人口。目前海王星辰全国 3007 间药店中三分之一为医保定点药房，专业的药师团队着力于为社区居民提供高质量的健康服务，同时积极推广预防胜于治疗的健康生活理念。未来，海王星辰将进入中国更多的城市和地区，为更多的中国居民提供健康便利的品质生活。

一、医药零售企业发展现状

医药零售企业是指从医药生产企业或医药批发企业购进医药产品，直接销售给最终消费者用以预防、治疗疾病的药品经营企业。药店和医疗器械店就是医药零售企业最主要的形式。

随着我国医药经济的高速发展、医疗体制改革及医疗保险制度的不断深化，我国医药零售业也逐步发展起来并面临着新的机遇和挑战。在计划经济时代，我国医药零售业长期主要由国家垄断经营，自 2001 年民办药店政策解冻以来，各地相继解除零售药店的开办限制，大量民间资本进入医药零售业，医药零售业呈现出超常规、裂变式发展的态势。随着医疗体制的深化、连锁药店管理信息系统的完善及医药物流业的兴起，医药零售业呈规模化发展趋势。自 2004 年 12 月 11 日开始，中国医药分销市场全面对外资开放，逐渐引入了国际竞争，进一步激发了药品零售业的变革。

中国早期的药店大都是从做批发的医药分销企业的门市部转变过来的，随着市场经济体制改革的深化，我国医药零售业迅速从单体药店发展到单体、连锁药店并存，从国有药店发展到国有、民营并存的状态。尤其是连锁药店已经成为我国医药零售业的发展主流，成为 OTC 零售市场份额最大的营销渠道。

二、医药零售企业经营模式

随着我国医药经济的快速发展，新医改的推进和医药市场竞争的加剧，我国医药零售企业经营模式也呈现多样化发展。

（一）单体药店模式

单体药店是指仅有一家门店经营，具有独立法人资格，可以自行购货进行销售，辐射范围有限的药店。单体药店由于组织结构简单、管理成本较低、运作灵活且具有一定的便利性，在我国农村地区或偏远地区仍占据重要地位。但单体药店也存在一定的不足。作为独立法人，自行进行购货、销货，进货渠道相对单一，在采购中很难享受批发企业给予的大规模折扣，购进质优价廉药品的余地不大，药价相对高；且由于单打独斗，不能及时获取市场信息，在抵御市场风险方面较差。

随着医药市场竞争的加剧，单体药店的发展肯定会受到一定程度的冲击，但也面临一定的机遇。由于体制灵活，单体药店可以根据客户群体的特点和自身优势向专业化药店或服务差异化药店发展，除此之外，还可以成为连锁店的加盟店或是联合起来形成联盟。

（二）连锁药店模式

连锁药店是指将有着共同经营理念、服务规范和完整质量管理体系的单体药店，在一个连锁总部的统一管理下以统一进货或授权加盟等多种方式连接起来，实现统一化、标准化、规范化的经营管理，即把独立的、分散的药店联合起来，形成覆盖面更广的规模，进行经营。

连锁药店在我国起步较晚，但发展迅速。1996年全国第一家连锁药店"采芝林"在广州诞生，随后越来越多的资本进入到药店，导致连锁药店扩张迅速。连锁药店作为一种先进的营销经营管理模式，一般都通过构建一定覆盖面的销售网络，实行集中进货、统一配送，药店负责销售，改变了传统药店集买卖于一体的做法，在成本节约、物流配送和销售网络构建上具有明显的优势。

（三）药房托管模式

药房托管模式是指医疗机构通过契约形式，在药房所有权不发生变化的情况下，将其交由具有较强经营管理能力，并能够承担相应风险的医药企业进行有偿经营和管理，明晰医院药房所有者、经营者之间的权利义务关系，保证医院药房财产保值增值并创造客观的社会效益和经济效益的一种经营活动。

随着医疗体制改革和药品流通制度改革的推进，逐步建立完善的社区卫生服务体系、实现医药分离是必然趋势。在这种趋势下，全国各地出现了多种以门诊药房与医院脱离为原则的试点模式。目前中国医药卫生行业所实行的药房托管是非营利性医疗机构即公益性医院所进行的一种尝试，是一种医药卫生体制改革与发展探索中的新生事物，因而政府应该承担公益性医院的一些风险，并由政府、社会及市场共同体制形成政府和市场的双层补偿机制。

（四）网络药店模式

网络药店是指利用网络信息技术和药品配送系统，向消费者提供药品和药学服务，进行药品零售交易业务的药品零售组织。2005年国家药品监督管理局（现国家市场监督管理总局）公布了《互联网药品交易服务审批暂行规定》，规定从事互联网药品交易服务的企业必须经过审查验收并取得互联网药品交易服务机构资格证书，这标志着我国已经许可在网上经营药品零售业务。但国家对网上药店有严格的规定，申办网上药店的企业必须是全国性的医药连锁商，有多家实体连锁药店等，并且只能向个人销售非处方药品。但随着电子商务技术的发展，网上药店模式必将成为医药零售企业的重要经营模式之一。

总体而言，我国目前医药零售仍以连锁药店模式为主，但随着新医改的推进及电子商务技术的应用，必将形成多种模式并存的局面。

三、连锁药品零售企业经营管理

（一）连锁药品零售企业的组织结构及经营特点

连锁药品零售企业是指以一个医药商业集团作为连锁总部，明确总部和各分店之间的权利和义务，统一进货、统一管理、统一价格、统一服务规范，以出售医药商品为主的零售企业。

1. 连锁药品零售企业的组织结构　连锁药品零售企业一般可以分为"总部－门店"两个层次或"总部－区域分部－门店"三个层次。

（1）连锁总部　连锁总部是指行使集中统一管理职能为各门店服务的单位，通过总部的标准化、集中化管理，使各门店的零售业达到专业化、高级化。对于连锁药品零售企业来说，连锁总部主要承担着制定企业战略、开发门店、药品采购与配送、门店督导等职能。随着经营规模的扩大和职责的划分，连锁部门一般可以分为下列几个职能部门：事业开发部、质量管理部、营运部、采购部、配送中心、财务部及信息管理部等。

（2）区域分部　区域分部又可称为区域管理部，是连锁总部为了加强对区域市场门店的管理而在该区域设置的二级组织机构。连锁总部通过设置区域分部将总部的各职能部门的部门职能转移到区域分部的相应部门中，既有利于对总部各项方针政策的执行情况进行监督和管理，又有利于根据市场具体情况及时调整各项经营策略，并把市场变化情况及时反馈给总部。区域分部是连锁总部的派出机构，不具有独立的法人资格。

（3）门店　连锁药品零售企业的门店是连锁总部的执行单位，是直接向消费者提供医药产品及药学服务的单位，主要承担着医药产品销售、对门店医药产品进行管理、客情维护等具体工作。

2. 连锁药品零售企业的经营特点　作为一种先进的营销模式，连锁药品零售企业与传统的药品零售企业相比具有以下特点：

（1）管理统一规范　统一规范的管理是连锁药品零售企业的基本要求之一，通过统一的规范的企业形象设计、产品包装、环境布置及统一的员工服饰等要求，实施统一的经营战略和策略，树立鲜明的企业形象和标识，节约成本，提高效率。

（2）经营分工明确　连锁总部集中了经营管理大权，各区域分部或门店按照总部规定的经营策略进行销售活动及相关业务。分工明确，权责明确。

（3）物流统一配送　连锁经营策略要求连锁总部通过建立物流中心或委托第三方物流企业，对各门店进行统一配送，降低运输、储存和销售成本，以此获取连锁经营的规模效益。

（4）经营的多元化、集团化　随着人们需求的多元化，连锁药品零售企业在经营策略上也呈现多元化的发展趋势。除了原有的化学合成药品、中成药、中药饮片之外，保健品、医疗器械、个人清洁护理产品、生活用品等非医药产品也逐步改变了药店的经营种类和范围。由于连锁企业的覆盖优势，它又可以迅速整合资源走集团化发展道路。

（5）信息网络共享　连锁药品零售企业普遍采取信息网络管理化，这也是连锁企业和传统企业主要的区别之一。一般来说，连锁药品零售企业常见的信息管理网络包括商品管理系统、财务管理系统、人事管理系统、门店开发系统等。

（二）连锁药品零售企业的经营模式

根据所有权和经营集中程度的不同，连锁药店零售企业的经营模式可以分为以下三种：

1. 直营连锁　直营连锁是指连锁药品零售企业的所有门店均由企业全资或控股开设，并在总部的直接领导下统一经营。连锁总部对各门店拥有所有权和经营权。总部对各门店实施人、财、物、信息等方面的统一经营管理。这种经营模式可以使连锁药品零售企业以大规模的经营优势在与医药生产企业、医药批发企业的业务关系中享受各种优惠策略。企业的标准化程度比较高，连锁总部能够打破各门店的界限，进行资源的有效整合和分配。但在这种经营模式中，连锁总部对各门店的控制能力比较强，总部和门店之间是属于管理者与被管理者的关系。各门店缺乏自主权，市场应变能力不足，且投资成本较高。

2. 特许连锁　特许连锁又叫加盟连锁、合同连锁等。特许连锁是指连锁总部将自己拥有的商标、商号、产品、专利和专有技术、经营模式等以特许经营合同的形式授予被特许者使用，被特许者按照合同规定，在特许者统一的业务模式下从事经营活动，并向特许者支付相应的费用。特许连锁相对于直营连锁来说，是一种相对松散的连锁模式。在这种连锁模式下，连锁总部可以在不直接投资的情况下，实现低成本的扩张，而各加盟药店也可以在基本保持自身独立经营的情况下，分享总部的品牌、信息、配送、服务等方面的优势，降低自身经营风险。各加盟药店拥有对店铺的所有权及在总部规定的区域内享受经营权。但由于各门店在所有权上的独立性往往又会导致药店外购商品的现象发生，连锁总部统一规范的管理存在一定的难度。

3. 自由连锁　自由连锁又叫意向连锁。它是指各零售药店在保持各自独立所有权的前提下，自愿联合形成一个连锁企业或批发企业，在总部的指挥和管理下，实行共同经营、统一采购、统一制定经营战略，以此降低成本，获得更高的经营利润。在这种连锁模式中，连锁总部和各门店之间是协作和服务的关系，各门店拥有较大的自主权，按销售额或毛利的一定比例向总部缴纳加盟费或指导费；总部经营的利润也要有一部分返还给各门店。自由连锁可以使若干单体药店在激烈的市场竞争中形成集团化优势，且各门店拥有独立的所有权和经营权，又可以保证各门店根据地方具体情况和市场变化灵活经营。但由于总部对各门店的约束有限，在整体形象、经营水平等方面难以实现统一的目标，难以进行更深层次的合作。

（三）连锁药品零售企业的标准化管理

连锁药品零售企业的标准化是指连锁总部为了使各门店持续高效地销售医药产品而制定并推行的一系列作业规范和制度，形成反复运作、可以复制的经营系统。标准化是连锁药品零售企业经营的关键，也是达成经营目标的基础和保证。

1. 连锁药品零售企业标准化管理的基本内容　连锁药品零售企业对各门店的标准化管理可以从以下几个方面进行：

（1）业态标准化　业态标准化主要表现在连锁药品零售企业的各门店针对的目标市场是基本一致的，为目标顾客群体提供的药品或药学服务是基本一致的。无论连锁药品零售企业如何扩张，都要有明确的主营业态。同时还要对医药产品实施标准化的管理，建立一套行之有效的医药产品分析、品种盈利能力评估、品种淘汰及引进等方面的标准化程序。

（2）服务标准化　服务标准化主要表现在连锁药品零售企业建立一套标准化的服务流程和服务内容来保证服务水平的一致性。服务标准化是连锁药品零售企业保障服务水平和服务质量的重要前提条件，也是连锁药品零售企业竞争力的重要优势所在。一般连锁药品零售企业通过对员工进行明确的、标准化的培训并建立标准化的员工考核体系来保证服务标准化的实现。

（3）形象标准化　形象标准化主要表现在连锁药品零售企业通过塑造包含硬件和软件两方面在内的综合工程，塑造自己与众不同的形象，以便于消费者进行辨识。连锁药品零售企业形象的标准化并不仅仅体现在药店的外表形象和环境形象，还体现在企业的文化理念上。这就要求连锁药品零售企业在店名、门店装饰、商品陈列、店貌等方面做到统一设计，还要求在员工的服务水平、服务技巧、仪容仪态等方面做到统一，打造出鲜明的企业形象。

（4）操作标准化 操作标准化主要表现在连锁药品零售企业的员工在日常工作的操作流程上的标准化。这个操作的标准化不仅表现在员工的服务流程中，还包括在其他方面面，如门店的盘点操作流程、清洁流程等。

2. 连锁药品零售企业标准化管理需要注意的问题 连锁药品零售企业标准化管理涉及的方面很多，需要各个流程和环节的配合，保证标准化管理的顺利进行。

（1）从形式到理念都需要"标准化" 企业的标准化管理不能只是某些层面或某些环节的标准化，更不能只是形式上的标准化，而必须是整体性和理念性的。如对员工管理的"标准化"中，不仅针对普通员工，对高层也应有"标准化"；在对客户群体服务的"标准化"中，不仅针对大部分顾客群体"标准化"，对某些特殊利益群体也应该做到"标准化"。

（2）围绕企业的发展目标制定"标准" 连锁药品零售企业在实施标准化管理的过程中要做到"标准化"与企业发展战略和长期发展目标相适应。企业在实施标准化管理时，应该先制定一个明确的战略发展目标，并以此目标制定"标准"。

（3）"标准"不能唯一，可变化适应协调 连锁药品零售企业的"标准"不是固定不变的，应该注重企业的整体形象和品牌的协调性，并针对不同的环境和状况做出适当的调整。如门店的产品宣传，以前以门店广告位置的不同确定不同的价格，而现在更多的门店更加看重整体布局，不再单纯以位置好坏为标准，还将发布产品的种类、广告的美观程度与企业的形象结合起来。

（4）标准化管理的核心是进行流程设计 科学规范的业务流程设计是连锁药品零售企业标准化管理的基础和核心。流程的设计是一个复杂的系统工程，它关系到企业组织结构、部门岗位设置及职责、员工工作习惯甚至个人利益。对于企业来说，流程设计一旦确定下来就不宜频繁变动，在相对时间内进行一定的固化。因此，标准化流程一般不仅具有单一、简单和固定的特征，还需要标准化的环节。

总之，连锁药品零售企业的标准化管理可以通过一系列可以反复运作、可以复制的作业规范和制度，实现连锁药品零售企业的快速扩张和成功运营。

复习思考

1. 简述医药生产企业销售模式的种类。
2. 简述医药零售企业的发展现状和经营模式。
3. 简述四种促销方式的优缺点。
4. 简述医药市场营销管理环节的具体内容。
5. 简述代理商和经销商之间的区别与联系。

扫一扫，知答案

模块十二

医药企业的管理信息系统

扫一扫，看课件

【学习目标】

1. 掌握医药企业管理信息系统的相关概念和医药企业管理信息系统开发的原则。

2. 熟悉医药企业管理信息系统的结构和开发方法及维护与评价。

3. 了解医药企业管理信息系统的功能和现状。

项目一 医药企业的管理信息系统概述

案例导入

九州通医药集团股份有限公司（简称九州通）是一家典型的医药流通零售型企业，其拥有14个大型医药物流中心，20多个区域物流中心，200多个业务办事处（配送站），14000多个商品，70000多个供应商和客户。九州通依次建立了规范的企业运营平台，高效协同的电子商务交易、现代物流管理平台，集团化管理平台。九州通将医药物流、电子商务、质量管理和营销网络四者强强联合形成了九州通的管理信息系统。九州通率先开通的医药电子商务网站——九州通医药网（www.jzteyao.com.cn），实现了供货－销售－客户－银行结算的网上一条龙服务，目前网站已拥有注册会员5000多家，日平均访问量达到4000多人次，累计实现网上销售额10亿元，居中国同类网站第1名。九州通还拥有信息技术总部和专业电子商务企业，全面提升了九州通的管理水平和竞争优势。九州通拥有自主研发的物流信息系统，利用信息技术手段，构建全集团稳定、安全、高效的信息化平台，为物流及管理提供服务并促进信息技术与物流的深度融合，实现了集团营销网、物流网、信息网三网合一。

一、医药企业管理信息系统的定义

管理信息系统（management information system，MIS）是以人为主导，利用计算机硬件、软件、网络通信设备及其他办公设备，进行信息的收集、传输、加工、储存、更新、拓展和维护，以企业战略竞优、提高效益和效率为目的，支持企业高层决策、中层控制、基层运作的集成化的人机系统。医药企业管理信息系统是管理信息系统的重要应用之一，它具有企业管理信息系统的一般特性，但是又具有医药企业的特殊性。

医药企业管理信息系统是一个集成系统，系统设计者必须清楚地知道工作与企业各岗位人员、工作与计算机的匹配性，融合医药行业政策法规的要求，搭建人和机器的桥梁，充分发挥人和机器的各自特长，组成一个和谐有效的系统。医药企业管理信息系统是一个人机交互系统，必须从企业的总体出发，全面考虑，这样才能保证各种职能、各个岗位共享共同的数据，减少数据的冗余，保证企业内外数据的兼容性和一致性。

二、医药企业管理信息系统的结构

医药企业管理信息系统是对整个企业内外的信息资源进行综合管理、合理配置与有效利用的信息系统，其内容主要有以下五个方面。

（一）医药企业组织结构

医药企业的组织结构与其他企业的组织结构相比，有其突出的特点。绝大多数医药企业为直线职能制的组织结构，这就决定了其管理信息系统的整体框架。企业的组织结构关系，包括部门设置、岗位设置、岗位职责等，这是沟通工作和岗位人员的桥梁，也是医药企业管理信息系统的模块选择。比如一家医药经营企业有采购部、商品部、质量管理部、仓储部、物流部、市场部、销售部等业务部门，也有财务部、人力资源部、后勤部、信息部等行政部门，这些部门对应岗位，岗位对应人员，在医药企业管理信息系统中会对应部门、岗位、人员设置不同的权限和工作内容。

（二）医药企业的工作流程

医药企业的工作流程构成了管理信息系统的各个分支。不同类型医药企业的主要工作流程差异较大：以生产为主的医药企业其生产操作流程即医药生产企业的标准操作规程（SOP）相对重要；以经营为主的医药企业，其进、销、存等工作流程中的质量控制（QC）流程尤为重要。医药企业管理信息系统具体在进行流程设计时应该清楚地知道包含的流程类型、流程之间的关系、每个流程中包括哪些活动、每个活动涉及的岗位。在进行医药企业的工作流程设计时，要先根据医药企业的主营业务获得总的业务流程图，将企业中各种业务之间的关系描述出来，然后对每种业务进行详细的描述，使业务流程与部门职责结合起来，这也是医药企业进行供应链管理的一个重要步骤。

（三）医药企业的数据信息

数据信息是医药企业管理信息系统的重要资源，主要包括人员信息、财务信息、药品信息，除信息资源本身外，这些信息资源的表现形式也很重要，主要体现为对医药企业的各种单据、账本、报表的描述，比如药品配送申请单中涉及的人员、金额和医药商品信息。这些数据信息可以将业务信息管理系统和企业办公软件系统连接起来，实现医药企业的信息一致性和共享性。

知 识 链 接

医药经营企业的药品信息包括的内容

医药经营企业的药品信息包括：品名（商品名和通用名）、商品编码、规格、剂型、单位、生产企业、经销单位（供应商编码）、生产批号、有效期、进价、配送价、零售价、整件数量、可用库存数量、总库存数量、销售数量、货位、采购性质（可根据款项结算情况判定）、首营品种审批情况等。

（四）医药企业的商务规则

医药企业管理信息系统是为医药企业的生产、流通、监督提供支撑服务。商务规则在其系统中的体现也是相当重要。商务规则以影响范围可划分为两类：一类是局部的规则，如不允许出现负库存、无库存商品不允许销售等；一类是整体的规则，如对所有的物料管理到批次，对所有的药品信息提供编码检索功能包括上游的供应商、企业和下游的客户等。

（五）医药企业的法律规范

在医药企业管理信息系统中，组织结构、信息、流程、商务规则的设置要符合国家有关的法律法规的规定。医药行业是关系人民健康和国家发展的重要行业，准入门槛较高，自然对医药企业管理信息系统建设的要求更高。比如药品生产企业需要根据《药品生产质量管理规范》（GMP）的相关文件控制系统设置管理信息系统；药品经营企业需要根据《药品经营质量管理规范》（GSP）设置符合规定的管理信息系统。这部分的构成是医药企业与其他企业在管理信息系统方面最大的不同。

三、医药企业管理信息系统的功能

（一）整合资源，实现信息共享

当前医药企业管理信息系统以企业资源计划（ERP）系统最为典型，该系统最大的功能就是实现资源的整合和信息共享。例如，上海医药的江西黄庆仁栈华氏大药房有限公司供销链管理信息系统实时支撑着公司所有的关键业务。同时分散在各地的药房、二级配送中心与位于南昌市的配送中心、公司总部及位于上海市的上海医药之间需要进行频繁的数据交互，该系统的数据处理能力及可靠性、安全性等方面都达到很高的标准。

（二）提高医药企业质量管理水平

药品质量是所有医药企业的生命线，在质量管理中运用信息系统可以减少人为误差因素，实现以全企业、全员、全过程管理为内容的全面质量管理（TQM）。例如，药品经营企业的质量管理子系统应该根据《药品经营质量管理规范》（GSP）管理的要求，结合企业自身的特点，在收货、验收、检验、养护、质量监控（销退、采退、报损、不合格品去向）等方面强化业务管理的力度，并从业务中抽取 GSP 规范所要求的报表，严格执行药品经营质量管理规定，对不符合 GSP 规范要求的流程和工作实行实时锁定，避免质量问题的出现。可见，医药企业管理信息系统对医药生产、流通、监督等方面的质量提升起着至关重要的作用。

（三）提高企业的竞争力

在网络时代，信息化的触角无处不在，先进的信息系统能够为医药企业插上腾飞的翅膀，提高医药企业的整体竞争力。医药企业管理信息系统整合了企业内外的资源，节约了企业内外的信息沟通成本，从而降低了企业的运营成本，势必能够提高医药企业的竞争力。例如天津天士力致力于打造现代中药先进制造技术平台，以信息化带动工业化，在国内实现现代中药生产，实行全程计算机在线控制、生产过程智能化组合、关键工艺参数在线检测、连续采集程序化等国际标准的先进制造，从而实现其企业竞争力的提升。

（四）提高企业决策的可信度

医药企业管理信息系统最基本的作用是支持企业决策。信息处理是决策形成的基础。现代社会组织中的管理信息系统是为了实现组织的整体目标，对管理信息进行系统的、综合的处理，辅助各级管理决策的计算机硬件、软件、通信设备、规章制度及人员的统一体。管理决策系统借助于管理信息系统获得各级管理决策所必需的信息，又通过管理信息系统对业务流程系统进行控制，实施决策，这样势必提高了管理者对企业内各种决策的可信度。

项目二　医药企业的管理信息系统的开发

📚 案例导入

北京同仁堂连锁药店的信息管理系统开发之路

北京同仁堂在高层领导决定实现信息化管理、建立高效的医药连锁信息管理系统之后，首先从众多国内外管理软件开发商中选择了北京佳软公司作为合作者。该合作者为北京同仁堂医药连锁公司提供了拥有良好性价比的医药连锁管理系统，成功完成了系统的开发与实施，并提供了包括硬件集成、软件需求与实施咨询、售后支持等全方位的系统服务。北京同仁堂连锁药店的管理信息系统开发有七个目标。第一，实现信息共享，增加管理的透明度，提高管理层对经营过程的监控力度；第二，提高准确度，降低出错率，做到账账相符、账实相符、账票相符；第三，保证数据的完整性，系统运行的安全性和稳定性，技术的先进性；第四，业务流程符合国家医药行业标准，将各项 GSP 模块要求嵌入经营过程中；第五，系统具有持续升级的能力，满足企业供应链管理发展的需要；第六，系统具有良好的拓展性，支持同仁堂集团公司在全球开办连锁药店；第七，通过对经营数据的统计分析，为经营决策提供依据，提高企业核心竞争力。该管理信息系统重点解决的问题有：为 GSP 达标提供保障、优化对首营药品和供货商的审批程序、合同管理、价格管理、药品的效期管理、优化库存量的控制、货位管理、加强对门店的控制、多元化的价格体系、药品停售的统一控制、中药饮片管理的规范化、加强与合作伙伴的信用联系、人员的培养、配送管理保障、有效的报表分析、办公自动化、企业虚拟专网等。通过管理信息系统的建设和开发，北京同仁堂医药连锁公司将数百年的调剂经验、知识、流程悉数数字化，建立了涵盖购、存、销、售后等的完整的供应链流程，并利用现代化 IT 技术使自身管理更高效、更精细。

一、医药企业的管理信息系统开发的原则

（一）相对稳定性原则

医药企业的管理信息系统开发应该相对稳定。虽然医药行业和环境是错综复杂的，企业为了适应组织内外环境的变化，需要在组织结构、管理机制、生产模式和运营方式等方面做一定的转变和调整，但是，医药企业的管理信息系统应该在一段时间内保持稳定，这样有助于保持医药企业业务的连贯性和稳定性，不能频繁升级或者替换，这样不利于人员的操作和管理的连续性。因此，医药企业管理信息系统应该具有较强的应变能力，同时保持相对的稳定性。

（二）整体性原则

在医药企业管理信息系统的开发过程中，医药企业应该立足于企业工作实际和发展全局，对企业流程进行整体规划，对医药企业管理信息系统的建设步骤、经费预算、服务功能、总体结构、开发目标进行统一的整体规划和设计。因此，要坚持"统一规划，严格按阶段、分步骤来进行，要站在整个企业的角度进行通盘考虑，在开发任务安排方面做到相

互协调，局部服从整体"的原则。

（三）高层意识原则

医药企业管理信息系统的开发和应用是一项技术性、政策性很强的系统工程，需要得到高层管理者的支持与肯定，否则开发出的管理信息系统会难以贯彻执行。因此，高层管理者应该在管理信息系统开发的全过程中发挥强有力的组织、领导、协调作用，保证信息系统的全面完善和稳定性。

（四）面向用户的原则

管理信息系统是为医药企业开发的，医药企业的员工就是用户，必须坚持面向企业用户，树立一切为了用户的观点，所以在进行管理信息系统的总体设计和开发过程中要认真听取不同部门、不同岗位、不同人员的意见，及时交流和沟通，共同决策参与制订具体的方案。

（五）高效实用性原则

开发医药企业管理信息系统的目的是实现企业资源的共享、信息的快速传递，以提升企业的经济效益。企业管理信息系统开发必须考虑其实效性，加强与医药企业自身实际的结合，并能够很好地适应错综复杂的医药行业环境。

（六）工程化和标准化原则

医药企业管理信息系统的开发不是一蹴而就的，是一个漫长的系统过程，在开发的过程中要避免随意性，否则会导致投入的时间、经费和精力太多而形成企业的内耗。因此在系统开发管理过程中必须采用工程化和标准化的方法，使未来信息系统的修改、维护和功能扩展都规范可行。

二、医药企业的管理信息系统的开发方法

（一）医药企业管理信息系统开发方式

常用的管理信息系统开发方式基本上可分为专门开发、购置商品软件或外包及采用应用购置系统软件与专门开发并举的集成方式三类方式。

1.专门开发 即根据企业实际，逐个开发管理信息子系统。专门开发可自行开发，也可聘请有经验的外单位及人员进行开发。管理信息系统软件的重复设计与编制需消耗大量的人力与时间，但由于每个企业的管理模式不尽相同，尤其对大型医药企业而言，流程类型多，内外环境错综复杂，只有开发出适合医药企业自身的管理信息系统才能减少内耗，提高企业的竞争力。

2.购置商品软件或外包 随着信息系统应用的普及，一些能解决企业管理中大部分问题的通用商品软件陆续产生，大量的信息系统软件开发企业也层出不穷，其中典型的通用商品软件有制造资源计划Ⅱ（MRPⅡ）、财务管理软件、人事管理软件、办公助手软件

（OA）等。对于中小型医药企业而言，购置商品软件或外包可加快企业的信息化进程，提高开发的成功率。

3. 采用应用购置系统软件与专门开发并举的集成方式 即购置一些管理过程比较稳定、模式比较统一的功能模块，再专门开发具有企业具体特点、稳定性较差的或决策难度较大的功能模块，是一种开发策略上合理地选择，这也是绝大多数医药企业采用的方式。况且购置与专门开发并举的集成方式除兼有两种开发过程外，只需选择与划分购置与专门开发两类模块，然后进行两者之间的接口设计与集成等工作。

（二）医药企业管理信息系统的开发策略

1. "自上而下"的策略 "自上而下"的开发策略强调整体上的协调和规划，由全面到局部，由长远到近期，从探索合理的信息流出发来设计信息系统。"自上而下"开发策略首先要分析组织目标、环境、资源和限制条件，然后确定组织的各种活动和组织职能；其次需要确定每一职能活动所需的信息及类型，进一步确定组织中的信息流模型；再次需要确定子系统及其所需信息，得到各子系统的分工、协调和接口；最后确定系统的数据结构，以及各子系统所需的信息输入、输出和数据存储。该策略一般用于总体方案的制订，根据企业目标确定企业管理信息系统的目标，围绕系统大目标大体划分子系统，并确定各个子系统间要共享和传递的信息及类型。

2. "自下而上"的策略 "自下而上"的开发策略是从现行系统业务状况出发，先实现一个个具体的功能，逐步地由低级到高级建立管理信息系统。一般在初装和蔓延阶段，各种条件（设备、资金、人力、信息）尚不完备时，采用这种开发策略。一般用于子系统的设计开发，自下而上地逐步实现各系统的开发应用，从而实现整个系统开发。

（三）管理信息系统的开发方法

1. 结构化系统生命周期法 结构化系统生命周期法也称为结构化系统开发方法（structured system development methodology），是目前应用最为普遍的一种信息系统开发方法。结构化系统开发方法是在生命周期法基础上发展起来的，用系统的思想和系统工程的方法，按照用户至上的原则，自上而下对系统进行分析与设计，将其结构化、模块化。其开发步骤包括系统规划、系统分析、系统设计、系统实施、系统运行与维护五个步骤。该方法强调开发过程的整体性和全局性，在整体优化的前提下考虑具体的分析设计问题，并严格区分工作阶段，通过对每一阶段进行总结，从而能够对各个阶段中存在的错误进行发现、反馈和纠正，避免造成浪费和混乱，但该方法开发周期长，开发过程繁琐、复杂，开发工具落后，与用户交流不直观，系统的升级也较困难。

2. 原型法 原型法是计算机软件技术发展到一定阶段的产物，与结构化系统开发方法不同，原型法不注重对管理信息系统进行全面、系统的调查与分析，而是本着系统开发人员对用户需求的理解，先快速实现一个原型系统，然后通过反复修改来实现管理信息系统。原型法贯彻"自下而上"的开发策略，符合人们认识事物的规律，易被用户接受，同时用户与开发者思想易于沟通，能调动用户参与的积极性，但是该方法对于医药企业管理信息系统的整体性和协调性可能较差。

3. 面向对象的开发方法 面向对象技术起源于面向对象的程序设计语言，随着面向对象程序设计技术日趋完善，面向对象的思想及方法逐步成熟，系统开发人员通过面向对象的分析、设计及编程，将现实世界的空间模型平滑而自然地过渡到面向对象的系统模型，使系统开发过程与人们认识客观世界的过程保持最大限度的一致。利用面向对象开发方法得到的信息系统软件质量高，系统适应性强、可靠性高、可重用性和维护性好，在内外环境变化的过程中，系统易于保持较长的生命周期。面向对象系统开发基本经历两个阶段：第一，"WHAT"阶段，即研究问题领域；第二，"HOW"阶段，即如何实现目标系统。该方法在分析与设计上更加紧密难分，程序设计比重愈来愈小，系统测试和维护简化，更易于扩充，开发模型愈加注重对象之间交互能力的描述。

综上所述，每一种医药企业管理信息系统开发的方法都有其优点和缺点。但其中，结构化系统生命周期方法是医药企业管理信息系统开发中最基本的方法，其他几种方法几乎都无法替代其主导地位。因为在系统调查和系统分析这两个关键环节上，这种方法能够较全面地支持整个系统开发过程。

三、医药企业的管理信息系统的维护与评价

（一）医药企业的管理信息系统的维护

管理信息系统的使用寿命，短则 3～5 年，长则达到 10 年以上。在管理系统的整个使用寿命中，系统维护工作都将相伴随行。系统维护的目的是保证管理信息系统正常和可靠地运行，并能使信息系统不断得到改善和提高，以充分发挥其作用，其主要包括程序维护、数据文件的维护、代码的维护和硬件设备的维护。

（二）医药企业的管理信息系统的评价

管理信息系统评价就是指对信息系统的性能进行全面估计、检查、测试、分析和评审，包括对实际指标和计划指标进行对比，以求系统目标的实现程度，并对系统建成后产生的经济效益和社会效益进行全面的评价。管理信息系统评价对医药企业来说具有十分重要的作用，因为评价不仅可以帮助医药企业对信息系统的投资价值进行正确的评估，还可以作为一种重要的反馈和学习工具，帮助医药企业发现管理信息系统项目中成功或不成功的潜在要素，改善信息系统管理的方法和过程。医药企业的管理信息系统评价主要由系统建设、系统性能、系统应用等方面构成。

1. 系统建设评价 系统规划目标的科学性评价主要分析管理信息系统规划目标的科学

性，并考虑经济、技术、管理和法律方面的可行性；规划目标的实现程度主要分析管理信息系统是否达到或超过规划阶段提出的规划目标。除了以上两个方面还包括对管理信息系统的先进性、经济性、资源利用率及规范性进行评价。

2. 系统性能评价 主要指对管理信息系统的可靠性、系统效率、可维护性、可扩充性、可移植性及安全保密性等的评价。

3. 系统应用评价 主要指对管理信息系统的经济效益、社会效益、用户满意度和系统功能的应用程度的评价。经济效益指管理信息系统所产生的通常可以用货币衡量的经济收益，如降低成本、提高竞争力、改进服务质量、获得更多利润等。社会效益指管理信息系统对国家、地区和民众的公共利益所做出的贡献，不能用货币化指标衡量的效益，如思想观念的转变、技术水平的提高、促进经济社会协调发展、决策科学化、生产力水平的提高、公共信息服务、合理利用资源、改变工作方式等。用户满意程度是指用户对系统的功能、性能、用户界面的满意程度，通常以人机界面友好、操作方便、容错性强、系统易用性、界面设计清晰合理、帮助系统完整等衡量。系统功能应用程度指管理信息系统的目标和功能的实现程度和用户应用的程度，与预期的符合程度。

四、医药企业的管理信息系统现状

（一）医药企业信息管理系统已经从单项业务转变为集成的管理信息系统

医药企业信息管理系统已经由原有的单一的决策支持系统（DSS）向统一的集成一体化管理信息系统转变。集成一体化管理信息系统能够把不同的应用结合成一体，构成一种多功能系统，就更能发挥信息技术的强大作用，如把物料需求计划（MRP）系统和计算机集成制造系统（CIMS）与企业资源计划系统（ERP）等结合。

（二）医药企业的管理信息系统向企业资源计划Ⅱ（ERPⅡ）协同电子商务（EC）发展

企业资源计划Ⅱ（ERPⅡ）是通过支持和优化企业内部及企业之间的协同运作与财务过程，以创造客户和股东价值的一种商务战略和一套面向具体行业领域的应用系统。最早的医药电子商务是以海虹医药网为代表的医药企业 B2B 形式的商务购销平台，然而最近发展起来的则是以医药零售终端为代表的 B2C 形式的网上药店，据国家食品药品监督管理总局（现国家市场监督管理总局）信息显示，截至 2017 年 1 月 22 日，《互联网药品交易服务资格证书》共有 914 张，比 2015 年底的 517 张多了近一倍，其中 C 证共有 649 张，新增超过 200 张。这意味着近两年来有越来越多的医药企业在医药电商上发力。这些仅仅是医药企业的 B2C 的形式，更早的是医药企业在电子商务的 B2B 形式的管理信息系统的发展。所以任何一家医药企业在未来建设其管理信息系统必定向企业资源计划Ⅱ（ERPⅡ）协同电子商务（EC）发展。

知 识 链 接

《互联网药品交易服务资格证书》是由国家市场监督管理总局给从事互联网药品交易服务的企业颁发的互联网药品交易服务机构资格证书，分为A、B、C三种。A证为第三方平台，B证为B2B交易，C证为B2C交易。互联网药品交易服务机构的验收标准由国家市场监督管理总局统一制定。《互联网药品交易服务机构资格证书》由国家市场监督管理总局统一印制，有效期五年。

（三）医药企业的管理信息系统已与共享医药信息服务平台结合起来

随着"健康中国""全面健康"的东风，医药企业的信息管理系统在建设医药信息共享服务平台方面也取得了显著的成就，医药信息共享平台能够将终端消费者的购药信息、诊疗信息、养生信息、消费偏好等其他信息通过大数据服务平台很好地传达给企业，而医药企业也可以更多地传播医药企业的品牌文化和发展动向及健康养生知识，普及全民健康知识，内外部相互的信息沟通之后可以即时反馈至医药的管理信息系统，这样看可以有效地将医药企业内部和外部的信息资源得到整合，目前有小部分以终端消费者为主要客户的医药企业已经在这方面做出了卓有成效的探索。

复习思考

1. 简述管理信息系统和医药企业管理信息系统。
2. 简述医药企业管理信息系统的结构和功能。
3. 简述医药企业管理信息系统开发的原则。
4. 结合一个医药企业的信息管理系统，简述我国医药企业管理信息系统的现状。

扫一扫，知答案

主要参考书目

［1］ 杨锡怀 . 企业战略管理 . 2 版 . 北京：高等教育出版社，2007.

［2］ 吴照云 . 管理学 . 4 版 . 北京：经济管理出版社，2002.

［3］ 穆庆贵 . 新编企业管理 . 3 版 . 上海：立信会计出版社，2000.

［4］ 尤建新 . 企业管理概论 . 北京：高等教育出版社，2006.

［5］ 蒋永忠，张颖 . 管理学基础 . 北京：清华大学出版社，2007.

［6］ 朱文涛 . 医药企业管理学 . 北京：中国中医药出版社，2010.

［7］ 朱民田，石岩，刘莱 . 医药企业管理 . 北京：科学出版社，2016.

［8］ 邱家学 . 医药企业管理学 . 北京：中国医药科技出版社，2012.

［9］ 褚淑贞 . 医药企业战略管理 . 北京：中国医药科技出版社，2013.

［10］ 茅宁莹 . 医药企业管理案例集 . 北京：中国医药科技出版社，2013.

［11］ 姜娟 . 医药企业管理 . 北京：中国医药科技出版社，2013.

［12］ 王前锋，徐静，邱羚 . 企业战略管理案例集 . 北京：清华大学出版社，2015.

［13］ 王树春 . 药品经营企业管理学基础 . 北京：人民卫生出版社，2009.

［14］ 姜真 . 现代企业管理 . 2 版 . 北京：清华大学出版社，2013.

［15］ 希尔·琼斯，周长辉 . 战略管理 . 7 版 . 北京：中国市场出版社，2007.

［16］ 张丽 . 药品市场营销 . 3 版 . 北京：人民卫生出版社，2018.

［17］ 周铁文，潘年松 . 药事管理与法规 . 2 版 . 北京：人民卫生出版社，2014.

［18］ 张珩 . 制药工程工艺设计 . 北京：化学工业出版社，2005.

［19］ 王沛 . 制药工程设计 . 北京：人民卫生出版社，2008.

［20］ 木村博光.如何实施正确的生产管理.北京：北京大学出版社，2004.

［21］ 朱昌蕙，陈丹镝.医药企业生产与运作管理.成都：四川大学出版社，2013.

［22］ 李文，李丹，蔡金勇，等.企业项目化管理实践.北京：机械工业出版社，2010.

［23］ 邱家学.医药企业管理学.北京：中国医药科技出版社，2012.

［24］ 宁德斌.医药企业管理.北京：科学出版社，2004.

［25］ 上海市质量协会，上海质量教育培训中心.中小企业管理质量指南.北京：中国质检出版社，2015.

［26］ 赵国军.薪酬设计与绩效考核全案.北京：化学工业出版社，2013.

［27］ 刘秀英.绩效管理.杭州：浙江大学出版社，2011.

［28］ 吴晓波.大败局 2.杭州：浙江大学出版社，2013.

［29］ 曾渝，罗兴洪.医药企业管理学.北京：中国医药科技出版社，2016.

［30］ 钟秀英.药品物流基础.北京：北京大学出版社，2013.

［31］ 张瑞夫，于勇学.现代物流概论.北京：中国财政经济出版社，2008.

［32］ 金文辉，袁定明.市场营销学.北京：中国中医药出版社，2015.

［33］ 甘湘宁，周凤莲.医药市场营销实务.3 版.北京：中国医药科技出版社，2017.

［34］ 周先云，刘徽，孙兴力.医药市场营销技术.武汉：华中科技大学出版社，2016.

［35］ 秦树文，肖桂云.企业管理信息系统.北京：清华大学出版社，2008.